FORMACIÓN Y EMPLEO

VOLUMEN I

CURSO DE ENSEÑANZA ABIERTA

EDUCACIÓN PERMANENTE

MARÍA JOSÉ ALBERT GÓMEZ
Directora

FORMACIÓN Y EMPLEO

VOLUMEN I

CURSO DE ENSEÑANZA ABIERTA

UNIVERSIDAD NACIONAL DE EDUCACIÓN A DISTANCIA

EDUCACIÓN PERMANENTE (0186331EP01A01)
FORMACIÓN Y EMPLEO
VOLUMEN I. CURSO DE ENSEÑANZA ABIERTA

Librería UNED: c/ Bravo Murillo, 38 - 28015 Madrid
Tels.: 91 398 75 60 / 73 73
e-mail: libreria@adm.uned.es

Todas nuestras publicaciones han sido sometidas a un sistema de evaluación antes de ser editadas.

ISBN: 978-84-362-4619-3 Obra Completa
ISBN: 979-84-362-4622-3 Volumen I
Depósito legal: NA 125/2012

Primera edición: septiembre de 2002
Primera reimpresión: diciembre de 2011

Impreso en España - Printed in Spain
Maquetación e impresión: Editoral Eranzadi, S.A.
Camino de Galar, 15
31190 Cizur Menor (Navarra)

Índice general

TEMA 1

FORMACIÓN Y TRABAJO

María José Albert Gómez
Doctora en Ciencias de la Educación
Profesora titular de la UNED

Índice

1.1. FORMACIÓN

1.1.1. El concepto de formación

El concepto de formación es distinto dependiendo del enfoque que se le de, por un lado y desde el pensamiento alemán, el ser humano nace individuo y está destinado a convertirse en persona. El elemento cultural o social que realiza este proceso transformador ha sido señalado de un modo diverso según los distintos autores y antropologías. La concepción culturalista de que la personalidad surge en la conjunción de los subjetivo (individual) con los valores objetivos (cultura) entiende que lo que personaliza al individuo es la formación. Según esto la función de la Formación es convertir al individuo en persona.

El concepto de formación arranca multitud de pensamientos y acepciones en muy distintas direcciones suscitando multitud de ideales, siendo difícil hacerse una clara imagen del concepto de formación. Esta palabra puede tomarse en dos sentidos, uno activo y otro pasivo, es decir como un proceso de formación y como el resultado del mismo. De una forma general la formación designa aquellas actividades y procesos mediante los cuales el hombre debe ser elaborado a partir de un estado tosco de su ser natural, también designa aquel estado al cual llega a través de ese trabajo.

En este enfoque alemán el hombre formado es un hombre en el cual, la capacidad humana se ha desarrollado hasta una forma individual que representa pura y completamente la esencia humana espiritual (W. Rein, en Quintana, 1995: 34).

El enfoque alemán de la formación estaba basado en la literatura y el arte antiguos de forma que en ello se encontraba lo ideal, lo humano-universal, que parecía idóneo para garantizar a la formación alemana una perfección y estructura armónica. Este enfoque representaba una formación culta interesada por las cuestiones humanísticas frente a un punto de vista profesional y práctico de la formación más típico de la ilustración.

Desde un punto de vista humanístico la formación se entiende como una transformación del alma y del espíritu que capacitará al hombre para participar en la determinación de la verdad en el mundo y en la vida, ya que el concepto de formación atañe tanto al aspecto moral de la naturaleza humana como al aspecto intelectual, de tal forma coordinados y estructurados que se puede afirmar que la formación no es el fruto de un conglomerado de conocimientos, sino en la estructura unitaria de los mismos. Asi K. A. Schmid 1876:703 afirma que «la posesión de conocimientos especiales no constituye de por sí la formación, pues ésta estriba en la relación de tales conocimientos a sus fundamentos y a sus coordinados y en la elaboración de lo material por el espíritu para conseguir una posesión libre; con lo cual se consigue también una elevación de sí mismo sobre la tosca inmediatez del ser y del tener» (en Quintana,1995: 36).

A finales del siglo XIX y principios del XX con la ilustración, el concepto de formación empieza a tener un cariz además de para el individuo, también para la sociedad y la naturaleza de tal forma que la sociedad se preocuparía de formar a sus ciudadanos sobre todo en lo profesional, llegándose a distinguir dos tipos de formación por un lado una formación general y por otro una formación profesional.

Uno de los representantes de esta deriva de la formación en algo más profesional, fue Kerschensteiner según el cual la educación del hombre es la preparación para la vida del trabajo, elemento constitutivo de la vida social, derivando la idea de formación hacia lo profesional, aunque para el mencionado autor, la formación como estado, es la totalidad espiritual del hombre creada conscientemente por el contacto con los bienes culturales y vinculada a los valores.

Es a través de este autor cuando empiezan a mezclarse dos conceptos de formación, un aspecto interior y cultural con un aspecto más exterior y social. Este último enfoque ofrece un mayor dinamismo al concepto de formación sin quitarle la importancia de lo cultural, lo moral y los valores, aspectos todos importantes en una formación integral.

Siguiendo a Willman podemos señalar distintos rasgos que configuran un ideal de formación. Por un lado una *dimensión intelectual* según la cual un individuo formado debe ser ilustrado, poseer conocimientos realizando una actividad intelectual, constituyendo estos conocimientos como un dinamismo y actividad abierta a un crecimiento a partir de distintas fuentes, lectura, diálogo, las artes etc.

Otro rasgo sería la *profundización de los temas*. El hombre formado se da cuenta y sabe que su saber es limitado e imperfecto de forma que debe profundizar en los temas que configuran su saber.

El arraigo en lo fundamental seria otro rasgo del hombre formado, de manera que sabe que lo nuevo es importante y que va dando dinamismo a su formación, pero no olvida las raíces de esa formación y sabe que es lo que le da valor a la vida.

Otro aspecto sería que la *formación se trasluce en la vida entera del individuo*. Según este aspecto la universalidad debe constituir una nota distintiva de la formación, igual que su diversificación. Se trata de conseguir lo armónico, haciendo coincidir diferentes intereses, actividades y expresiones en un solo acorde: la disposición individual debe sintonizar con la posición ocupada en la vida, hallándose la resultante entre el ideal de formador y la actividad profesional.

Los presupuestos éticos, deben ser también aspectos importantes en la formación, ya que las determinaciones morales pertenecen también a la estructura ideal del hombre formado, aunque no sean tan visibles como otros aspectos.

Después de estudiar los distintos enfoques del concepto de formación se nos plantea una cuestión importante: ¿cómo podemos definir la formación?

Definir la formación es algo complejo dado que es un término utilizado en diferentes disciplinas, se utiliza en biología, psicología, en lingüística, sociología y cada una de ellas le da un cariz y un enfoque distinto. No existe ninguna definición con la cual se pueda establecer de un modo general el significado de formación, de modo que cada cual ha de determinar para sí tal concepto. Desde un punto de vista formal, denota un proceso complejo para el cual debe producirse una personalidad estructurada según un modelo deseado (Menze, 1983: 350).

La definición del concepto de formación se puede abarcar desde dos posiciones que lejos de estar separadas, deben ir juntas. Una de esas posiciones es la consideración humanística de la formación como el estado perfecto del hombre en todas sus vertientes y la otra es fijándose preferentemente en el ámbito profesional.

Lhotellier, que define la formación como *«la capacidad de transformar en experiencia significativa los acontecimientos cotidianos generalmente sufridos, en el horizonte de un proyecto personal y colectivo»* (Honore, 1980)

Eggersdorfer afirma *que la formación, como forma espiritual, es el modo como el individuo o una comunidad participan del contenido espiritual del universo.*

Para K. A. Schmid (1876 en Quintana, 1995) La formación es la configuración del hombre interior hacia una manifestación vital armónica en si misma, configuración que tiene lugar por una actividad que elabora el ser natural a partir de su estado tosco luchando para separar de ella los elementos negativos; en tal actividad mediante una apropiación, consideración y asimilación de los elementos formativos precedentes, la personalidad, en virtud de un autodespliegue combinado con una autolimitación, se orienta en la vida y entra en el todo como miembro de la relación recíproca del recibir y del actuar.

Desde el enfoque profesional el propósito de la formación es el de capacitar a un individuo para que puede realizar convenientemente una tarea o un trabajo determinado. Así la formación se definiría como una metodología sistemática y planificada, destinada a mejorar las competencias técnicas y profesionales de las personas en el trabajo, a enriquecer sus conocimientos, a desarrollar sus aptitudes y a la mejora de sus capacidades.

Desde un enfoque más interior o mejor dicho desde un enfoque que va del interior al exterior podemos decir que la formación sería el desarrollo que de dentro a fuera, realiza el hombre desde una situación indeterminada a una forma perfecta. Así un hombre formado sería aquel que representa el tipo o la esencia de hombre en su total y puro desarrollo.

Sea cual sea hoy su definición, la formación concierne al porvenir del hombre de manera mucho más profunda, más radical y más esencial que cualquier otro campo de acción. La formación designa algo que se tiene, algo adquirido algo de valor para el que dispone de ello.

1.1.2. Tendencias actuales en la idea de formación

En la actualidad formación significa, un proceso de perfeccionamiento de la forma espiritual del hombre, un compendio de todas las instancias formativas, y por lo mismo, un parámetro al que se subordinan los conceptos de educación y de enseñanza. En el transcurso de los siglo XIX y XX el ideal de formación se ha ido haciendo cada vez más concreto y es después de la segunda Guerra Mundial cuando se tiene un concepto de formación distinto del clásico, fijándose en dimensiones que este tenia descuidado como trabajo, profesión, técnica, con valores tales como convivencia humana, responsabilidad, superación de dificultades contradicciones y conflictos.

Las condiciones culturales en que se asienta la formación han cambiado mucho, así con la actual civilización técnica las artes se han vuelto más formales y las ciencias se han tornado positivas y tecnológicas. En la civilización técnica vivimos una vida móvil y plural y la formación debe llevar a un enfoque global de la existencia en las condiciones de la época de forma que permita explicar la vida y el mundo en su conjunto.

En definitiva la idea de formación ha pasado de ser entendida solo como algo clásico a ser un proceso integral del hombre mezclando aspecto personales e intrínsecos y exteriores laborales y sociales. Es decir se pretende la formación integral del hombre en todas sus vertientes.

El concepto clásico de formación era de signo más bien idealista, pues tendía a una moralización del individuo y a liberarlos con respecto a su sociedad. Ahora surgen unos ideales materialistas y de adaptación a lo que es la sociedad.

Según Nietzsche la cuestión no está como debe formarse al hombre para poder afirmarse a sí mismo en las situaciones mudables del mundo, sino qué conocimientos debe adquirir para poder subsistir en ese mundo. Con esto se aprecia un cambio radical en la dirección del ideal de formación. En el pensamiento humanista, como hemos visto, el ideal consistía en la producción de una individualidad autónoma, capaz de mantener su libertad incluso en medio de condiciones externas adversas, pero al hombre moderno habrá de darle más bien una rápida formación que le convierta en un ser capaz de ganar el máximo dinero posible y en relación concreta con la realidad de la producción y de la sociedad eligiendo los contenidos según las necesidades científico-técnicas de la sociedad industrial.

Sin embargo es la mezcla de esas dos tendencias la humanística y la técnico-industrial la que hace de la formación un proceso integral el cual se consigue conociendo el relativismo de la ciencia, trabajando en equipo y racionalizando la planificación y la realización de la labor científica.

En la actualidad la teoría de la formación como una disciplina científica representa la mezcla de estos dos enfoques y se refleja en tres puntos:

1. Discusión de los supuestos antropológicos de la formación.
2. Descripción del proceso de formación, analizando sus factores.
3. Definición de los contenidos de formación.

1.1.3. El sentido de la formación y diversidad de enfoques

Una de las primeras cuestiones que se nos plantea es la definición de formación, ¿cómo la podemos definir? Ya hemos dicho que definir la formación es algo complejo dado que es un término utilizado en distintas disciplinas, se utiliza en biología, psicología, en lingüística, sociología y cada una de ellas le da un cariz y un enfoque distinto, tenemos por ejemplo a Lhotellier, que define la formación como «la capacidad de transformar en experiencia significativa los acontecimientos cotidianos generalmente sufridos, en el horizonte de un proyecto personal y colectivo» (Honore,1980)

Sea cual sea hoy su definición, la formación concierne al porvenir del hombre de manera mucho más profunda, más radical y más esencial que cualquier otro campo de acción.

La formación designa algo que se tiene, algo adquirido algo de valor para el que dispone de ello.

Entre los distintos enfoques de la formación, podemos señalar dos, uno de la exterioridad y el otro de la interioridad.

Desde la exterioridad se habla de formación como si de un mercado se tratase, se habla del mercado de la formación existiendo una publicidad de formación donde se organizan exposiciones de formación y se vende la formación como si fuese un producto, solo interesa el saber hacer algo para algo, una experiencia externa para desarrollar una determinada actividad generalmente desde un enfoque laboral. En esta formación lo que más cuenta es ser el mejor en la preparación elegida, ocupar un buen sitio en la sociedad, estar reconocido socialmente, saber mucho de algo o de mucho.

Frente a este enfoque de la formación señalamos otro bastante distinto, es el de considerar la formación desde la interioridad. Esta interioridad supone o requiere una función evolutiva, a través de la cual el hombre se compromete a una evolución. También se considera a la formación desde la interioridad como una dimensión característica de la persona, como fuente de personalización y como fuente de proyectos dedicados al enriquecimiento de la persona. Así Cooper (Honore, 1980) siguiendo la línea de la interioridad, entiende por formación:

> «La emergencia de un tipo de persona que condensa fragmentos particulares de experiencia, es decir la superación de la contradicción sujeto-objeto, interioridad-exterioridad, en la medida en que la persona solamente ella sintetiza estas dos entidades, utiliza activamente los momentos pasivos de su experiencia y observa pasivamente su actividad y la de los demás, hasta el periodo en el que la observación llega a ser ella misma acto».

La interioridad de la formación ha de ayudar al hombre a ser feliz, a encontrar su identidad, a estar a gusto con lo que hace, sentirse bien con lo que le rodea, pensar en los demás, vivir bajo los cánones de la libertad, respeto y tolerancia.

Con esta definición la concepción de formación ya no es de algo que se posee sino la de una aptitud que puede desarrollarse. No obstante una separación entre los dos enfoques no tendría mucho sentido, y sí lo tendría la combinación entre ambos, la cual nos llevaría a decir que la formación seria una actividad para la cual se busca las condiciones para que un saber recibido del exterior sea interiorizado, superado y exteriorizado de nuevo en una actividad.

1.1.4. Objetivos de la formación

Cuando hablamos de formación, y sobre todo cuando nos referimos a realizar un proyecto de formación es importante e imprescindible formular de forma clara y apropiada una serie de objetivos de aprendizaje que estructuren y organicen ese proceso de formación ya que hemos de tener en cuenta que el aprendiz o el alumno en un proceso de formación no deberá solamente acumular una serie de conocimientos científicos sino además transformar esos conocimientos en acción. Para eso el formador debe ser consciente de los objetivos de aprendizaje que debe programar ya que si no es así ese curso de formación será un fracaso absoluto. Pero lo que está claro es que no podemos ponernos a programar objetivos sin reflexión, sino que previamente debemos conocer y ajustarnos a las necesidades de los clientes, esa es la pieza clave cuales son las necesidades, es decir, los problemas, las dificultades de las personas que van a participar en ese curso de formación.

De esta problemática resultan cuatro criterios principales para la fijación de los objetivos del aprendizaje:

1. El grado de madurez humana: ¿Cuál es el grado de madurez humana, de los participantes en el curso de formación?
2. Necesidades. ¿Cuáles son sus necesidades, sus intereses? ¿Llegan motivados al curso?
3. El entorno profesional: ¿Cuáles son los problemas de su entorno profesional que preocupa a los participantes al curso?, ¿Cuáles son las actividades que precisan hacer en sus puestos de trabajo?, ¿A qué problema se tendrán que enfrentar en un futuro próximo?
4. Transmisión de conocimientos: ¿Qué estructura presentan los conocimientos científicos que el formador quiere transmitir?, Qué método didáctico debería utilizar para transmitir esos conocimientos nuevos del modo más fácil y rápido posible? ¿Qué ejercicios deberán elegir para facilitar la transmisión hacia nuevos modelos de comportamiento a los participantes en el curso?

Todos estos son criterios que se deben tener en cuenta al redactar los objetivos de un proyecto de formación ya que sin duda serán en gran parte el éxito del curso.

Pero además de los criterios mencionados, se han de tener presente una serie de principios que constituyen la base de esos objetivos, estos son:

a) En todo proceso de formación ha de haber una continuidad institucional entre la formación inicial y la permanente, de manera que las dos participen en el proyecto formativo.

b) La formación ha de introducirse dentro de la casuística de una pedagogía de adultos ya que sus destinatarios lo son y han de ser objeto de estudio como tal.

c) La formación ha de proporcionar que surjan y confluyan motivaciones profesionales, con la finalidad de originar cambios de actitud, dar soluciones a problemas curriculares mediante el estudio, la experimentación y la reflexión sobre la propia práctica, y no convertirse únicamente en un recetario técnico. Todo ello uniendo la teoría y la práctica en todo el proceso de formación.

d) Hay que establecer diversos tipos de formación según el tiempo, y la tarea que desarrollaran los formados.

e) Los diseños de planes de formación atenderán aspectos como actuación científica, psicopedagógica, cultural, así como el cambio de actitudes necesarias para asimilar los avances correspondientes. Estos planes ha de ser diseñados coherentemente por personal suficientemente preparado.

f) Finalmente será necesario diseñar, elaborar y aplicar los mecanismos para evaluar la eficacia del proceso de formación.

Teniendo en cuenta los principios citados hemos de determinar cuales son los objetivos de la formación de forma general, posteriormente cada proyecto específico tendrá los suyos. Es importante primeramente determinar cuales son las necesidades de formación a las que nos referimos cuando nos referimos a una actividad formativa. En base a estas necesidades se definen los objetivos de la actividad formativa que servirán a su vez de guía para el diseño del programa que consiste, en seleccionar contenidos, métodos y medios pedagógicos, así como determinar el tiempo.

Para poder hablar de objetivos de formación hemos de concretar más indicando una situación inicial y una situación final. Esta perspectiva de la formación nos sirve para vislumbrar lo que son los objetivos de la formación. La consecución de los objetivos permiten al alumno alcanzar esa situación final deseada. Esa situación final deseada se define en términos de saber, saber-hacer y de actitudes.

De forma general en un proceso de formación se persigue que los alumnos al final del proceso tengan:

- Capacidad de razonamiento abstracto, complementada con la capacidad de profundización en lo concreto.
- Capacidad de razonamiento lógico en el desarrollo de técnicas analíticas y en su aplicación a la realidad.
- Capacidad de combinación de metodologías, enfoques e informaciones.
- Fomentar la profesionalidad, en cuanto realización de análisis no emocionales del objeto de estudio.

Además de estos objetivos con la formación se pretende:

- Mejorar las competencias en la ocupación de las personas a formar tanto a nivel individual como miembro de un colectivo.

- Ampliar la experiencia del formado, en el marco de un perfeccionamiento de las perspectivas profesionales u objetivos de formación.
- Desarrollar conocimientos y el enfoque profesional de las personas o profesionales que acuden a un proceso de formación.
- Ampliar no solamente la formación de un profesional en aspectos profesionales, sino también de una forma general y personal.
- Adquirir nuevas técnicas de trabajo y llevar a cabo la necesaria experimentación profesional.
- Adquirir actitudes, hábitos y técnicas de autoaprendizaje, de forma que a lo largo del proceso de formación el formado ha de recibir instrumentos que le permitan alcanzar con autonomía y maduración suficiente los nuevos retos de su profesión al máximo de sus posibilidades.

En toda acción de formación, se han de fijar con antelación objetivos concretos y medibles. Así, se podrá evaluar durante el proceso y al final del mismo el grado de consecución de dichos objetivos.

En formación al igual que en cualquier proceso de aprendizaje es importante categorizar los objetivos que nos proponemos, Bloom propone una taxonomía de tipo intelectual que sirve de gran ayuda para establecer los objetivos de la formación.

La taxonomía de Bloom propone un acuerdo sobre los objetivos del aprendizaje aplicables a cualquier proceso de formación y señaló dos ámbitos de aplicación, en un primer momento el ámbito cognoscitivo y posteriormente el ámbito afectivo.

El ámbito cognoscitivo y emocional de los problemas juega un papel importante en la formación del hombre ya que no solamente una buena formación científica va a garantizar el éxito profesional, social y personal de una persona ya que en un proceso de formación es muy importante el factor humano pues antes de un buen profesional es importante ser un buen hombre. La taxonomía de Bloom nos ofrece una jerarquización de objetivos encaminada al perfeccionamiento de la estructura de su personalidad, siendo necesario la formulación de objetivos en distintos ámbitos en el cognoscitivo, afectivo y psicomotor.

Nos centraremos en el ámbito cognoscitivo y definiremos la taxonomía como la clasificación exacta, jerárquicamente ordenada, de los objetivos de aprendizaje.

Según Bloom una taxonomía cognoscitiva contiene seis fases principales presentados en una pirámide que el llama de capacidades y aptitudes intelectuales representando una verdadera jerarquía porque ningún escalón puede alcanzarse sin haber superado el anterior.

Estos escalones son: conocimiento, comprensión, aplicación, análisis síntesis y evaluación.

Primeramente todo proceso formativo debe llevar implícitos objetivos de conocimiento o primer nivel. Es en este primer momento o nivel donde se ha de transmitir la ciencia que constituye la base de los conocimientos que queramos transmitir. Se trata de inculcar datos.

Con estos objetivos, lo que se pretende es que el alumno reconozca, identifique, recuerde, y asimile conceptos.

El un segundo momento nivel de objetivos corresponde a la comprensión. Después de que los participantes en el curso de formación han almacenado los datos dados en el nivel anterior en su memoria, de manera que puedan recordarlos en cualquier momento, han de comprender lo que dicen. Con este grupo de objetivos se pretende que el alumno interprete, defina, demuestre o explique conceptos, ya que en ocasiones al formador le ocurre frecuentemente que se encuentra con alumnos que tienen una memoria maravillosa, pero si se les pregunta ¿por qué? no saben contestar. Esta ciencia alrededor del ¿por qué?, es decir la comprensión de lo que se ha aprendido debe ser el objetivo del aprendizaje en el nivel dos.

El tercer nivel le corresponde a la aplicación. Los conocimientos aprendidos en el nivel uno deben ser aplicados correctamente en determinadas situaciones con ellos se pretende que el alumno utilice, use, emplee, relacione, lo aprendido para resolver situaciones determinadas.

El siguiente paso o nivel es el del análisis. La vida está inundada de comunicaciones ya que estamos constantemente lanzando y recibiendo menajes, es importante saber analizar estos mensajes para ello debemos utilizar el proceso de análisis que según Bloom cuenta con tres actividades principales.

1. Identificación de los elementos contenidos en un mensaje.
2. La capacidad de detectar las relaciones entre los elementos de un mensaje.
3. El reconocimiento de la estructura que mantiene la conexión entre los distintos elementos de un mensaje.

El redactar objetivos de este nivel en un proyecto de formación es muy importante ya que no todas las personas son capaces de llegar a este nivel intelectual. Mucha gente recibe mensajes de otros sin comprender realmente lo que quieren decir. Las personas que carecen de esta capacidad analítica, no pueden, por ejemplo, deducir intenciones no explícitas del mensaje de otras personas, distinguir las hipótesis de los hechos, reconocer las relaciones entre las ideas de un párrafo de un libro o de un discurso, detectar las técnicas de la manipulación en la publicidad y la propaganda, etc.

El análisis también se refleja en los objetivos, con ellos se pretende que el alumno sea capaz de analizar distintas situaciones, y darles un resultado satisfactorio. El objetivo de este nivel deberá ser la preparación de los participantes para que detecten y analicen identifiquen, relacionen, seleccionen claramente problemas de toda clase. El medio didáctico más útil para ello será el estudio de casos.

El quinto nivel le corresponde a la síntesis, hay mucha gente que puede detectar y analizar un problema, pero a menudo no están capacitados para realizar una síntesis. Es muy importante no obviar este nivel al redactar los objetivos en un proceso de formación ya que las personas que son capaces de realizar una síntesis pueden estructurar un mensaje de modo que pueda comunicar a otros, en esta forma sus ideas, sus sentimientos, sus experiencias. Además están capacitados para hablar o escribir de modo que los demás comprendan inmediatamente la estructura de su pensamiento, siéndoles fácil preparar operaciones planificadas. Redactando objetivos del nivel de síntesis lo que se pretende es que el alumno sepa integrar el conjunto a partir de la suma de las partes. El alumno debe combinar, planear, componer, explicar, producir modificar cualquier problema planteado.

Por último señalaremos la evaluación o valoración. Una de las tareas más difíciles de la vida humana es la de construcción de un sistemas de valores, pero ningún hombre que piense debe evitar la evaluación o valoración de los mensajes emitidos por el entorno.

Si pensamos en la pirámide de clasificación nos daremos cuenta que la valoración o evaluación constituye la cumbre de nuestras capacidades intelectuales ya que una persona que sabe evaluar tendrá que haber dominado con éxito los primeros cinco escalones de la pirámide, estando capacitado para valorar, según criterios claros, si un mensaje es correcto. Se trata por ejemplo de la exactitud lógica, la coincidencia de los distintos elementos, la conformidad de cada elemento y su ajuste a una estructura claramente visible o a una teoría existente, la valoración de una obra etc. Por el contrario si una persona no es capaz de evaluar y valorar correctamente puede que se deba a dos motivos, o bien le falta capacidad intelectual o no ha aprendido a pensar. En el primer caso no hay remedio, pero en el segundo, y es de aquí de donde se desprende la importancia de redactar objetivos de evaluación en un proyecto de formación, hemos de tener en cuenta estos objetivos de forma que el alumno pueda valorar su propio rendimiento a partir de pruebas que el mismo pueda hacer (Birkenbihl, 1990).

Como conclusión final, podemos decir que cuando nos propongamos realizar un proyecto de formación hemos de tener en cuenta que la definición de objetivos del aprendizaje y en esta caso de formación hemos de considerar que cada objetivo tiene dos vertientes: un aspecto de contenido y uno de rendimiento o resultado. A partir de aquí el formador cuando planifique su proyecto tendrá que plantearse dos cuestiones y contestar mediante los objetivos de aprendizaje adecuados, estas cuestiones son:

1. ¿Qué ha de hacer el participante al final del curso de formación?
2. ¿Qué ha de saber hacer el participante al final de dicho curso?

Después de analizar los distintos niveles de la taxonomía de bloom hemos de tener en cuenta que para una buena consecución de los objetivos propuestos, hemos de considerar la formación, como un proceso de comunicación en el que existen varios elementos: emisor, receptor y mensaje. El alumno a la vez que recibe mensajes, emite mensajes, por tanto la formación es algo más que una simple emisión de información por parte del formador, ya que se trata de un proceso de comunicación interactivo.

1.2. ASPECTOS GENERALES SOBRE EL TRABAJO

1.2.1. Definición de trabajo

Dar una definición del trabajo es algo difícil dado su carácter multifacético La complejidad del fenómeno del trabajo y su importancia socio-económica lo han convertido en objeto de estudio de múltiples disciplinas científicas, la economía, el derecho, la antropología, la psicología, etc. y cada una de ellas lo definen desde un punto de vista diferente resaltando diversos marcos teóricos de análisis. Las ciencias sociales lo consideran como aspecto relevante de sus investigaciones, acumulando a lo largo de la historia multitud de explicaciones acerca de su naturaleza e implicaciones personales y sociales.

El trabajo definido de una forma general, es una actividad humana, siendo importante delimitar cual es la finalidad del mismo ya que es esta finalidad u objetivo la que va a definir el término. Unas definiciones hacen hincapié en aspectos, teóricos, extrínsecos, otras en intrínsecos y sociales, etc. Desde el punto de vista teórico podemos decir que *el trabajo es una actividad propositiva e intencional.* Ateniéndonos al enfoque extrínseco o instrumental podemos definirlo como un medio para obtener un fin, se realiza para obtener algo a cambio, así Marshall (1980) lo define como *un esfuerzo de la mente y el cuerpo, realizado parcial o totalmente, con el propósito de obtener algún beneficio diferente a la satisfacción que se deriva directamente del mismo.* Basándonos en el carácter intrínseco diremos que el trabajo viene a concebirse en su esencia y a soñarse como desarrollo de las facultades y cauce de la plenitud de la persona. Se trata de una concepción del hombre en proceso de desarrollo del conjunto de sus facultades, o sea, de un hombre en devenir. De esta forma *el trabajo responde a una actividad que produce satisfacción derivada de su propia ejecución, manteniendo a la persona en un nivel mínimo de actividad necesario para un adecuado desarrollo físico y psíquico* (MOW, 1987). Desde le punto de vista social podemos decir que el trabajo es *una forma de contribuir a la sociedad proporcionando bienes y servicios de valor.* Es decir el trabajo sería como un instrumento para contribuir a la sociedad aportando beneficios y servicios.

Dada la diversidad de definiciones o enfoques, se puede dar una definición que englobe de alguna forma todos los aspectos señalados, esa definición sería:

> «Aquel conjunto de actividades humanas, retribuidas o no, de carácter productivo o creativo, que mediante el uso de técnicas o instrumentos, materias o información disponible, permite obtener producir o prestar ciertos bienes productos o servicios. En dicha actividad, la persona aporta energías, habilidades, conocimientos, y otros diversos recursos, y obtiene algún tipo de compensación material, psicológica o social» (Peiró, 1989: 38).

Sea cual sea la definición que escojamos, una cosa queda clara y es que el trabajo es un fenómeno muy importante en la vida de las personas y en el desarrollo de las sociedades. Mediante esta actividad se ha facilitado la supervivencia de las mismas, los grupos humanos y el desarrollo de las sociedades, ya que el trabajo constituye la principal fuente de ingresos económicos para la mayor parte de las personas, con lo que se convierte en un medio para generar recursos imprescindibles, en la mayoría de los casos para la supervivencia y el bienestar. Al mismo tiempo el trabajo permite la satisfacción de necesidades como la autodeterminación, el prestigio, los contactos sociales, desarrollo personal etc.

Gracias al trabajo el ser humano ha contribuido a la construcción y transformación del mundo en el que vive. El significado del trabajo ha ido cambiando a lo largo de la historia presentando diferencias entre distintas épocas y sociedades (Peiró, en Peiró y Prieto, 1996: 13) Durante el último siglo esta actividad humana se ha visto influida de forma significativa por las transformaciones que se produjeron en la Revolución industrial y por los cambios económicos, demográficos, sociales, científicos, tecnológicos, políticos y culturales que la acompañaron. Estos cambios marcaron una forma y cambiaron el concepto del trabajo. En la actualidad se está produciendo estos mismos cambios sobre todo de índole tecnológico, cultural y político que están produciendo fuertes transformaciones en el ámbito laboral. Transformaciones que hay que tener en cuenta cuando intentamos hablar del trabajo y sobre todo en su relación con la formación. La formación ha de ir ligada al trabajo como dos caras de una misma moneda, de tal forma que los cambios que se produzcan en una de ella han de producirse en la otra.

1.2.2. El trabajo como vínculo social

Antes de hacer mención al vínculo social del trabajo debemos hacer mención al aspecto antropológico del mismo, según el cual el trabajo es la actividad fundamental del ser humano, que en su conjunto añade valor al mundo y a su propia existencia, espiritualizando la naturaleza y permitiendo profundizar al hombre en las relaciones con el prójimo. Mediante el trabajo y la obra que de él resulta, el hombre como tal emerge sobre el mundo y se relaciona con sus iguales. Ya desde esta concepción antropológica se entiende al trabajo como un vínculo social que propicia la integración social permitiendo al hombre acceder a él mismo a los demás y a la norma social. Este vínculo social se basa, por tanto en la reciprocidad contrato social o utilidad social. El trabajo desde esta perspectiva es el modo de estar juntos, de construir juntos un orden nuevo, portador de valores comunitarios. Es el medio de expresión en la comunicación social y en la relación con el prójimo: las aptitudes deben desarrollarse con proyección social y comunitaria (Meda, 1995). Desde este enfoque el trabajo y sobre todo el trabajo en la empresa, se concibe como el lugar más propicio para la auténtica socialización y para la formación de las identidades individual y colectiva, siendo el marco principal de los intercambios humanos.

Desde un punto de vista social no se trata de una realidad estática, fija e inamovible, sino que es una realidad dinámica, cambiante y con importantes transformaciones debidas a una serie de factores entre los que podemos señalar, los económicos, tecnológicos, políticos, culturales, sociales etc. El mundo laboral ha venido experimentando cambios importantes. Haciendo un poco de historia recordaremos que en la cultura antigua y medieval se consideraba al trabajo, entendido este en un sentido manual, como algo degradante para el ser humano, una actividad innoble, o al menos como una actividad de carácter inferior si se le compara con la actividad contemplativa. Ya en el pensamiento moderno, con el desarrollo de la ciencia y la tecnología, los sistemas económicos y políticos dan lugar a la transformación industrial que va a cambiar la concepción del trabajo llegando a considerarlo como la forma más amplia de realización del hombre. A lo largo de las últimas décadas debido a las nuevas tecnologías, nuevas formas de organización, globalización de los mercados y demás fenómenos económicos y sociales, tanto en el mercado laboral como en los propios puestos de trabajo se han producido una serie de cambios en la organización, en las ofertas laborales, en la política de empleo e incluso en la propia forma de concebir el trabajo, dándole además de los enfoques señalados, un enfoque psicológico. Este enfoque lo estudia en su vertiente conductual, como estudio diferencial de las aptitudes y destrezas para desempeñarlo y como análisis de las implicaciones en la salud laboral. (Peiró, 1996).

1.2.3. Cambios en el entorno socioeconómico y sus implicaciones en el mercado laboral

La década de los ochenta y los noventa han presenciado la constitución de un nuevo modelo de crecimiento económico cuyo rasgo central es la autonomía de mercado. En estas décadas se producen una serie de transformaciones tanto a nivel económico, social, tecnológico y demográfico que han afectado al trabajo y al mercado laboral. Estas transformaciones han dado lugar a una sociedad industrial en la que opera un nuevo orden de relaciones entre la actividad laboral, la fuerza laboral y también el tiempo libre.

Desde un punto de vista económico las fronteras comerciales se han abierto dando lugar a la liberación del comercio. Los mercados de capitales y de bienes se han convertido en auténticos mercados mundiales, a su vez los mercados laborales han empezado a tener cambios importantes, en el mundo actual el dinero, la tecnología y los productos se desplazan fácilmente a través de las fronteras nacionales, pero el empleo se crea allí donde el trabajo se realiza con mayor eficacia. Así surge la idea de competitividad. Las empresas hoy en día si quieren ser competitivas tienen que apostar por mejora en sus servicios mejoras que sin duda pasan a demás de por factores económicos también por factores formativos.

El factor tecnológico tiene una influencia importante en esta nueva concepción del trabajo y como no influye en el mercado laboral, sobre todo a través de las llamadas tecnologías de la información. En las última décadas han parecido nuevas herramientas de trabajo que alguna de ellas precisan un cierto nivel de inteligencia y formación ya que llevan a cabo funciones de ejecución seguimiento y control de modo automático, cambiando estos aspectos el panorama laboral.

La creación de una nueva sociedad basada principalmente en la llamada «aldea global» ha cambiando también el mercado laboral. La desaparición de límites y fronteras, el intercambio cultural, la cooperación y la armonización a nivel político, permite una integración que a su vez permitirá una importante reducción del carácter local del trabajo llevándonos a una idea de globalización del mismo.

La nueva demografía poblacional es otro de los factores que cambian el mercado de trabajo, el desaceleramiento de la tasa de crecimiento de la población, la mejora de las expectativas de vida está provocando un fuerte cambio en la distribución de edad de la población. Esto junto con los movimiento migratorios, que cambian la heterogeneidad de la población hace que el mercado laboral cambie.

En la actualidad se están produciendo distintos cambios en el trabajo que influyen en el mercado laboral, uno de esos cambios se refleja en la las nuevas formas de producción. En la actualidad se da un fuerte incremento en el sector servicios, sector que está en alza, pero es esa propia alza la que deja al descubierto una serie de problemas o defectos que hay que subsanar, por un lado la obsolescencia de algunos de los puestos de trabajo de este sector y por otro lado la falta de formación del personal que se dedica a este tipo de trabajo.

Otro factor a tener en cuenta son los cambios en la organización Los cambios económicos están forzando a las empresas a desarrollar nuevas estrategias de adaptación a las nuevas características de los mercados y de incremento de la competitividad. Esto nos lleva a organizaciones laborales más pequeñas en su tamaño, mas flexibles en sus formas y con una estructura interna más simple que además se relacionan con otras organizaciones de su entorno.

Los cambios de trabajo en estas organizaciones se dirigen hacia el uso de las nuevas tecnologías de la información, organización flexible en cuento a horario, tiempo y espacio. Todo esto también hace que las tareas que se desarrollan en esos puesto de trabajo sean distintas. Se ha producido un descenso en la actividad física, los trabajos suelen ser más sedentarios produciéndose un incremento de la actividad mental. Cada vez con mayor frecuencia se está produciendo un trabajo que se lleva a cabo en grupos pequeños a la vez que se produce un incremento del contacto directo con el proveedor y los clientes, dado que el ordenador se ha convertido no solo en un herramienta sino en un instrumento de comunicación.

Otro factor importante a destacar dentro del nuevo planteamiento del trabajo es el del tiempo de ocio o tiempo libre. A pesar de que el trabajo es una de las principales actividades sociales, hay otras que están reemplazando en importancia a este, reduciendo el tiempo y el esfuerzo que las personas dedican a trabajar. Uno de estos conceptos es el de ocio o tiempo libre. Este factor cada vez está tomando más importancia en la sociedad actual, aunque también es verdad y de forma pareja, y dado la mayor flexibilidad de tiempo u forma del trabajo en ocasiones cuesta separar el tiempo libre del de trabajo ya que cada vez con mayor frecuencia se produce una invasión de la actividad privada y a la inversa una invasión de actividades laborales en la actividad privada. No obstante en términos generales se puede decir que las esferas de la vida diferentes del trabajo empiezan a cobrar importancia dentro de las última décadas.

1.3. TRABAJO Y NUEVAS TECNOLOGÍAS

Ya hemos hablado de cómo en la actualidad se están modificando las características del puesto de trabajo, las condiciones laborales, las experiencias de trabajo e incluso el propio concepto de este, debido en gran parte por la innovación tecnológica. La base del cambio tecnológico reside en el acelerado avance y convergencia de tecnologías informáticas y de la telecomunicación que permite la aparición de sistemas y equipamientos que progresivamente van sustituyendo a otras tecnologías. Las nuevas tecnologías se van introduciendo en todos los sistemas incluidos los sistemas de producción, dando lugar a la producción por ordenador. La integración electrónica en los procesos de producción implica una nueva racionalización del trabajo más orientada hacia procesos completos, que a tareas separadas (Aronssonn, 1989, en Peiró, 1996). Este es tal vez el cambio significativo en la concepción del trabajo actual.

Este cambio tecnológico tal y como lo estamos presentando puede dar lugar a pensar que las nuevas tecnologías son un elemento perturbador en las características del puesto de trabajo tanto en la línea de producción como en oficinas etc. Esto ha llevado a distintas investigaciones llegando a la conclusión, que si bien son la causa más relevante de estos cambios, no se las puede considerar de manera aislada sino como parte integrante de todo un proceso de cambio.

1.3.1. Distintos enfoques de la tecnología en el centro de trabajo

Definir el concepto tecnología en el contexto laboral, resulta complejo dada la multiplicidad de enfoques con el que se trata el tema. Uno de esos enfoques puede ser «el nivel de automatismo del equipo empleado para llevar a cabo las tareas. Desde este enfoque podemos señalar dos aproximaciones distintas del factor tecnológico. Por un lado está la **perspectiva sociológica**, basada principalmente en axiomas procedentes del marxismo, y por otro una **perspectiva organizacional**.

Dentro de la **perspectiva sociológica** señalamos por un lado lo que se llama una mayor *alienación del trabajo o tesis de la descualificación* según la cual se da una expropiación de las habilidades de los trabajadores reduciendo el control de su propio trabajo subordinando al trabajador a los medios de producción con una desviación del trabajo entre grupos de especialistas, se da también una pérdida de la significatividad de las tareas laborales, un aislamiento del sentido de membrecía y una pérdida de la identidad personal y sentido del trabajo como un elemento central en la vida.

En el otro lado está lo que se ha llamado la *humanización del trabajo*. Según esta postura la automatización del puesto de trabajo supone un incremento de la autonomía reduciendo la alienación. Desde este planteamiento se ofrece un trabajo más humano que libera al trabajador de las funciones auxiliares y rutinarias permitiéndole llevar a cabo tareas más especializadas y significativas.

En la **perspectiva organizacional** podemos señalar igualmente dos enfoques: *el determinismo tecnológico* y las *posturas sociotécnicas*. Según el determinismo tecnológico este enfoque prevalece sobre otros ambientales o contextuales, para determinar la estructura, características y desempeño organizacional, siendo la causa básica del cambio organizacional. (Perrow, 1967; Woodward, 1965; Thompson, 1967, en Peiró, 1996). No obstante lo que si está claro es que la relación que se produce entre tecnología y trabajo cada vez tiene menos naturaleza determinista sino que en esta relación convergen otros factores dando origen a la necesidad de lo que se llama el enfoque sociotécnico. Según este enfoque en esta relación se mezclan distintas variables tanto personales como organizacionales (sector productivo, estrategias de supervisión, prácticas de trabajo, etc.) que van a influir en esa relación tecnología y trabajo.

Estas posturas distintas nos llevan a dos tipos de diseño de trabajo por un lado lo que llamamos el diseño centrado en la tecnología y por otro el diseño basado en el usuario. Según el primero el objetivo de la automatización consiste en desplazar hacia la tecnología las responsabilidades y habilidades que antes tenia el operador humano, poco a poco la máquina va sustituyendo al hombre los operadores se convierten en agentes pasivos que desarrollan tareas auxiliares, mientras que la tecnología adquiere un control activo sobre la tarea.

En los diseños centrados en el usuario, se rechaza la idea de comparabilidad, no se compara al operario con la máquina, por lo que se apuesta es por la complementariedad de funciones, la máquina y el operario pueden tener funciones diferentes pero complementarias. Al contrario de la postura anterior, en este nuevo enfoque el ordenador sería el que haría esas tareas rutinarias, mientras que el operario humano desarrollaría funciones de mayor complejidad, razonamiento, síntesis, etc.

1.3.2. Cambios en los puestos de trabajo debido a la tecnología

La innovación tecnológica, tal y como ya hemos dicho, produce cambios en el puesto de trabajo y también en la persona que ocupa ese puesto y desarrolla dicho trabajo. Es importante hacer un análisis o estudio de la relación entre estos dos factores para estudiar el impacto que la tecnología tiene en ese puesto de trabajo, generalmente esas relaciones se tratan de relación de intención y acción. Generalmente las nuevas tecnologías introducen una rígida programación de la acción, produciendo sistemas altamente acoplados e integrados en tecnología-operador. En estos contextos las relaciones psicológicas del operador han sido habitualmente menospreciadas generando problemas de tipo conductual. Este nuevo escenario del puesto de trabajo genera la aparición de múltiples estresores que han de ser adecuadamente identificados y reducidos, eliminados o neutralizados. Enfatizando una aproximación no determinista que deja en manos de los diseñadores la posibilidad de evitar sistemas tecnología-operador que podríamos denominar de «alto riesgo», tanto por sus consecuencias psicológicas sobre el trabajador como sobre la producción (Peiró, 1996: 103).

Los cambios más fuertes en el trabajo con las nuevas tecnologías, se producen principalmente en las líneas de producción y en las oficinas, y es de aquí de donde saldrán esas características del trabajo actual.

El control del trabajo es una de esas características, entendiendo por tal el control que el trabajador tiene sobre la tarea que realiza. Se pueden señalar dos posturas distintas, por un lado la *descualificación,* según la cual hay una pérdida de control de la tarea por parte del operario ya que esa postura favorece una estructura más centralizada de autoridad, y la *recualificación,* según la pérdida de control de la tarea no depende solamente de la implantación de las nuevas tecnologías, sino directamente del diseño de la tarea y de la propia organización. Esta claro que las nuevas tecnologías están ahora más que nunca en la producción, eso es algo imparable, pero a la hora de diseñar las tareas se ha de tener en cuenta este factor o característica importante como es el hacer que el propio operario participe en el control de su propia tarea.

Las demandas cognitivas, es otra características. Las tecnologías avanzadas de producción representan un importante cambio en el tipo de actividad laboral, poniendo un mayor énfasis en las demandas de carácter metal y cognitivo que en las de carácter físico. Entre las demandas cognitivo señalaremos las demandas atencionales y la resolución de problemas.

Responsabilidad sobre la producción. El operario sabe que trabaja con máquinas complejas, máquinas caras, y sobre todo máquinas que controlan la producción total de tal forma que un fallo en uno de los procesos de la producción puede acarrear importantes pérdidas a la empresa. Esta idea hace que el operario adquiera una gran responsabilidad sobre la máquina y sobre su propio trabajo o producción.

Uno de los problemas o críticas que se han hecho sobre las nuevas tecnologías, es que potencian el aislamiento del trabajador, que reducen la interacción o **contacto social**. El trabajo con las nuevas tecnologías no necesariamente implica aislamiento social, sino que eso va a depender del diseño de la tarea, habrá ocasiones en las que se potenciará esa interacción mediante la planificación de tareas cooperativas que exigen mayor grado de interdependencia, estilos de supervisión orientados hacia los subordinados, etc. y otras tareas que por el contrario que no potencien esa interacción, como pueden ser las que se derivan del manejo de varias máquinas, o elevadas demandas atencionales. En cualquier caso el contacto social es una característica a cuidar y tener en cuenta en el trabajo actual.

Así como en los trabajos de producción directa el efecto de las tecnologías está más claro, en los trabajos de oficina los resultados de distintas investigaciones defienden en ocasiones la descualificación y en otras la recualificación, moviéndose entre posiciones más optimistas y más pesimistas. En cualquier caso como en ocasiones anteriores decir que va a depender no solo de las tecnologías si no del diseño de la tarea y de la estructura de la organización.

El trabajo de oficina precisa de demandas de **carácter cognitivo** a tener en cuenta como el incremento del uso de la memoria a corto plazo, mayor complejidad de los procesos atencionales, alteración del ritmo de los procesos de información, simultaneidad de tareas y un aumento de las demandas de planificación y toma de decisiones. Es importante igualmente tener en cuenta la monotonía de la tarea, ya que la automatización del entorno laboral puede reducir la **variedad de la tarea.** Al diseñar las tareas de oficina se ha de tener en cuenta **el ritmo del trabajo** adecuado a cada tarea ya que la automatización del mismo nos puede llevar a un ritmo demasiado rápido, o por su contra demasiado lento. **Estructura de la tarea, control y autonomía, interacción social** son otros factores a tener en cuenta ya que a veces las tareas resultan demasiado rígidas si el sistema no es flexible y deja una cierta libertad de actuación al trabajador. El control y autonomía, y la interacción social son factores que ya hemos visto en los puestos de producción directa pudiéndose aplicar a los trabajos de oficina.

1.3.3. Actitudes de los trabajadores ante las nuevas tecnologías

Son muchos los estudios que han intentado aclarar cuales son las actitudes de los trabajadores ante las nuevas tecnologías en los contextos laborales, pero hablar de una forma amplia de este tema es complejo ya que son muchas la variables que influyen en estos estudios, variables personales, ambientales etc. Dar resultados generales es difícil pero si se pueden exponer los resultados de algunos de esos estudios, algunos de ellos son los siguientes:

- Las actitudes hacia las nuevas tecnologías son más positivas cuanto mayor es el periodo de tiempo que los trabajadores llevan utilizándolas.
- El nivel de conocimientos y formación por parte de los trabajadores también influye de tal forma que cuanto mayor es su formación más positiva es su actitud.
- Los programas de entrenamiento desarrollados en el puesto de trabajo inciden positivamente sobre las actitudes desarrolladas hacia dichos sistemas.
- Las actitudes emocionales (atracción, miedo, ansiedad) como las respuestas psicosomáticas (tensión, dolores de cabezas...) influyen en las actitudes, dependiendo de cómo afecte a cada trabajador.
- Las características personales como edad y sexo también se estudiaron. Con respecto a la edad decir que son los trabajadores más jóvenes los que presentan actitudes más positivas. Con respecto al sexo no se encontraron diferencias significativas.
- Entorno laboral. En este sentido se dan diferencias actitudinales en operarios de líneas de producción debido al uso de tecnologías manuales o mecánicas generadoras de trabajos aburridos y de inferior calidad y tecnologías avanzadas de la producción eficientes y generadoras de un trabajo de calidad.

Sea cual sea la reacción personal de los trabajadores ante la innovación de las nuevas tecnologías, hay factores que de forma general generan en el trabajador una serie de actitudes que en un principio pudieran ser negativas factores que no son directamente atribuibles a las «nuevas máquinas» sino que a veces responden a situaciones diversas como la falta de formación, temores laborales, mayor carga de trabajo, mayor responsabilidad, incertidumbre sobre las estrategias de afrontamiento a la nueva situación etc. Todo esto anticipa una actitud negativa de los trabajadores hacia la nueva situación que pueden presentar tensión y estrés aún antes de la implantación de la tecnología. Estos son factores a tener en cuenta a la hora de diseñar tareas con nuevas tecnologías para poder realizar el mejor acople posible entre el hombre y los nuevos sistemas de producción.

1.4. MOTIVACIÓN Y TRABAJO

La motivación humana ha sido caracterizada como un proceso psicológico relacionado con el impulso, dirección y persistencia de la conducta. El hecho de que esté relacionada con la conducta y la acción humana, hace que sea un tema de interés tanto para científicos sociales como para profesionales de los recursos humanos, ya que, está directamente relacionada con la actividad que desarrollan las personas en el trabajo, es decir con el desempeño laboral. En el desempeño laboral intervienen distintos factores relacionados con son el nivel de aptitudes, destrezas, comprensión de la tarea, la decisión de realizar un esfuerzo, la de persistir en el esfuerzo y otras condiciones facilitadoras e inhibidoras que no se encuentran bajo el control de la persona. Así pues el desarrollo de la tarea está en función de factores, cognitivos, aptitudes y motivacionales (Campbell y Pritchard en Peiró, 1996).

1.4.1. Aspectos motivacionales del trabajo

Ya hemos visto como la motivación es un factor importante en el desarrollo de la tarea o trabajo, es decir gran parte de la actividad laboral está motivada, se trata de una conducta dirigida a unos objetivos, autorregulada, controlada a nivel automático y/o cognitivo, persistente durante un periodo de tiempo y activada por un conjunto de necesidades, emociones, valores, metas y expectativas.

Podemos señalar dos aspectos importantes dentro de la motivación laboral, están los llamados intrínsecos y los extrínsecos. Los intrínsecos, son los que hacen referencia a aquellos aspectos que están directamente relacionados con la actividad requerida para su desempeño y los extrínsecos o motivadores del entorno laboral, son aquellos que hacen referencia a las características del ambiente bajo el que se desarrolla el trabajo y son generalmente de naturaleza material y social.

Entre los motivadores extrínsecos, podemos señalar, El dinero, la estabilidad en el empleo, las oportunidades de ascenso o promoción, las condiciones de trabajo, las posibilidades de participación, y el ambiente social del trabajo. La motivación extrínseca se activa por necesidades valores o metas y cogniciones desarrolladas a partir de aspectos motivacionales que no son propios de la actividad laboral que realiza la persona para conseguirlos y de los cuales tiene un control externo. Las actividades laborales en este caso no son un fin en si mismo sino que se convierte en un medio para obtener un fin.

Como motivadores intrínsecos, señalaremos: el contenido del trabajo los objetivos y la acción en sí misma, las características de la tarea, la autonomía para realizar esa tarea, las oportunidades de utilizar conocimientos, habilidades y destrezas, retroalimentación o feedback. La motivación intrínseca se activa por necesidades valores y cogniciones desarrolladas a partir de aspectos motivacionales de la propia actividad laboral y de los cuales las personas experimentan un control interno. Esta actividad es un fin en sí mismo, es una actividad expresiva, valorada y satisfactoria.

1.4.2. Satisfacción laboral

Se pueden dar distintas definiciones de satisfacción laboral dependiendo del enfoque del que se trate, desde un punto de vista emocional y respuestas afectivas, podemos decir que es «un estado emocional positivo o placentero resultante de la percepción subjetiva de las experiencias laborales de la persona» (Locke, 1976). También se puede definir como «El estado afectivo, en el sentido de gusto o disgusto general, que la persona muestra hacia su trabajo» (Crites, 1969, en Peiró, 1996). Otra definición seria «Orientación afectiva positiva hacia el empleo» (McCloskey, 1990).

Otro enfoque de la satisfacción laboral, es aquel que va más allá de las respuestas afectivas, cobrando gran importancia las conductas laborales. Este enfoque presenta una actitud más generalizada dando importancia a la implicación laboral o compromiso organizacional, destacando elementos, cognitivos, afectivos y conductuales, tanto hacia factores generales del trabajo como a factores más específicos, como la compañía, el trabajo mismo, los compañeros, condiciones de trabajo, etc.

Al hablar de satisfacción laboral, hemos de tener en cuenta que se trata de un fenómeno multidimensional, algunas de las dimensiones que influyen en esa satisfacción laboral y que va a incidir directamente el correcto desarrollo del trabajo son entre otras: **la satisfacción con el trabajo** que incluye el interés intrínseco con el propio trabajo, las posibilidades de éxito, la dificultad, promoción etc. **Satisfacción con el salario** destacando aquí el aspecto cuantitativo del término, el como se distribuye el mismo y el criterio para asignarlo. **Satisfacción con las promociones** hace referencia a la satisfacción que puede tener el trabajador sobre las formas de promocionar y la distribución de las mismas. **Satisfacción con el reconocimiento,** elogios, críticas, etc. **Satisfacción con los beneficios,** referido a lo que se llama aspectos sociales tales como, pensiones, seguros médicos, etc. **Satisfacción con las condiciones de trabajo**, horarios, descansos, aspectos físicos del lugar del trabajo etc. **Satisfacción con el supervisor,** estilo de supervisión, habilidades técnicas, relaciones humanas. **Satisfacción con los compañeros,** relaciones de apoyo, amistad, compañerismo. **Satisfacción con la compañía y la dirección,** política de beneficios y desarrollo organizacional.

Como podemos apreciar en la satisfacción laboral influyen aspectos cognitivos, afectivos, psicológicos y laborales, en este trabajo nos estamos centrado principalmente en los laborales, entre estos podemos citar: *El establecimiento de metas y objetivos*, el trabajador debe saber cual es la meta a la que tiene que llegar o que objetivos tiene que satisfacer desde el punto de vista de la empresa. *Características y diseño del puesto* aquí se tiene en cuenta, el contenido del puesto de trabajo, el tipo de actividad, monotonía, sobreutilización de habilidades e infrautilización de las mismas. *Sistemas de recompensas y el salario,* sobre todo aspectos como el promedio de los salarios dentro de la organización, la jerarquía o niveles de salarios existentes, el método utilizado para la organización para incrementar el salario etc. *Las características organizacionales,* es decir si se trata de una distribución horizontal o vertical del poder, comunicación directivo-subordinado etc. La forma de *liderazgo,* es otro factor que influye en la satisfacción laboral, y *la participación en la toma de decisiones* entendida como la posibilidad que el trabajador tiene de participar en las decisiones relacionadas con su trabajo.

Todos estos factores que influyen en la satisfacción laboral, sin duda tienen una serie de consecuencias que va a influir a su vez en el desarrollo del trabajo, esta son: *El absentismo,* entendido en este caso aquel que se produce cuando a la persona no le satisface su puesto de trabajo. *Cambio de trabajo y/o de organización,* asociado con un cambio voluntario por parte del empleado, y *la actividad sindical* (Feuille y Bladín, 1974), señalan que la falta de satisfacción laboral produce en ocasiones un incremento de la actividad sindical.

Tema 2

LA FORMACIÓN EN EL ENTORNO EMPRESARIAL

María José Albert Gómez
Doctora en Ciencias de la Educación
Profesora titular de la UNED

Índice

2.1. LA FORMACIÓN EN LA EMPRESA

Hemos visto en el capítulo anterior como los conceptos de formación educación se pueden identificar, diferenciar, también hemos visto los dos enfoques de la formación, el interior y el exterior. Al comenzar este capitulo asumiremos lo dicho anteriormente pero centraremos esta parte a la formación en la empresa, para ello daremos una definición de formación enfocada al trabajo.

Según este enfoque el propósito de la formación es el de capacitar a un individuo para que pueda realizar convenientemente una tarea o trabajo determinados. La formación se define como una metodología sistemática y planificada, destinada a mejorar las competencias técnicas y profesionales de las personas en el trabajo, a enriquecer sus conocimientos, a desarrollar sus aptitudes y a la mejora de sus capacidades.

La formación desde este enfoque tiene como objeto permitir la adaptación de los trabajadores al cambio tecnológico en las nuevas condiciones de trabajo, y favorecer su promoción social.

El cambio operado en la demanda de cualificaciones obligará a la empresa a plantearse unas políticas de personal adecuadas para mantener e incrementar su competitividad. Debemos pensar que la empresa necesitará consecuentemente, que el mercado de la formación aporte soluciones en los distintos niveles y fases de mejora de la cualificación de los profesionales. Por la vía de la formación continua, necesitará preparar mejor a los empresarios, a sus directivos y cuadros superiores, mejorar a sus técnicos y cuadros medios y reciclar a su personal menos cualificado.

Las empresas deberán plantearse auditorias de formación detectando todas las necesidades de cualificación no cubiertas y diseñar en consecuencia sus planes de formación ligados a los objetivos estratégicos aprobados por la dirección de la empresa.

Conocer el papel real de la formación en la empresa , es en sí mismo, un paso adelante y estar convencido de que la necesidad de una formación es un paso adelante, ya que a pesar de reconocer la importancia de esta y a pesar de que el empresario tenga una actitud positiva la formación en la empresa cuenta con algunas dificultades.

Hacer de la formación una verdadera inversión es un proyecto que concierne a toda la empresa y que, por tanto, requerirá de la colaboración de todos los estamentos de la misma. De hecho, todas las actividades de la empresa, en un momento u otro, pueden estar necesitadas de formación. Para que la formación se convierta en una inversión generadora de competitividad, conviene que la cultura de la formación haya penetrado en toda la organización.

Sean cuales sean las políticas de recursos humanos de las empresas y las situaciones que atraviese el sector, la inserción de la formación dentro de la estrategia empresarial será frágil si esta no está respaldada por un sistema de gestión adaptado a esta inserción, de tal manera que la orientación estratégica de la empresa y la gestión de la formación deben caminar al unísono.

2.1.1. Importancia de la formación en la empresa

La formación es una actividad que sobrepasa el ámbito de las aulas, estén estas donde estén y fueren cuales fueren las materias que en ellas se traten. La formación es un proceso casi continuo en el que pueden intervenir como mediadores, no solo quienes profesionalmente tienen asignada esa labor, sino especialistas en muchas otras cuestiones e, incluso, quienes tal vez sólo pueden aportar a él un cierto caudal de experiencia valiosa que comunicar.

Por otro lado, toda la sociedad resulta beneficiada o perjudicada, según como se desarrolle el proceso de formación. Por ello mismo una sociedad responsable debe permanecer especialmente atenta al proceso formativo y darle doble prioridad, social y económica, que permita el adecuado desarrollo, tanto de las formaciones iniciales de carácter general o profesional, como de las formaciones continuas ya en el ámbito laboral.

Y es en ese marco de la empresa donde, ante las exigencias de la cualificación profesional propias de los distintos desempeños, se pone en evidencia la formación inicial del individuo. Al mismo tiempo se contribuye en buena medida a experimentar e incrementar este bagaje profesional, adquiriendo y poniendo al día conocimientos, habilidades y actitudes en la medida que lo exige la evolución económica y tecnológica.

El itinerario de una empresa depende de sus propios recursos y de la percepción de las oportunidades que le brinda el entorno. La formación aumenta la capacidad de analizar este entorno y amplía los recursos.

La formación se ha convertido en la vía más económica para alcanzar los objetivos de la empresa: por una parte, facilita el cambio y la renovación, y por otro lado, aumenta la capacidad del personal de la empresa, haciendo que las decisiones puedan tomarse a diferentes niveles de responsabilidad, lo que mejora la organización y descarga a la dirección.

La formación ayuda a la comunicación entre las diferentes áreas funcionales de la empresa, y actúa de «interface» entre los diferentes grupos informales, reforzando su cultura. De este modo, se convierte en un instrumento útil para la gestión de los recursos humanos y para la motivación del personal.

Por otro lado la formación crea movilidad interna y externa, y ofrece el camino para la promoción, ya que facilita la búsqueda de soluciones más participativas, promoviendo la responsabilidad entre el personal de la empresa.

La formación mejora la calidad, la productividad y las condiciones de trabajo y, a su vez, es un procedimiento económico para apropiarse de las nuevas tecnologías. La formación se hace indispensable para cambiar las actitudes y adaptarse a las nuevas cualificaciones (Solé y Mirabet, 1994).

Si las empresas quieren ser competitivas no es suficiente, hoy día con que disminuyan los costos de la producción y adapten ésta a las nuevas necesidades del mercado, se precisa, sobre todo, que dispongan de un personal muy preparado para hacer frente a los retos que se les plantean por los cambios operados en el ambiente socioeconómico.

Ante esta necesidad de renovación de sus capacidades, las propias empresas han ido generando, a partir de sí mismas, procesos de formación, utilizando lo que se llama la ingeniería de los recursos humanos. Para lograr la transformación de las competencias profesionales de los individuos. Entendemos por ingeniería de recursos humanos el conjunto coordinado de los trabajos metódicos de concepción estudio y realización de los sistemas de acción que tienden a valorizar o desarrollar los recursos humanos de un sector determinado, en este caso la empresa (Quintana Cabanas en Colón, Sarramona y Vázquez, 1994).

2.1.2. Diagnóstico de las necesidades de formación

Las necesidades de formación son los déficits objetivamente existentes entre la realidad de la actividad laboral y lo que sería deseable, déficits que se podrían salvar mediante acciones de formación (Kaufman, 1982).

Detectar las necesidades de formación de una empresa, institución, grupo de personas, colectivos, etc. supone un diagnostico inicial de la situación de la organización situada en el ámbito de las demandas del entorno.

Es evidente que las necesidades no coinciden siempre con las demandas de formación de los sujetos, ni estas son siempre equivalentes a las expectativas, mientras que demandas y expectativas personales no siempre coinciden con las necesidades institucionales o sociales.

Al identificar las necesidades de una organización o empresa deben priorizarse y diferenciar aquellas que no son susceptibles de tratamiento a través de procedimientos de formación, ya que algunas necesidades no pueden ser satisfechas con estrategias de formación de los recursos humanos (López-Barajas, 1995). También hemos de preguntarnos a que responden esas necesidades, son del propio sujeto, de la organización de la empresa, del entorno. En ocasiones no hay una relación directa entre las necesidades creándose un vacío entre tres conceptos necesidadesdemandas-expectativas, siendo necesario la formación de un grupo conjunto entre los tres conceptos.

Como hemos visto las necesidades de formación pueden originarse en:

- La propia cultura de la organización
- La cultura del entorno
- La organización general de la empresa
- La dirección de recursos humanos
- La dirección del departamento de dirección

Sea cual sea el ámbito donde se diagnostiquen las necesidades, un análisis básico de las mismas requiere:

- Identificar necesidades
- Señalar requisitos de ejecución
- Elección de métodos y medios

Desde una perspectiva empresarial las necesidades concretas de formación pueden surgir directamente de la realidad laboral, siempre que se tengan parámetros objetivables para determinar la posible distancia entre tal realidad y lo deseable. Estas necesidades pueden responder a:

a) Innovación tecnológica, provocada por la renovación de la maquinaria, sistemas de producción, de comercialización etc.

b) Reconversión de la empresa, causada por la modificación de los productos o servicios afectados, que puede tener también repercusiones organizativas y de innovación tecnológica.

c) Desarrollo y /o mejora de la empresa, con la optimización de los sistemas de producción , control de calidad, expansión institucional.

d) Resolución de problemas específicos, que resulten vinculados a déficits de formación.

Una forma de determinar esas necesidades es mediante un análisis de tareas, a través de este análisis se determinan y estudian las fases de la actividad laboral, desde distintas perspectivas. Una valoración posterior permitirá identificar posibles necesidades formativas.

Los programas de formación deben incidir en una tarea diagnóstica centrada en la definición de un nuevo perfil, bien del trabajador, bien de las nuevas funciones que de él se esperan, de ahí que se afirme que todo puesto de trabajo exige un perfil profesional.

La elaboración de perfiles profesionales supone, la definición de las necesidades y expectativas que la empresa posee para cada uno de sus puestos de trabajo. Para ello es preciso poseer información de diverso tipo, tanto de la empresa como de su entorno, como del puesto de trabajo y del personal con que se cuenta. De hecho, la realización de los perfiles profesionales supone desarrollar un sistema de información para planificar posteriormente la formación.

Las necesidades son la fuente justificativa de las acciones de formación por cuanto permiten delimitar las metas y objetivos de dicha formación.

Convertir las necesidades en propósitos de formación constituye una tarea del profesional de la formación, que pasa por la determinación de conocimientos, habilidades y actitudes que permitirán dar respuesta a las necesidades indicadas, y ello en la doble perspectiva personal y colectiva. La eficacia de los programas de formación será valorada luego en función de la satisfacción o no de las necesidades afrontadas (Colom, Sarramona, Vázquez, 1995).

2.1.3. Metas y objetivos de la formación en la empresa

Podemos decir que las metas de la formación son los resultados generales que se espera lograr al final, no forzosamente de manera inmediata del proceso de formación. Las metas de la formación pueden ir encaminadas como toda formación por un lado al perfeccionamiento del hombre como persona que seria tal y como hemos dicho la interioridad de la formación , y un proceso externo más enfocado a los logros de cara a la empresa.

A la formación le corresponde ayudar a mejorar la capacidad de definición de los objetivos y aportar las competencias técnicas necesarias para que estos objetivos se concreten.

La formación del personal no es aspecto aislado e independiente de la actividad de la empresa: debe ser un instrumento integrado en la planificación estratégica de la organización que ha de ayudar a definir las metas de la organización mejorar su funcionamiento y aumentar el nivel de satisfacción de las personas.

En primer lugar la formación ha de partir de los objetivos y las prioridades de la empresa, transmitiendo al conjunto del personal una imagen cierta de la actuación que se espera de ellos, más allá del objetivo parcial de obtener una mejor adecuación de un determinado trabajador a su puesto de trabajo.

En segundo lugar la formación ha de planificarse para cubrir deficiencias y carencias en las actuaciones del personal en relación con los objetivos. La adaptación a las necesidades reales de la organización ayudará a crear un ambiente de trabajo más dinámico y cooperativo, más motivador y eficaz.

Basándonos en este segundo aspecto señalaremos las metas y los objetivos de un proyecto de formación dentro de la empresa.

Las metas son los propósitos auténticamente justificativos de los proyectos de formación y tienen su justificación lógica en el diagnóstico de necesidades y han de estar directamente relacionadas con ellas. Entre otras podemos señalar:

- Actualizar los conocimientos y habilidades que permitan afrontar los avances producidos en las empresas y en cada puesto de trabajo.
- Habilitar de forma progresiva para realizar tareas de mayor preparación y responsabilidad.

- Hacer de la formación laboral una fuente de satisfacción profesional y de mejora personal a la vez que cubren las necesidades de los centros de trabajo.
- Elevar la competitividad de la empresa.
- Optimizar el uso de los recursos materiales disponibles.
- Fomentar la innovación.

La consecución de estas metas o propósitos generales pasa por el logro de fases intermedias de carácter más concreto llamados objetivos.

Podemos decir que los objetivos son aquellos resultados esperables en función de las acciones de formación, esto es, que derivan directa e inmediatamente de la formación, su justificación depende de las metas o propósitos generales y su determinación corresponde a los técnicos de la formación. Los objetivos han de estar unidos a los objetivos corporativos de la empresa y han de ser alcanzables con los recursos y acciones previstas para lo cual antes de formularlos habrá que conocer y valorar las disponibilidades y circunstancias.

Los objetivos de la formación han de ser alcanzables con los recursos y las acciones aplicadas. Por ello es importante antes de formularlos conocer y valorar las disponibilidades y circunstancias de los destinatarios.

Por lo que respecta a los destinatarios, tres aspectos son básicos para determinar los objetivos de formación, aquellos mismos sobre los cuales deberá incidir la formación y que constituirán los ámbitos de consecución de los objetivos: conocimientos, habilidades y actitudes.

Los objetivos son muy importantes en un proyecto de formación, han de estar redactados con claridad para servir como medio para evaluar y dar validez a la formación. Sirven igualmente para ayudar al formador a elegir el método y contenidos del programa y para proponer metas precisas.

Establecer objetivos ayuda a tener las ideas claras y facilita la comunicación del formador con los otros. Por consiguiente, el inventario del material formativo y la elección de los medios apropiados para la formación se ven apoyados con el uso y la formulación de objetivos.

El empleo de objetivos hace posible desglosar las metas propuestas en elementos más manejables a la vez que permite una evaluación del aprendizaje en mejores condiciones, a la vez que son lo clave para un aprendizaje basado en el conocimiento.

La denominación de los objetivos en formación es muy variada y según distintos autores, pueden ser: consecutivos, temáticos, de conocimiento, competencias, actitudinales... La denominación es lo de menos, lo más importante es el concepto. Es aconsejable si el proyecto lo requiere formular objetivos de distintos ámbitos, cognoscitivo, afectivo y psicomotor, siguiendo en este caso la taxonomía de Bloom u otra esta formulación de objetivos se hará de forma secuenciada, esa secuencia pasa por formular primeramente objetivos generales que se han de redactar con un infinitivo de acción, de cada objetivo general saldrán distintos específicos en los que se indicará el contexto en el que el alumno tiene que lograr algo y por último de cada específico los operativos correspondientes incluyendo en sus redacción el criterio de evaluación. Los objetivos deben tener tres partes principales, la actuación que se espera de los formandos al final del programa, las condiciones en las que se desenvolverán y los niveles que tendrán que tener.

En un proyecto de formación, es muy importante una buena redacción de objetivos y presentan una serie de ventajas:

- Sirven de guía en el diseño del proyecto de formación y son las bases sobre las que se asientan las metas de aprendizaje y capacitación.
- Previenen que la enseñanza sea demasiado larga o demasiado corta.
- Sirven para comparar las necesidades formativas con el programa que se ha desarrolldo para garantizar que la formación sea válida.
- Sirven para medir la eficacia del programa, tanto en lo que a conocimientos, técnicas y actitudes se refiere como a los niveles mínimos aceptables que se esperan de los formandos.
- Son el primer punto de referencia para cualquier investigación que se haga de la formación.

Como conclusión podemos decir que la sistematización de un proyecto de formación pasa por la formulación de una serie de objetivos, que ayudan a controlar la formación, destacando la importancia de una buena formulación y secuenciación de los mismos.

Pero no es suficiente con la formulación de unos objetivos ya que detrás de toda acción formativa debe haber unos criterios de rentabilidad unidos a los objetivos previstos. La formación ha de evaluarse para asegurarse que alcanzará los objetivos previstos, los medios de evaluación se seleccionarán de acuerdo con propósitos y el contenido del proyecto de formación.

A pesar de reconocer la importancia de la formulación de objetivos en un proyecto de formación, en ocasiones resulta una tarea no fácil que ha hecho que algunos profesionales, duden de su eficacia, pero también es verdad que los que alguna vez han tratado de formar personal sin usar objetivos es muy probable que admitan que, en lugar de la dificultad para redactarlos y de la vaguedad que conlleva formularlos se haya encontrado con la imposibilidad de diseñar o evaluar un programa formativo con profesionalidad al no saber que es lo que pretendían conseguir. Para ilustrar esto señalaremos la frase de Rober Mager «Si no estás seguro de adónde vas, te expones a terminar en cualquier parte y ni siquiera sabes cuál (Burckley, 1991:117).

2.1.4. Ventajas de la formación en la empresa

Las ventajas de la formación en la empresa son variadas y afectan tanto al trabajador como a la propia empresa. Si nos centramos en los trabajadores tenemos por un lado las ventajas de unas satisfacciones intrínsecas y extrínsecas. Las ventajas intrínsecas hacen referencia a un sentirse bien porque pueden realizar una tarea y ser capaces de desarrollar un nuevo repertorio de técnicas. Las extrínsecas por su parte hacen referencia a esas ganancias extras por la mejora de su actuación profesional tanto dentro o fuera de la empresa a la que pertenecen.

Desde el punto de vista de la empresa las ventajas son otras:

- Mayor cualificación de los trabajadores y su productividad.
- Mayor rapidez de los trabajadores para estar al día.
- Ahorro de tiempo en el aprendizaje, con lo que la formación es menos costosa.
- Disminución de pérdidas.
- Disminución del absentismo laboral.
- Promueve la movilidad en el trabajo.
- Proporciona satisfacción en el personal.

Podemos señalar también otro tipo de ventaja de la formación en la empresa más a largo plazo, el de desempeñar un papel estratégico, es decir la formación debe ir más allá de las técnicas enfocadas al individuo y ocuparse de los asuntos de liderazgo, de grupo, de organizaciones, de forma que la empresa pueda alcanzar un proceso de renovación que solucione sus problemas y aumente su estabilidad. Esto se consigue centrándose especialmente en la filosofía de los equipos de trabajo afectando a la filosofía de la empresa por medio de la gestión de las actividades formativas tanto individuales como de grupo.

Pero lo más importante de la formación en la empresa, y además de todas la ventajas mencionadas, es el hecho de que la formación ejerce una gran influencia en la empresa que la hace crear una organización formativa más flexible y sensible a las demandas internas y externas para afrontar las necesidades presentes y futuras.

2.1.5. Nuevos enfoques de la formación en la empresa

Las empresas con respecto a la formación y de cara al tercer milenio deben cambiar su enfoque su puesta en práctica y su evaluación. Ese nuevo enfoque pasa por una mayor inversión en formación. En la actualidad las grandes empresas invierten en formación tan solo un 1% de la masa salarial bruta, la inversión de las pequeñas y medianas empresa es prácticamente mínima. Las empresas deben considera la formación como el medio para aumentar la productividad y la competitividad.

Si las empresas quieren ser competitivas han de tener un personal cualificado y preparado para hacer frente a los retos que se les plantea por los cambio operados en el ambiente socioeconómico en la producción y en el consumo.

La formación en la empresa hoy y sobre todo de cara al año 2000 y venideros, debe tener como finalidad no solo la producción de bienes materiales sino también debe considerarla como instrumento de bienestar social y realización humana.

El nuevo enfoque debe pasar por la realización de un proyecto de formación dentro de la empresa convirtiéndose esta en lugar de actividades formativas, que cubran las necesidades de un determinado colectivo dentro de la propia empresa, para ello la formación ha de ser una parte de la planificación corporativa.

También ha de cambiar de cara al tercer milenio la evaluación de la formación. Esta evaluación ha de entenderse en dos sentidos, por un lado como la consecución o no de los objetivos previstos para el trabajador y por otro para la empresa, comprobando si los trabajadores pueden desarrollar las tareas propias que se pretendían y que habían sido diseñadas con anterioridad.

Esto presenta dos vertientes la individual y la social, de las cuales las empresas puedan salir beneficiadas. El nuevo enfoque de la evaluación también debe ser doble, por un lado los objetivos de la empresa y por otro los de los trabajadores.

2.2. ESTRATEGIAS METODOLÓGICAS PARA LA FORMACIÓN EN LA EMPRESA

La elección de una estrategias u otras demanda la congruencia entre los objetivos propuestos, ya que no todos los objetivos precisan de la misma metodología así un objetivo de simple interiorización no requiere la misma metodología de un saber donde se precisa la toma de decisiones, ni la misma cuando se trata de consolidar una actitud de implicaciones sociales.

Con independencia de la metodología escogida, la formación en la empresa se enmarca en los principios del aprendizaje de adultos. Entre otros criterios podemos señalar la *autoformación* ya que es el propio adulto el principal agente del proceso formativo. Siendo necesario conseguir que el adulto se implique personalmente en su formación. La *participación* es otro factor importante ya que es una forma hacer posible la involucración del adulto, mediante una participación directa siendo esta un requisito para su eficacia. *La Actividad* como algo opuesto a la mera recepción de la formación, una buena formación precisa de una puesta en escena de todas sus facultades así como la posibilidad de reflexión y de crítica. *Funcionalidad* entendida como la posibilidad de solucionar con garantías los problemas laborales habituales, mediante el fomento de la transferencia hacia situaciones no previstas. *Economía* dado que el formador no suele contar con recursos ilimitados para llevar a cabo sus acciones deberá seleccionar sus metodologías teniendo presente el criterio de eficiencia considerando costes y tiempo.

Dado que el proceso formativo es un proceso amplio e integral, que tal y como hemos visto va encaminado a la perfección del hombre desde un punto de vista interior y otro exterior, proponemos la mezcla de distintas metodología dependiendo del momento y de los objetivos de cada proceso formativo. Proponemos para un proceso formativo la mezcla de distintas metodologías ya que habrá procesos que precisen en la mayoría de los casos de metodologías expositivas; otros de metodologías autoformativas; también se utilizarán los métodos de simulación o juegos de roles permitiendo al alumno ponerse en una situación determinada; el estudio de casos es también una metodología muy utilizada y útil en formación, ya que enfrenta al alumno con un problema concreto y específico como un caso real.

2.2.1. Metodologías expositivas

Entendemos por metodologías s expositivas aquel conjunto de metodologías que tienen a la palabra oral como vínculo común. De manera preferente será el formador quien exponga oralmente y los receptores quienes escuchen tales exposiciones. Estas metodologías son importantes sobre todo en una primera parte del proceso formativo donde lo que se pretende es que los alumnos conozcan, sobre todo para la consecución de los objetivos cognoscitivos de conocimiento. Estas metodologías permiten transmitir información y conocimientos de manera rápida y generalizada y facilitan la demostración cara a cara de razonamientos verbales.

Este tipo de metodología ha sido y es muy criticado pero en realidad es muy práctica para los casos mencionados, el secreto de su éxito radica en no utilizarla como única metodología de formación sino una metodología en un momento determinado, en especial lo que queremos es que los alumnos conozcan algo de forma rápida.

Al igual que todo el proceso de formación las metodologías expositivas no son algo que se puedan improvisar y hacer de forma aleatoria, sino que presentan una serie de requisitos o condiciones para su puesta en práctica. Estas condiciones son:

- Necesitan de una preparación previa que se adecue a las características del auditorio.
- Han de prestar atención específica a la estructuración lógica de la información, para que la densidad y secuenciación estén adaptadas tanto a la naturaleza de los contenidos como a las características del auditorio.
- Precisan para ser dinámicas, el empleo de todas las posibilidades propias de la expresión oral: entonación, ritmo, intensidad, claridad, etc.
- Posibilidad y conveniencia de combinar la exposición oral con recursos audiovisuales diversos.
- Formar un conjunto integrado entre la exposición verbal y no verbal, como gestos, ademanes, desplazamientos.
- Aplicar técnicas específicas para mantener la atención del auditorio, entonación adecuada, empleo del humor, ejemplificación contextualizada etc.

A la hora de utilizar una metodología expositiva, hemos de tener en cuenta sus limitaciones e intentar solucionarlas. Una primera limitación es el hecho de tener una actuación al unísono ante un colectivo siendo imposible personalizar el mensaje. Para paliar esto será importante tener un conocimiento previo del grupo para poder adoptar el mensaje a los intereses comunes.

Otra limitación puede ser la pasividad del auditorio, la solución pasa por utilizar toda la fuerza motivadora de la comunicación oral tal y como hemos indicado en las condiciones anteriores.

Un aspecto importante en las metodologías expositivas, es entregar a los participantes un material escrito que evite el tener que tomar notas, como tendencia a la pasividad. De esta forma se asegura que todos los participantes tengan la totalidad de los contenidos formativos de manera que la exposición oral sea su complemento y no a la inversa.

Excepto en el caso de una conferencia absolutamente formal y académica, las exposiciones orales por parte del formador tienen su lógico complemento en la participación oral de los asistentes a la sesión formativa convirtiéndose entonces la comunicación en bidireccional.

2.2.2. Metodologías de autoformación

Entendemos por metodología autoformativa aquella que se fundamenta en la iniciativa del propio sujeto que se forma, de modo que éste puede alcanzar los objetivos del programa siguiendo las instrucciones que el material le indica. El formador estará presente pero no como fuente informativa, sino como orientador, resolutor de consultas y evaluador. El material didáctico suele ser autosuficiente en cuanto al conjunto de las informaciones propias del programa.

Veamos algunas de las ventajas o razones que justifican la autoformación:

Váquez, Sarramona y Colon, 1995, las dividen en tres tipos: psicológicas, pedagógicas, y organizativas. Veamos primeramente las psicológicas.

En primer lugar hemos de tener en cuenta que es el adulto el receptor de esa formación, por lo cual los intereses y características personales son muy diferentes y dependen de muchos factores, conocimientos, intereses, medio socio-familiar , hábitos de aprendizaje. Todo esto demanda una metodología flexible y adaptable a esta diversidad. La autoformación permite una adaptación individualizada al no estar sometida a parámetros espcio-temporales.

Con la autoformación el adulto adquiere el total protagonismo en la formación siendo el principal rector y evaluador de su aprendizaje pudiendo de ese modo constatar la eficacia de la formación directamente con la laboral.

Como razones pedagógicas que justificarían el uso de metodologías de autoformación.

La formación laboral ha de estar vinculada en los problemas reales de mundo del trabajo a través de referencias directas a casos concretos. Con lo cual la preparación y la aplicación han de estar perfectamente integradas. La metodología de formación no ha de estar alejada de la práctica sino inmersa en ella. Esta característica nos las ofrece la autoformación ya que el alumno no tiene porque abandonar su lugar de trabajo.

El estudiante con esta metodología se ve obligado a actuar, ya que es él el principal protagonista, ha de leer, escuchar, resolver, dando al proceso formativo una dinamicidad que en muchas ocasiones no se tiene en otras metodologías formativas donde prima la asistencia y la pasividad.

Otra característica de esta metodología es la idoneidad de los materiales autoformativos. Este tipo de material potencia una formación teórica-reflexiva constituyendo este aspecto una meta en la formación laboral permanente, ya que uno de los principales problema de la formación laboral es dar sentido a la práctica.

Desde el punto de vista de la organización los autores mencionados señalan las siguientes características:

La puesta en marcha de la maquinaria de formación en una empresa, precisa una serie de actividades formativas que resultan en ocasiones caras y complejas por los desplazamientos de los trabajadores, con esta metodología el trabajador no tendría que abandonar su puesto de trabajo, solucionándose así problemas de tiempo y espacio.

Los factores económicos es otro factor decisivo a la hora de plantear cursos de formación, los cursos convencionales, tienen unos costes crecientes, pago de desplazamientos, dietas. Todo esto se ve solucionado con una técnica autoformativa.

Otro aspecto importante a favor de metodologías autoformativas, es el hecho de cuando se quiere llevar a un mismo tiempo, al unísono y en igualdad de oportunidades cursos formativos en distintas partes o poblaciones diseminadas. La autoformación permite el desarrollo de este tipo de actividades.

También en ocasiones nos encontramos con que las necesidades de formación que tienen las empresas, en ocasiones no pueden vincularse a la constitución de estructuras complejas de formación, con personal especializado en esas tareas, la autoformación aunque precisa de una organización de apoyo, requiere menos recursos para su puesta en práctica.

Este tipo de metodologías precisa y supone de una facilitación de la estructura de los aprendizajes incluyendo en los materiales elementos típicos del aprendizaje significativo, como organizadores, esquemas conceptuales, resolución de casos, problemas etc. Necesita de una flexibilidad aplicativa que permita la adaptación de los distintos tipos de alumnos. Ha de ofrecer igualmente la posibilidad de autocontrol en tanto que permite al sujeto tener constancia fiable de la eficiencia y eficacia de su aprendizaje. Ofrece igualmente el proceso formativo una posibilidad de critica e innovación ya que permite al alumno ir más allá de la aplicaciones inmediatas despertando el espíritu de innovación y de cambio, principios que siempre son deseables en un proceso de formación

Como factores que hemos de tener en cuenta, ya que podrían suponer limitaciones a este tipo de metodología son:

- Por un lado la importancia de una planificación rigurosa de todo el proceso formativo.
- Necesidad de contar con personal técnico preparado en la elaboración de este tipo de material.

- Se necesita un elevado grado de motivación por parte del alumno, motivación que ha de estructurarse en distintos momentos, una motivación inicial que es la que hace al alumno timar el curso de formación, y motivación de mantenimiento y rendimiento en el estudio.
- El alumno que se matricula en un curso de formación con una metodología de autoformación, precisa de una hábito de estudio y trabajo individual, ya que sin estas características, difícilmente conseguirá los objetivos previstos.
- Otra dificultad con la que estas metodologías pueden contar, y a pesar de que en la actualidad los medios de comunicación bidireccional están muy extendidos, es precisamente ese, el hecho de que en ocasiones no se da una comunicación directa. Este problema queda solucionado con la utilización de los nuevos sistemas de comunicación.
- A esta metodología se le puede achacar el hecho de no poder tener reuniones en grupo donde solucionar problemas o casos generales. El uso de técnicas de videoconferencia y demás sistemas pueden paliar estos problemas.
- Otro factor a tener en cuenta es justamente una de sus características, hemos dicho que esta metodología suponía un ahorro económico con respecto a otras, esto es verdad pero es aconsejable hacer un estudio previo ya que el uso de medios de comunicación abanzados, puede encarecer el coste si el número de alumnos no es elevado.

Proponemos como solución a estos problemas el uso de una metodología combinada, los materiales deben ser adecuados para la autoformación, la planificación ha de ser rigurosa pero planteamos un proceso semipresencial. Es decir el alumno en determinados momentos del curso dos o tres, puede acudir a centros formativos para estar en contacto con el grupo y con los tutores, y proponemos igualmente un sistema de tutorías continuas donde el alumno pueda estar atendido para solucionar cualquier problema en todo momento.

2.2.3. Metodologías de simulación

Entendemos por metodologías de simulación aquellas que suponen una representación de la realidad. La simulación es una modalidad de conocimiento y acción sobre la realidad, sobre un mundo real que por su propia naturaleza, no es directamente manipulable o al menos no lo es sin costes controlables y asumibles (pilotos de aeronaves, previsión de averías en plantas energéticas, etc.

Esta técnica consiste en crear una serie de juegos reales que han de ser representados por los participantes para procurarles experiencia en la resolución de problemas vitales para el presente y futuro de su trabajo.

La simulación se utiliza con gran frecuencia como metodología para el entrenamiento de solución de problemas. Con esta metodología se trata de poner a los sujetos en la situación de decidir, no lo que otros harían, sino lo que harían ellos mismos si estuvieran ante un problema concreto. La simulación sirve para superar la ambivalencia entre los mundo de la formación teórica y la práctica.

En la simulación el formador debe promover que los alumnos analicen lo que ellos mismos harían en una situación determinada a su vez que los alumnos comprueban la validez de los principios generales aprendido en otros momentos del curso como por ejemplo lo aprendido en una primera parte donde proponíamos una metodología expositiva.

A través de la simulación, se pretende la solución de unos problemas concretos y determinados, dando lugar al aprendizaje por resolución de problemas, este tipo de aprendizaje pasa por cuatro fases. Una primera fase de recogida de datos del problema que tenemos que tratar. Un segundo momento o fase donde se formulan y se desarrollan las hipótesis. El tercer momento corresponde a la simulación de las decisiones evaluando expectativas y resultados consiguientes en cada alternativa y por último la adopción de la mejor decisión.

La simulación conlleva una fuerte motivación de los participantes y necesita responder a unos objetivos bien definidos. Se ha de tener cuidado ya que se puede caer en una sobresimplificación de la realidad con lo cual luego es difícil adaptar esos casos estudiados a la realidad, y también con el carácter hiperespecífico de la información requerida y transmitida. A pesar de estas limitaciones que pueden controlarse con un buen diseño de la situación-problema y de los materiales, la simulación es una metodología formativa que debe incorporarse necesariamente al cuadro de estrategias de todo programa de formación.

Dos ejemplos de esta metodología, sería el del juego de los roles y el del estudio de casos, directamente relacionados uno con otro.

Una de las características más importantes del juego de roles, que asume a su vez las ventajas y los inconvenientes de la metodología simulada, es que permite una gran actividad de los participantes así como analizar cuales han sido los motivos que han llevado al alumno a una determinada conducta y analizar cual seria el mejor camino para corregir o dominar una situación. Permite también crear un clima de discusión controlada.

Al representar una situación se puede observar con gran sorpresa que los actores reaccionan de forma totalmente distinta a la que se esperaba, y que en ocasiones al final de la discusión la opinión del alumno ha cambiado completamente durante el juego y que se ha llegado a un enjuiciamiento totalmente distinto del que se había formado al plantearse el problema. Es decir y tal vez sea lo más importante de esta metodología, mediante el juego de roles se presenta de forma clara la diferencia entre el razonamiento teórico y la experiencia práctica.

En una de las situaciones donde se utiliza mucho el juego de roles es en la formación de directivos o managers a todos los niveles ejerciéndose con más éxito en aquellas personas que tienen a su cargo o ejercen una acción directa sobre un número determinado de operarios. En este ámbito el juego de roles hace que el participante:

- Se acostumbre a no formar juicios demasiado ligeros sobre las personas o su comportamiento.
- Comprende que jamás existe una solución «absolutamente» correcta para un problema.
- Observa que la misma situación es entendida de forma distinta por los diferentes actores
- Aprende a deshacerse de unos conceptos idealistas más o menos irreales, porque se ve forzado a establecer sus consideraciones dentro de límites determinados por factores, como los costes, las capacidades de las máquinas, la falta de mano de obra, las directrices de la dirección comercial y las actitudes tradicionales de la dirección general.

De forma general, el actor adquiere aptitudes que le benefician directamente para solucionar sus problemas cotidianos, viéndose forzado a tomar decisiones o solucionar un problema dentro de un plazo fijo, así como a tomar en consideración y ajustarse a los sentimientos de los demás.

En definitiva el juego de roles se acerca a la vida profesional práctica porque el actor introduce su propio comportamiento en el papel (Birkenbihl, 1999).

El estudio de casos también supone introducir al individuo que se está formando en una situación ante la cual tendrá que comportarse como si estuviera enfrentado a ella en la vida real. Supone un complejo sistema actualizador de múltiples capacidades cognitivas, al mismo tiempo que presenta una estructura multidimensional del aprendizaje. Este método supone la ejecución de un trabajo individual-grupal, donde la discusión y en general, la realimentación de ideas y alternativas, se hace de forma constante. Potencia el aprendizaje significativo ya que los alumnos para desarrollar o perfeccionar sus alternativas participan y se implican valorando positiva o críticamente las alternativas de los demás.

El estudio de caso implica diversas situaciones de aprendizaje, por un lado obliga al participante a una tarea personal e individualizada que posteriormente será contrastada en grupos de trabajo, dándose así dos dimensiones la individual y la grupal. De esta forma se contrarrestan los efectos negativos que pudieran tener cada una de ellas por separado.

Desde el punto de vista del formador la metodología del estudio de casos, lejos de lo que pudiera parecer de simplicidad, encierra una labor compleja ya que precisa de una labor previa a la clase realmente ardua y difícil; labor que en primer lugar debe centrarse en la elección del tipo de caso a aplicar. Esto en si ya es una complejidad ya que el caso refleja la complejidad de una situación problemática real, y por otro lado que en su análisis y discusión tiene lugar múltiples interacciones entre la información contenida en el caso y en todo el conjunto de creencias, perjuicio y opiniones tanto del profesor como de los participantes (Colom, Sarramona, Vázquez, 1994).

El formador antes de una sesión con el estudio de casos debe:

- Decir cuantos y que casos va a presentar en cada una de las sesiones.

- Elegir el entorno físico más apropiado donde se desarrollará la sesión.
- Ha de decir cual va a ser el tamaño del grupo con el que va a trabajar.
- Especificar cuales son las limitaciones iniciales del caso, cuales se dan en el proceso y como controlarlas.

Estos factores señalados se convierten en obstáculos para la metodología con el estudio de casos, que deben conducirse con cierta prudencia para que el caso en sí sea un éxito.

2.2.4. Formación en acción

Se entiende por metodología de la formación en acción, aquella dedicada a la mejora de la competencia de las personas y de las empresas. Generalmente se utiliza en procesos formativos que requieran la solución de situaciones problemáticas, donde hay incidentes críticos y dificultades. Situaciones donde se pretende resolver problemas o introducir alguna innovación, introduciendo mejoras en una práctica profesional y en situaciones donde la solución de los problemas exige aprender, casi siempre aprender a hacer algo.

La formación-acción se presenta como un enfoque que liga la formación con la necesidad de resolver problemas, mediante la participación de acuerdo con la cultura de la organización. Según esta concepción la formación-acción resulta muy innovadora ya que pretende ir más allá de otros enfoques productivos, de organización industrial y tecnológico-formativos.

La innovación tecnológica ha dado lugar a nuevas formas de relación, de producción, de autoridad, de control, que exigen modalidades distintas de formación en las que tenga mayor juego la participación de los actores en el proceso de decisión-acción-control. La formación-acción se aproxima a un enfoque de una tecnología abierta que busca la regulación de los procesos y la toma de decisiones continua acerca de los problemas que se presentan en el contexto de la organización.

El objeto de la formación-acción no es el «saber qué», sino el «saber como» e incluso el «saber por qué y para qué» superando así la disociación entre la teoría y la práctica. Se trata de introducir en la cultura de la empresa enfoques formativos centrados en la acción práctica y en el conocimiento sobre el trabajo, proponiendo de que en la empresa todos dirijan y operen a su nivel. De esta forma la formación-acción se convierte en una modalidad formativa adecuada para el desarrollo de la competencia personal de todos los integrantes de la empresa, cuyo trabajo les exige la capacidad de toma de decisiones.

Esta metodología va encaminada principalmente a la resolución de problemas dentro de la empresa mediante la realización de proyectos, proyecto que como ya veremos han de integrarse en el proyecto de la empresa, han de estar en consonancia con las necesidades corporativas, con el análisis estratégico de la organización así como con su cultura.

2.2.5. Metodologías cualitativas

El interés de las metodologías cualitativas, se centra en el estudio de los significados de las acciones humanas y de la vida social. Esta perspectiva pretende Introducir las nociones científicas de comprensión, significado y acción. La perspectiva interpretativa penetra en el mundo personal de los sujetos (cómo interpretan las situaciones, qué significa para ellos, qué intenciones tienen) (Arnal. J. 1992, p. 41).

2.2.5.1. *La observación participante*

Entre estas metodología podemos destacar, por un lado la observación participante

Lo primero que debemos preguntarnos, es ¿que es la observación participante?, ¿es la observación participante una estrategia de formación? ¿por qué humanística? Veamos las respuesta a estas preguntas.

La observación participante es una estrategia de campo amplia que combina simultáneamente, el análisis de documentos, la entrevista de personas , la observación y la introspección. Busca descubrir los comportamientos de los seres vivos en su medio natural. Su propósito es la obtención de datos a cerca de la conducta a través de un contacto directo y en situaciones específicas. Es un instrumento útil para obtener datos sobre cualquier realidad social.

En el ámbito de la educación la observación participante es una técnica que ha dado sus frutos en investigaciones etnográficas. Ha servido para obtener de los individuos sus definiciones de la realidad. En el aula ha identificado las interacciones entre alumnos y profesores, ha descubierto y analizado las conductas de inadaptación de unos y otros, diferencias individuales, culturales, y también ha servido para realizar evaluación.

Todos estos aspectos que trata la observación participante son sin lugar a dudas aspectos importantísimos a tener en cuenta en los proyectos de formación, hemos de conocer el colectivo para el que vamos a realizar un proyecto de formación, pero no solamente a nivel de proyecto formativo sino para la formación en general, la formación en las escuelas, los institutos, etc.

¿Es la observación participante una estrategia de formación?

Entendemos por estrategia la forma en que se articulan los recursos (técnicas, destrezas habilidades, materiales...) para construir un comportamiento eficaz ante una situación dada (Vazquez Gómez, en López-Barajas Zayas, 1995).

Esta pregunta será afirmativa si proclamamos la unión de la vertiente heurística y la didáctica. Todo proceso formativo necesita de estas dos vertientes por una parte la heurística que nos diría la búsqueda o profundización del conocimiento y por otra la didáctica que sería el como hacer para transmitirlo.

En la investigación educativa conviene vincular la metodología de la investigación heurística con la metodología formativa (didáctica) como dos caras de una misma moneda, de manera que se convierta el trabajo en una tarea científica que permita el desarrollo curricular estimulando así un aprendizaje significativo.

Con la unión de la heurística y la didáctica se acaba con la división de las dos vertientes, integrándose en la práctica, naciendo así una nueva propuesta hacia la construcción del conocimiento pedagógico (López-Barajas, 1988).

Desde esta postura podemos afirmar que la observación participante es una estrategia formativa, por su parte heurística sería la búsqueda de la prospectiva «emic» del grupo y la didáctica sería la mejora de las condiciones sociales y educativas del grupo.

La observación participante como estrategia formativa permite:

- Estudiar una realidad sometiéndola a un análisis detallado de sus variables y de la interacción que se produce entre ellas con respecto al entorno.
- Es eficaz como forma de acercamiento a la realidad respetando la perspectiva «etic» como una perspectiva objetiva y científica del grupo.
- Permite una descomposición y análisis de la realidad y de sus variables.
- Recoge información de primera mano.
- Introduce al individuo que se está formando en una situación real.
- Permite al formador conocer a sus alumnos en el centro o lugar de trabajo.
- Permite una conexión entre lo que se aprende en las aulas de formación y lo que se observa en la realidad.
- Permite la unión entre el conocimiento y la acción.

Desde el punto de vista del formador es una buena herramienta de formación porque le permite conocer al colectivo para el que va a realizar un proyecto de formación ayudándole a situarse en la perspectiva del otro.

Para el formador que tiene que realizar proyectos de formación es importante conocer el medio donde se desarrollará su proyecto (centro escolar, empresa) de esta forma podrá comprobar la practicidad y adecuación de su trabajo a la realidad, observando los problemas que se plantean tanto a nivel teórico como práctico, la forma en que ese proyecto se llevará a la práctica y como no, la opinión de los interesado.

La última pregunta era ¿por qué contribuye a la formación humanística la observación participante?

Hemos dicho que la observación participante permite conocer y obtener de primera mano información sobre un colectivo grupo humano, sus características sociales, psicológicas, familiares, económicas, sociales, etc. esto hace conocer al grupo humano y permite hacer una planificación formativa pensando en ese grupo determinado, asi como observar directamente la practicidad del mismo.

Un proyecto formativo apoyado por la observación participante, garantiza una formación no estandarizada, sino con un perfil humano determinado.

El aporte de la observación participante a la formación, es por un aparte la observación directa de la practicidad de lo que hacemos así como el conocimiento, de primera mano, del medio y el individuo o colectivo para el que se va a planificar la formación.

2.2.5.2. *El método biográfico*

Otra técnica cualitativa importante a tener en cuenta para la formación humanística del hombre es el método biográfico.

Definir el término biográfico es difícil por distintas razones, por un lado, dado su carácter multifacético por otro, la dificultad en la generalización de su sentido, y finalmente, las diferencias epistemológicas en los estudios sobre el tema.

Según la Real Academia de la lengua la biografía es la historia de vida de una persona y autobiografía, es la vida de una persona escrita por una misma. Ambos términos significan el método biográfico.

La distinción entre ambas modalidades se concretan en que la historia de vida es contada por el propio autor constituyendo una narración de la propia vida, es decir, contada por su protagonista, usando como fuente de datos los documentos que proceden del propio sujeto, documentos que están en primera persona, autobiografias, cartas, cuestionarios libre. Por su parte el término biográfico es una elaboración externa al protagonista generalmente narrada en tercer persona.

La importancia del método biográfico para la formación radica en la individualidad del hombre. La formación ha de ser individual, adecuada a un individuo determinado con unas características determinadas, potenciando su individualidad, su libertad su derecho a elegir y potenciando su integridad.

El método biográfico surge como una necesidad de identificación del ser como uno mismo sin tener que recurrir a los parentescos. En la antigüedad en la edad grecolatina, por ejemplo, no se potenciaba la individualidad del hombre como tal, de hecho no tenias más que preguntar quien eres y la respuestas era Telemaco hijo de Odisco, esta u otra similar eran las respuestas que se obtenían a preguntas similares. Los individuos estaban enganchados a una masa social de determinadas relaciones consanguíneas. La llegada del humanismo potencia todo lo contrario, potencia la individualidad el hombre como hombre, independientemente de los parentesco. Esta individualidad que se potencia en el humanismo es a su vez el pilar del método biográfico. El hombre por limitado que pueda ser en cada una de las múltiples formulaciones que puede adquirir su ser, se redime en las actualizaciones sucesivas de su potencial indefinidamente variado. Cada estilo de vida tiene su propia justificación intrínseca, cada individuo tiene el derecho a ser comprendido en sus propios términos, cada uno merece una afectuosa atención al igual que todos los demás seres humanos en busca de su respectiva humanidad. Esto además de ser una características del método biográfico, es un pilar del humanismo y un factor a tener en cuenta en la formación del individuo, es decir el aporte del método biográfico a la formación humanística del hombre es el respeto de la individualidad humana.

2.2.5.3. *La etnografía*

La etnografía es otra técnica cualitativa de gran aporte a la formación humanistica del hombre. La podemos decir que es «*una parte de la antropología cultural, y se puede definir como la descripción de la cultura de un grupo humano o alguno de sus aspectos* (López-Barajas, 1994).

En nuestra época se da un notable crecimiento de la realidad técnico-cultural y una exagerada aceleración en el ritmo del tiempo histórico. De ello se sigue una situación de crisis para la humanidad, en la que aparecen una serie de tensiones opuestas que originan en el hombre el tormento de la inquietud y profundos interrogantes sobre el sentido de su propia existencia.

La situación creada hace que el hombre vaya perdiendo unos esquemas mentales, unas convicciones y creencias conforme a la cuales vivía sin haber logrado sustituirlas por otras (Merino, J. V. 1978 en López-Barajas, 1994, p. 165).

Es necesario volver al valor humano y al sentido de la existencia humana, la antropología y la etnografía contribuyen a esta búsqueda y sentido de la realidad humana, tanto de forma individual como de forma grupal.

La etnografía es una técnica cualitativa que supone un gran aporte a la formación humanística del hombre, ya que se debe contemplar la formación desde la perspectiva de la diversidad de los grupos étnicos. Cualquier forma de vida o modelo particular de cultura o subcultura, debe encontrar un reconocimiento solidario con objeto de facilitar una convivencia pacífica. La perspectiva etnográfica ayuda a entender la diversidad como complementariedad y no como conflicto, ya que el conocimiento mutuo en las relaciones intergrupales reduce tensiones entre los grupos.

El aporte de la etnografía a la formación radica principalmente en su hincapié en el respeto de la integridad humana, recordemos que esta característica etnográfica es también un aspecto importante del humanismo. El respeto a la dignidad humana y a la propia seguridad de las personas se debe conjugar con los intereses y enfoque científico de la formación. En este sentido López-Barajas afirma

> «Bajo cualquier objeto educativo que se investigue subyace un sentido antropológico. Hemos prestado la atención en estas últimas décadas a los factores y estructuras sociales, y en otros casos hemos subrayado la importancia de la tecnología, ahora se abre paso de nuevo la apremiante necesidad de reconsiderar el sentido antropológico de los proyectos y sistemas educativos. Lo que se está posibilitando en esta época postmodernista es una percepción nueva de la dimensión antropológica de la Pedagogía. Una perspectiva nueva que supere concepciones individualistas (López-Barajas, 1994).

El interés por la antropología entendida ésta como el estudio del hombre en cuanto a hombre es creciente así la antropología pedagógica pretende sistematizar el conocimiento del hombre desde una mirada educativa, pretende demostrar y comprender la realidad de la formación verdaderamente humana, intentando hacer al hombre feliz.

Desde una perspectiva formal la antropología se acerca al sentido pedagógico en cuanto que el hombre es susceptible de formación de mejora intencional de su potencialidad humana. La finalidad de la Pedagogía antropológica es sistematizar el conocimiento del hombre desde esta mirada educativa, demostrar o comprender la realidad de la formación verdaderamente humana.

Para conseguir esto la antropología se sirve de la etnografía que nos permite conocer los pueblos, razas, comunidades o grupos humanos muy de cerca para poder sacar conclusiones a todos los niveles educativos y formativos.

TEMA 3

EL DEPARTAMENTO DE FORMACIÓN EN LA EMPRESA

José López San Román
Licenciado en Ciencias Económicas

Índice

3.1. EL DEPARTAMENTO DE FORMACIÓN EN LA EMPRESA: RR.HH.

La competitividad de las empresas depende de una manera decisiva de la cualificación de las personas que en ella prestan sus servicios. La velocidad a la que una empresa se adapta a las exigencias del mercado, depende en gran medida de la competencia social y profesional de su capital humano.

El departamento de formación en las empresas surge como respuesta a la necesidad de las organizaciones de constituir y desarrollar capital humano. La formación, complementa a la educación formal que los empleados nuevos aportan a la empresa. Esta función primordial, cuando se trata de formación en habilidades básicas descansa en la inmensa mayoría de los casos en los departamentos de recursos humanos que se encargan además de otras funciones de planificar, desarrollar y evaluar la formación.

El empresario revela, en general, una dedicación clara y creciente a la formación patrocinada por las organizaciones. Más del 80% de las empresas de cualquier clase en países como Estados Unidos proporcionan una formación formal o estructurada, bien en los propios centros de trabajo, bien en centros de formación. Al hablar de formación en la empresa hemos visto como se puede hacer desde dos enfoques, por un lado contratando a profesionales que lleven a cabo la formación del personal previa detección de necesidades, o que sea la misma empresa, y desde dentro, la que cuente con una plantilla o grupo de profesionales que realicen estas funciones.

Hay que considerar que hoy la competitividad de las empresas viene dada por la competencia de su personal más que por el coste de su activo material. Esto supone que este activo inmaterial, este foco de inversiones intangibles para la empresa, debe ser considerado al mismo nivel estratégico que cualquier otro tipo de recursos. En la última década se ha avanzado bastante en este campo, fundamentalmente a través de tres vectores de influencia: la cultura empresarial, el liderazgo y la necesidad de implicar a todo el personal en los proyectos de mejora de la propia empresa. Estas son funciones, además de un estudio de las características de los colectivos y equipos humanos que integran la empresa , así como facilitar la comunicación con cada uno de los individuos y equipos, desde un conocimiento suficiente y global de su situación y expectativas, de forma que posibilite la personalización en el tratamiento de sus variables personales y profesionales, y de adopción de decisiones que vinculen sus intereses a los intereses de la organización, son funciones que debe realizar el departamento de recursos humanos de una empresa.

Cuando hablamos de recursos humanos, nos estamos refiriendo a un tipo de gestión por parte de la empresa que esta vinculada directamente con la cultura empresarial de la misma y que tiene en consideración la naturaleza del género humano, la actividad humana y las relaciones humanas como recursos para alcanzar sus objetivos.

El logro de cualquier objetivo de la empresa debe pasar por conseguir una cultura empresarial integrada en la que participen todos los miembros de la empresa. La cultura para que sea poseída y posea, a su vez a todos los miembros del grupo o de la organización, debe ser conocida asumida y traducida en comportamientos previsibles y consistentes por todo el personal. Si no se da este hecho se produce la situación de superposición de dos subculturas o conflicto entre dos culturas diferentes: la empresarial o directiva y la del resto del personal. Es misión del departamento de Recursos humanos integrar estas dos subculturas de forma que caminen juntas, formando una única cultura empresarial.

La consideración de los recursos humanos constituye una de las creencias básicas de cualquier paradigma cultural empresarial. Al pretender que este tipo de creencias sea asumido por todo el personal, el ejercicio del liderazgo como gestión cultural y la participación de los empleados en la mejora de su trabajo y de la propia empresa son estrategias indispensables del subsistema que constituye la gestión de los recursos humanos en la empresa.

Lo que diferencia a una empresa que tiene éxito de otra que no lo tiene, son ante todo las personas, su entusiasmo, su creatividad, de tal forma que la inversión en formación en las personas que componen la empresa es en principio garantía de éxito. Las mujeres y los hombres de la empresa son recursos que hay que movilizar, desarrollar y en los que hay que invertir, estos son los primeros recursos estratégicos de la empresa, y la función social pasa a ser capital y adquiere el rango de gran función estratégica. Podemos considerar a la gestión estratégica de los recursos humanos como la función que asegura la gestión de las competencias de la empresa (sabe, saber hacer, saber estar, y saber aprender).

La gestión estratégica de los recursos humanos supone, a la vez, una acción sobre las competencias y otra sobre los comportamientos y , por ello, sobre la motivación. El resultado de la gestión es el producto del saber hacer y del querer hacer. Así la gestión realizada a través del departamento de recursos humanos es un conjunto coordinado de trabajos metódicos de concepción, estudio y realización de sistemas de acción tendentes a valorar y desarrollar los recursos humanos de un conjunto determinado, en coherencia con un proyecto de cambio que se desea realizar. Generalmente el cambio que se desea realizar dentro de una empresa pasa por planes de formación de sus empleados a todos los niveles.

La formación, como proceso de socialización, es uno de los recursos que tiene la empresa para conseguir que sus miembros se integren en lar normas, valores y creencias que la caracterizan. Podemos decir que la formación como una función de la gestión de los RR.HH., se considera un útil de aculturación en la empresa, dentro de la cual pueden distinguirse tres modalidades: general, específica y formación-empresa (Santos Rego, Requejo Osorio, Rodriguez Martínez, 1993).

Actualmente, en la planificación y desarrollo de las políticas de gestión de los recursos humanos, la formación ocupa un decisivo papel. La efectividad de un acertado diseño, su oportuno desarrollo y la siempre difícil pero necesaria evaluación de sus resultados, redundan en el propio desarrollo de la empresa.

Durante mucho tiempo ha prevalecido en las empresas diferentes concepciones o modelos de formación, que pueden responder a cuatro modelos. Por un lado es el considerar a la formación como un gasto impuesto que debe soportar la empresa y que en todo caso sirve para premiar a los mejores.

En un segundo modelo tenemos la idea de una formación-reconversión, como una forma de ayuda para adaptar a las personas disfuncionadas.

El tercer modelo persigue la seguridad, es decir, lograr una permanente adaptación a los cambios externos para mantener la viabilidad de la empresa. Como último modelo lo que se llama la formación-desarrollo, que trata de conseguir la plena competencia del personal y la calidad del servicio.

Las empresas esperan que la formación les ayude a superar las deficiencias de cualificación de personal en todos sus niveles concediéndose a la formación una de las bazas más importantes dentro de la gestión de los RR.HH., a la que las empresas dedican inversiones y esfuerzos importantes. A través de la formación esperan una mejora en el comportamiento de sus empleados y de la empresa en su conjunto, que viene exigido por las necesidades de la organización.

La moderna planificación de los recursos humanos, trata de afrontar los problemas de su gestión de manera rigurosa y científica. La podemos definir como el proceso por el que una empresa se asegura un número suficiente de personal, adecuadamente cualificado y situado en los puestos y el tiempo oportunos para hacer las cosas convenientemente.

3.2. COMPETENCIAS

El departamento de personal ostenta por delegación las funciones de gestión, organización, control, optimización y desarrollo de los medios humanos de la empresa.

Corresponde al departamento de formación, normalmente como parte integrante del departamento de personal o de RR. HH., la mejora y el perfeccionamiento de la plantilla en lo relativo a conocimientos necesarios para alcanzar la cualificación requerida para el desempeño solvente de las funciones encomendadas.

Hemos de diferenciar en este punto, las distintas posibilidades que podemos encontrar dependiendo de cual sea la orientación de la compañía ya que en muchos casos no toda la responsabilidad de la formación recae en el departamento de formación. Nos referimos a por ejemplo formación técnica o comercial que sería impartida y/o coordinada por los departamentos competentes correspondientes.

El departamento de formación como responsable de la mejora de cualificación de la plantilla y en su faceta de facilitador del desarrollo de las organizaciones y del capital humano debe ser un elemento proactivo y adaptarse a las necesidades de la organización adelantándose en la búsqueda continua de nuevos elementos que permitan a la persona adaptarse a las nuevas exigencias.

En este ámbito, las competencias del departamento de formación deben orientarse dentro de los siguientes caminos:

— *Como experto:* el departamento de formación debe estar informado, conocer y, en la medida de lo posible dominar, las metodologías, sistemas y herramientas encaminadas a la mejora y desarrollo de competencias y conocimientos específicos. Asimismo debe conocer el mercado dominando la oferta existente y estando informado de las últimas tendencias y precios del mercado.

— *Como consultor:* el departamento de formación debe ser el consultor interno que contribuya a la aportación del valor a través de la optimización y el desarrollo de los RR.HH. Debe estar implicado en todos los procesos complejos de la empresa desde estadios iniciales para favorecer y facilitar los mismos a través de la adecuación del personal existente

— *Como proveedor de servicios:* Debe ser el proveedor interno que responda a la demanda de formación de la empresa

— *Como proveedor de soluciones finales:* Debe canalizar y ofrecer soluciones completas que liberen a las distintas partes de la organización de trrabajos encaminados a la formación y el perfeccionamiento.

Otro aspecto que puede y debe estar incluido dentro de las competencias de un departamento de formación es la gestión de la formación en el marco de los llamados contratos de apredizaje (ver legislación laboral). En ellos, la empresa debe ofrecer un número mínimo de horas de formación a los aprendices y debe ser el departamento de formación el que dote de contenido y gestione este contingente horario. Esto responde al esquema de formación dual anglosajón donde la empresa ofrece una formación de calidad, un salario y un puesto de trabajo a cambio de disposición al aprendizaje, dedicación y disposición al cambio.

3.3. ORGANIGRAMA

Los departamentos de formación deben ser adecuados a las circunstancias, mercados y objetivos de las empresas de las que forman parte. Su estructura, normalmente dentro del departamento de RR.HH., es muy variable y depende en gran medida del peso relativo y del papel estratégico de la formación en cada organización. Otros factores de los que depende son el tamaño de la empresa y en que sector esta realiza su actividad. Así, una empresa de tamaño grande que opera en un sector complejo y altamente competitivo tendrá por lo general, sus propias estructuras de formación e incluso dentro de estas sus propias áreas de especialización. Contará con su propio director o responsable de la formación del que pueden depender dos y hasta tres niveles jerárquicos. Asimismo los departamentos de formación se prestan también a estructuras matriciales si pensamos por ejemplo en dos enfoques: colectivo al que va dirigida y tipo de formación impartida.

A medida que el nivel de especialización aumenta, se incrementa el tamaño de la organización y la cualificación de sus miembros. En organizaciones sencillas, el peso de la formación, al igual que muchas veces el de los recursos humanos, se cimenta en zonas económico administrativas donde la mayor importancia y el mayor peso relativo está en enfoques de gestión y control del gasto más que en aportación de conocimiento y desarrollo de capital humano.

Básicamente en la literatura nos encontramos con dos esquemas básicos de concebir los departamentos de formación así como un tercer tipo que sería una mezcla lo dos anteriores. Esta concepción de los departamentos de formación discurre paralela a las concepciones que tradicionalmente nos hemos encontrado en los departamentos de RR.HH.:

- *Orientación funcional:* responde a principios estrictos con el único objetivo de impartir formación en la empresa. Presenta una serie de ventajas como son la existencias de reglas comunes para toda la empresa y la eliminación de las influencias que sobre la totalidad de la empresa pueden tener parte de ella. Por otro lado presenta también desventajas como la escasa reacción a casos excepcionales o el conformismo y la adaptación que se traducen en escasa innovación.
- *Orientación divisional:* no solo en aspectos funcionales sino también en aspectos geográficos. Presentan ventajas ya que está más claro el interlocutor en materia de formación y además este normalmente presta un mejor servicio aunque como desventaja este pueda depender de la competencia profesional del mencionado interlocutor.

Organigrama funcional del departamento de formación (I)

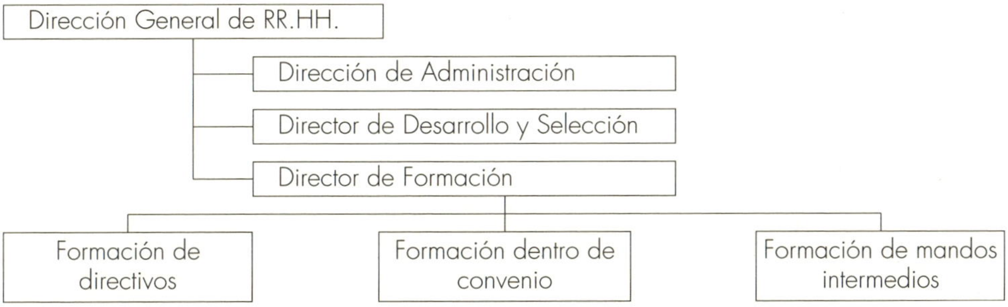

Organigrama funcional del departamento de formación (II)

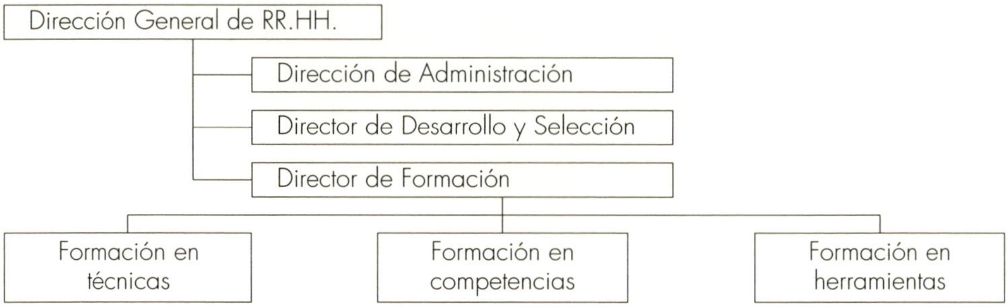

Organigrama divisional del departamento de formación

3.4. FORMAS DE ORGANIZACIÓN

Cuando hablamos de formas de organización, nos estamos refiriendo a aquellas estructuras que pueden afectar a la planificación de la formación, formas de organización que llevan implícitas una cultura de empresa determinada, que va a definir una u otra planificación.

La aparición del concepto cultura empresarial o cultura de empresa está vinculado a la concepción de la organización como un sistema abierto, reflexión que surge en el pensar organizativo a partir de las décadas de los 50 y 60 a raíz de las profundas transformaciones que experimenta la concepción de, hasta entonces, de la organización como sistema cerrado, capaz de asegurar sus objetivos mediante el cumplimiento de la norma interna.

A medida que se van abandonando las viejas tesis de considerar la organización de la empresa como un sistema cerrado, donde lo único importante, o lo más importante era la consecución de los objetivos previstos, objetivos unilaterales formulados por la empresa, generalmente sobre eficacia, rendimiento-control, con una visión internista van apareciendo nuevas formas de organización más extensas y abiertas, que reciben el influjo de la sociedad en la que está inmersos, influencia social, geográfica, económica. También empiezan a considerarse situaciones nuevas entendidas como internas de la organización como prestar atención o atender a nuevos fenómenos en la observación de la vida interna de la empresa, los sistemas de roles, los procesos de toma de decisiones, las redes de comunicación formal o informal, etc.

Podemos distinguir distintos tipos de organización, unos responden a un sistema cerrado, otro a un sistema mixto y otra a un sistema abierto.

Organización cerrada.— Las base de este tipo de organización responden a considerar a la propia organización como un sistema estático de tal forma que se da una ignorancia de cómo los factores externos influyen en la organización.

Los objetivos de este tipo de organización, están basados en la productividad, la eficacia económica, principios de racionalidad, así como una elevada jerarquización y rigidez. En función de estos objetivos se orientan y planifican todas las acciones organizativas de las que se obtendrán resultado que se pueden prever de antemano. Los conceptos claves de este tipo de organización son rendimiento eficacia y control.

Organización mixta.— Este modelo responde a un sistema más dinámico que permite el estudio de las organizaciones del hombre y sus necesidades (actitudes, motivaciones, grupos, liderazgos, interacción social, etc.). Se contempla la influencia del medio sobre las personas que lo componen y sobre la organización. Se reconoce que los factores externos influyen en la organización.

La organización mixta es un modelo organizativo que integra necesidades del individuo y las propias necesidades organizativas. Se da una gran importancia al sistema de adopción de decisiones así como a los canales y redes de comunicación. Se pone igualmente un especial énfasis en los aspectos sociales del comportamiento de los trabajadores, de tal forma que el trabajador es considerado como un miembro de la propia organización con aspiraciones y necesidades que inciden en la dinámica interna de la organización, ya que desempeña distintos roles dentro de la misma. Cuenta igualmente con una estructura más informal con la existencia tanto de grupos formales como informales.

Organización abierta.— En esta organización el ritmo de cambio e incertidumbre del entorno condicionan las organizaciones, importan los aspectos sociales y psicológicos desarrollados por las personas, igual que los técnicos del trabajo para explicar los resultados de una organización. Se trata de un tipo de organización entendida como fenómeno cultural incluido en el contexto cultural y global, que además desarrolla su propia cultura, existiendo un contexto cultural que de sentido al pasado y al futuro de la propia organización y de sus miembros. La cultura se produce necesariamente en un ámbito social determinado, este ámbito puede ser un grupo, una organización siendo en cualquier caso un fenómeno que influye sobre los individuos.

La cultura de la organización incide sobre los procesos psicosociales y sobre la propia cultura organizacional aunque no los determine totalmente. El concepto de cultura gira en torno a tres grandes ejes, para llegar a un sistema de elementos compartidos: funciones de liderazgo, sistema de retribuciones y recompensas, así como esfuerzos y aprendizaje organizacional.

Son los sistemas de organización los que determinan la cultura de la empresa, y es esta a su vez la que incide directamente en la formación. En la actualidad se apuesta por un tipo de organización abierta que facilita y fomenta la formación incluyéndola en su «cultura de empresa».

3.5. LA FORMACIÓN EN EL PUESTO DE TRABAJO

En el momento actual de grandes transformaciones socioeconómicas y culturales uno de los problemas más importantes que, de alguna manera, afecta a todos los países es fundamentalmente el problema de la formación y su relación con el mercado de trabajo

En este contexto nos podemos encontrar con cuestiones de diversa índole. Unas que afectan a los temas sociolaborales y otras que interesan más específicamente a los temas educativos relacionados con las cuestiones de formación y preparación para un mercado de trabajo en cambio.

Desde las preocupaciones sociolaborales se reflexiona en estos momentos sobre una situación de crisis que viene motivada no solo por los problemas estrictamente económicos o de intercambios comerciales y de adaptación de los sectores de producción sino sobre todo por algo mucho más profundo e importante que ha sido denominado por algunos autores como la crisis de la sociedad del trabajo (García Nieto, Rojo y otros en Santos Rego, y otros, 1993:173).

Esta crisis tiene unas connotaciones ideológicas en relación tanto a la función del individuo y del estado como a las cuestiones más estrictamente formativas.

Los países industrializados y sus sistemas educativos se encuentran con la incertidumbre de cómo organizar la formación ante las transformaciones socioeconómicas. Se sigue sin embargo, considerando clave a la formación para mantener y recuperar el progreso y la competitividad económica al mismo tiempo que exige que la formación prepare para el impacto de las nuevas tecnologías.

En un mundo en cambio y transformación acelerada es un tópico constante el referirse a la formación como un instrumento básico para tener posibilidades en un mercado de trabajo que demanda cada vez más formación y al mismo tiempo exige tratar de comprender los cambios socioculturales y socioeconómicos para poder sobrevivir en este contexto de la competitividad económica, social y laboral. El problema es cómo y desde dónde se genera esa formación para poder conectar con las nuevas necesidades de futuro mercado de trabajo.

La formación es un aspecto importante en cualquier momento, pero de cara a un mundo competitivo y tecnológico como en el que vivimos y hacia el que vamos, hemos de conceder a la formación mucha más importancia de la que tiene. Ya hoy en día es prácticamente imposible conseguir un puesto de trabajo sin una buena formación.

Esta formación que hasta ahora se adquiría en centros educativos, y dado que parece existir una falta de adecuación y de ajuste entre el sistema educativo y el mercado de trabajo, presentándose cada vez con más evidencia el hecho de que el sistema educativo no puede seguir el ritmo de las necesidades de la empresa sometidas a rápidos cambios, ha pasado a tener otros marcos, marcos que lejos de sustituir a los ya existentes, lo que hace es complementar y dinamizar esa formación adquirida en la escuela.

La escuela ya no es el único sitio donde se da la formación, la empresa coge parte de esta responsabilidad a través de dos mecanismos, por un lado por el desarrollo de la LOGSE en esta materia, según la cual parte de la formación se desarrolla en las empresas como prácticas, y por otro lado siendo la propia empresa la que se convierte en lugar de actividades formativas a través de proyectos de formación tendentes a cubrir una seria de necesidades detectadas en una empresa determinada y en un colectivo determinado.

La consecución de un empleo pasa indiscutiblemente por una buena formación, formación que se puede conseguirse indiscutiblemente mediante las enseñanzas regladas a través de curriculum bien diseñados como puede ser la formación profesional, pero también desde otros contextos, como cursos de formación impartido por el INEM u otros organismos y desde la formación que se imparte en la propia empresa. En cualquier caso el acceso al mundo laboral, precisa en la actualidad y más de cara al tercer milenio de una buena formación que garantice una profesionalización y especialización, para incluirse en el mundo productivo.

Es necesario mover con rapidez la formación de manera que las instituciones de enseñanza puedan responder mucho mejor a los cambios en la demanda de cualificaciones en los negocios y en la industria. Se trata de un elemento fundamental para la creación de empleo y crecimiento de la productividad.

Las instituciones de enseñanza han empezado a sentar las bases de las futuras comunidades de aprendizaje y es necesario apuntalar sus esfuerzos mediante vínculos de asociación con la industria y los servicios locales.

El sistema de escolaridad obligatoria también ha sido testigo de importantes iniciativas, aunque todavía necesitan apoyo para formar alianzas con el mundo del trabajo. Esto plantea cuestiones de capacidad de programas de estudios con especial atención a las necesidades del sujeto que aprende.

La empresa que enseña debe imponerse como componente fundamental de la sociedad del aprendizaje planteándose la evidencia de que renovar la educación durante el puesto de trabajo será más importante que reducir el trabajo propiamente dicho. La clave de esto está en reforzar de manera permanente la empleabilidad de la población activa mediante la formación. Su riesgo es que a medida que las empresas multipliquen sus contratos de trabajo más flexibles, reduciendo los niveles de estabilidad del empleo con el fin de ajustarse con rapidez a los cambios de la demanda de mano de obra, la motivación para invertir en la formación de una plantilla principal podría reducirse en lugar de aumentar. A pesar de este riesgo no debe darse por sentado que flexibilidad e inestabilidad del empleo son una misma cosa. De hecho la capacidad de las empresas para ajustarse de forma continua al mercado y al cambio tecnológico depende de la cooperación de un núcleo de plantilla estable y leal. Hay que orientar a las empresas a invertir más en la formación de este núcleo como medio indiscutible para aumentar la productividad y ser competitivos de cara a este tercer milenio (Boletín de la Unión Europea).

La búsqueda de empleo y el éxito en conseguirlo pasa por una buena formación. Las empresas cada vez más buscan personal cualificado como medida para aumentar la productividad y ser más competitivas. La formación para conseguir empleo pasa por distintos momentos, un primer momento seria una buena preparación académica que dependiendo del sector puede ser a través de la F.P.

Según la LOGSE en su articulo 30 la F.P. consiste en el conjunto de enseñanzas destinadas a capacitar para el empleo cualificado de las distintas profesiones y pretende la capacitación profesional de alumnos para su futura actividad profesional, esta formación ha de ser polivalente de tal modo que permita al futuro profesional adaptarse a las vicisitudes por la que pueda atravesar su dedicación laboral a lo largo del tiempo. La forma de unir dicha formación que capacita para el mundo laboral, con el mercado de trabajo es precisamente la realización de prácticas en la empresa, que como ya hemos dicho es una de las formas que las empresas tienen de contribuir en la formación. Esta formación se complementa con la formación en Centros de Trabajo (FCT) regulada por la Dirección Provincial del MEC y ejecutada por los centros educativos en cooperación con los centros profesionales. De esta forma llegamos a lo que se llama la Formación Profesional Especifica, entendiendo por tal la destinada a proporcionar los conocimientos y actitudes propios de una profesión o más ampliamente, de un campo profesional. Esta Formación Profesional Específica persigue una ambiciosa finalidad de incorporación de los jóvenes a la vida laboral, de participación de los ciudadanos en la formación permanente y de atención a las demandas de cualificación del sistema productivo.

Otro tipo de formación que también es importante para encontrar un empleo es la formación de reciclaje que se ofrece a través de las oficinas del INEM. El INEM tiene desarrollado a través de distintos centros unos proyectos de formación para distintos colectivos y de distintas especializaciones que son realizadas por especialistas en formación, que posteriormente son adaptados a situaciones específicas.

En la actualidad son muchos los jóvenes y trabajadores en paro que consiguen de nuevo un empleo después de haber realizado estos cursos específicos de formación, y son las empresas las que contribuyen a que eso sea así dando preferencia a esas personas que han realizado cursos de formación en campos específicos.

Por último la contribución de la formación en el empleo es como ya hemos dicho a través de los propios proyectos de formación que se realizan en las propias empresas de forma que tanto empresarios como sindicatos y gestores políticos reconocen la importancia de este tipo de formación y empiezan a sentir la necesidad de generalizar las inversiones en formación en las empresas y de facilitar el acceso de los trabajadores a unas mejores cualificaciones profesionales.

3.6. LA OFERTA DE FORMACIÓN EN LA EMPRESA

La oferta de seminarios de formación debe ser una respuesta a las necesidades de la empresa. Existen varias formas de plantearse cual debe ser la oferta de formación en una empresa. Quizás el más aceptado en la actualidad es el modelo basado en el marco competencial necesario para la empresa. Así, debe definirse que competencias son las más adecuadas para cada empresa y de acuerdo a ello definir y diseñar las medidas de formación correspondientes.

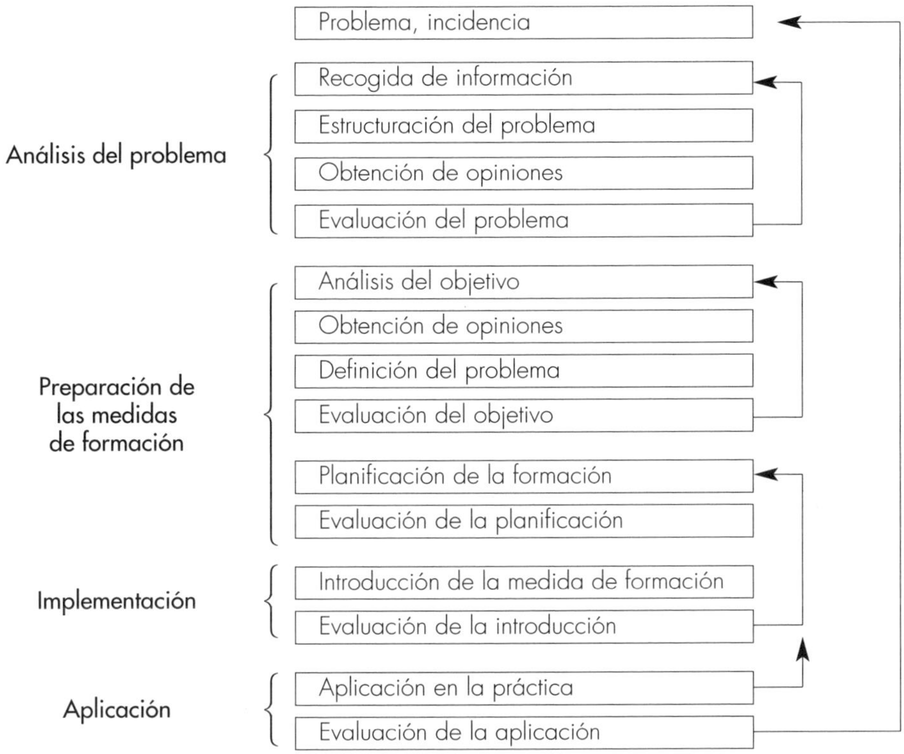

Conradi propone el diseño de las medidas de formación como respuesta a una disfunción o un problema. Una vez identificado este corresponde al departamento de formación el reunir información, estructurarla, recabar opiniones y evaluar el problema. Una vez determinado el alcance del mismo, es necesario un análisis del objetivo a alcanzar, recabar otra vez opiniones e información sobre este, definir claramente cual es el objetivo a alcanzar y evaluarlo. Con la planificación de la formación y la evaluación del mismo concluye la fase de la preparación de las medidas formativas.

La fase de introducción la forman la introducción de las medidas de formación y la evaluación de esa introducción.

La fase de aplicación incluye la aplicación en la práctica y la evaluación de esa aplicación Fig. 1.

Con independencia de las particularidades e individualidades de cualquier empresa o sector, la existencia de unos contenidos básicos, de unos mínimos imprescindibles, debe ser garantizada por los departamentos de formación. Estos contenidos mínimos los podemos concentrar en cuatro grupos de seminarios:

- Grupo primero: Liderazgo y trabajo en equipo

  El problema del liderazgo es tan viejo como la humanidad. Dirigir o ser dirigido se da continuamente cuando hablamos de personas, se forman grupos o se persiguen objetivos.

  Dentro de este grupo tendríamos los siguientes seminarios:

  — Aspectos básicos de la dirección de personas

    Este seminario debe proporcionar a los participantes una visión general de cuales son las corrientes del liderazgo y proporcionarle el conocimiento y la aproximación a los distintos tipos de estilos de dirección.

  — Dirección de personas

    Con el objetivo de conocer el efecto de nuestros comportamientos en las personas para trabajar los lados positivos y ganar confianza en las relaciones con colaboradores. Adicionalmente se tratarán aspectos de la comunicación de forma tal que el participante gane soltura ante las distintas situaciones que pueden darse (reconocimiento, conflictos, crítica, evaluación...)

  — Comunicación

    Tras el seminario los participantes deben ser capaces de comunicarse y hacerse entender mejor, comprender mejor a sus interlocutores, buscar soluciones de forma directa y abierta y reconocer y saber corregir los problemas en la comunicación.

  — Motivación y rendimiento

    Con este seminario se debe conseguir mejorar el grado de satisfacción de los colaboradores a través de la comprensión de las posturas de colaboradores y mandos y llevar a los primeros a la identificación con los objetivos de la empresa.

  — Selección de personal

    La selección de personal es un elemento estratégico dentro de la política de recursos humanos de toda compañía. Los participantes deben aprender las herramientas básicas que les permitan contribuir a la selección de los más cualificados para su incorporación a la empresa.

- Grupo segundo: Métodos de dirección y técnicas de trabajo

  Todo mando o directivo así como todo aquel que desea serlo, acomete diariamente las llamadas tareas directivas. Se pretende con estos seminarios aumentar y mejorar las competencias directivas. En este grupo tendríamos los siguientes seminarios:

— Aspectos básicos de la dirección de personas

Este seminario debe proporcionar a los participantes una visión general de las funciones básicas y de los diversos métodos del management.

— Solución de problemas y toma de decisiones

Con este seminario se pretende que los participantes se familiaricen, a través del tratamiento sistemático de los problemas, a su análisis y consecuentemente a la mejor preparación de la toma de decisiones.

— Creatividad e innovación

A través de una metodología de carácter sistemático, se entrena el razonamiento disciplinado. Los participantes conocen y utilizan las formas de creatividad e innovación.

— Dirección de proyectos

El objetivo de este seminario es:

* Reconocer las posibilidades de aplicación de la dirección de proyectos
* Controlar y dirigir los pasos necesarios para la realización de un proyecto
* Estar facultado para un trabajo eficiente bajo estos parámetros

— Organización individual

Fomentar el estilo individual de trabajo y el comportamiento en el trabajo para una conclusión racional de las tareas.

— Retórica

A través de un autoanálisis de las características y el propio estilo a la hora de comunicarse, el participante debe desarrollar la influencia en los interlocutores.

Mejorar los puntos fuertes, reducir las deficiencias y las inseguridades, son otros objetivos complementarios de estas sesiones.

— Técnicas de presentaciones

Se pretende alcanzar una mayor influencia de los participantes a los grupos a la hora de comunicar, presentar y transmitir ideas.

— Moderación de grupos

Los participantes aprenden técnicas de moderación para resolver problemas en las reuniones y maximizar los resultados del grupo.

- Grupo tercero: Conocimientos especiales y capacidades

La utilización de herramientas informáticas y los conocimientos generales sobre temas específicos de la empresa, han adquirido, en lo últimos tiempos, una importancia significativa para el buen desempeño en el marco empresarial. El conocimiento básico de disciplinas de la empresa representa una necesidad para el buen desenvolvimiento en el ámbito empresarial:

— Oportunidades y fronteras de la informática

No se trata de que el participante obtenga conocimientos de una materia en concreto sino de que se obtenga una visión general de cuales son las limitaciones y donde, el uso de herramientas informáticas puede simplificar y optimizar los procesos.

— Introducción al derecho laboral

En un mundo totalmente regulado por normas y leyes, es fundamental que el individuo que se desenvuelve en el ámbito de la empresa, esté familiarizado con el ordenamiento jurídico que regula las relaciones entre la empresa y las personas que en ella prestan sus servicios.

— Introducción a la organización

Las técnicas de organización son un elemento básico en las empresas. La solución de tareas organizativas es un componente importante dentro del normal desempeño de las personas en la empresa.

— Técnicas básicas de marketing

Con este seminario no se pretende crear especialistas de marketing sino dotar al participante de los conocimientos básicos para la optimización de su desempeño. Se persigue, no solo que el colaborador se familiarice son las técnicas de marketing sino que entienda el papel estratégico de este.

— Conocimientos básicos de contabilidad y finanzas

Cada vez se hace más evidente la necesidad de conocer el contexto y las consecuencias de tipo socioeconómico en el ámbito laboral de cada persona. Además es necesario conocer suficientemente las técnicas y los conceptos financiero-contables.

- Grupo cuarto: Seminarios dirigidos a grupos específicos

Cada grupo de personas en la empresa presenta particularidades que hacen que deba formarse en materias diferentes. Los siguientes seminarios son un ejemplo de cuales podrían ser algunos de los mencionados seminarios.

— Seminarios para secretarias

Encaminado para la ayuda de la racionalización y la mejora de las tareas de secretariado.

— Seminario para mandos intermedios

Estas sesiones proporcionan al participante los conocimientos relacionados con el trabajo y la mejora de las capacidades necesarias.

— Seminario para jóvenes colaboradores

Los jóvenes colaboradores deben conocer la situación de la empresa de una manera adecuada. Deben trabajar con los problemas actuales de la empresa y adaptarse al estilo de la misma.

— Seminario de introducción

El nuevo colaborador deberá:

* Conocer las tareas y los objetivos de la compañía
* Conocer la gama de productos
* Recibir una visión global de la organización
* Conocer a los interlocutores
* Conocer a colaboradores que se encuentran en situaciones semejantes
* Acelerarse en la etapa de integración en la compañía

3.7. EVALUACIÓN Y VALORACIÓN DE LA FORMACIÓN

La forma más extendida que, en la mayoría de las empresas se aplica, es la evaluación. La existencia de una evaluación, en cualquier proceso formativo es inevitable. Esta valoración debe ser medida y además debe englobar a la totalidad de la acción formativa.

Las razones que impulsan a la evaluación de la formación son:

— Comprobar si los objetivos, contenido y metodología de las acciones formativas están en consonancia con las necesidades detectadas en la empresa u organización.

— Realizar una valoración efectiva de la consecución de los objetivos fijados

— Servir de punto de control para realizar los cambios necesarios para la mejora de la formación

Los aspectos a evaluar se deben basar en tres tipos de información:

a) Evaluación del desarrollo de las acciones formativas

Se requiere como se ha desarrollado cada acción desde la perspectiva de los participantes en cuanto a:

— Contenidos impartidos en cuanto a:

* Presentación
* Comprensión
* Utilidad y orientación a la práctica

— Actitud y comportamiento del formador

— Metodología utilizada

— Criterios de rentabilidad del tiempo empleado

— Organización del evento

Con toda esta información se podrá conocer para cada acción formativa:

— El grado de satisfacción referido a diversos aspectos

— Resultados de las técnicas empleadas

— Aspectos a mejorar

Este análisis deberá realizarse para cada acción formativa.

La recopilación de los datos para obtener esta información se suele hacer en la empresa a través de cuestionarios que deben de ser sencillos, fáciles de rellenar y comprensibles.

b) Evaluación del proceso diseñado

El objetivo es la evaluación del proceso en su conjunto para comprobar el grado de adecuación de la formación con las necesidades de la empresa y los medios disponibles.

Este análisis debe servir para comprobar si se han cumplido los requisitos exigidos, cual ha sido el grado de cumplimentación de los objetivos y detectar las necesidades formativas no cubiertas.

c) Evaluación de los resultados obtenidos

Con la evaluación de los resultados obtenidos, cumplimos el objetivo de conocer cuales han sido los efectos de la acción formativa en los participantes tanto en el momento de la adquisición de conocimientos como en modificación de actitudes.

La evaluación de conocimientos, a través de pruebas, será de más utilidad cuanto más teórica sea la formación. La manera de realizar esta evaluación puede ser un test o a través de preguntas cortas.

Para evitar rechazos por parte del evaluado y evitar problemas de participación en acciones futuras o influir negativamente en la motivación de los participantes, hay que realizar estas pruebas con cautela.

Corresponde normalmente al formador la evaluación de las habilidades siendo la evaluación de las actitudes probablemente la más difícil de llevar a cabo.

Todas las evaluaciones, tendrán su utilidad si se realizan durante la acción formativa o a su finalización , pero realmente los resultados reales serán aquellos que desemboquen en una mejora en el desempeño una vez concluida la mencionada acción formativa. Por tanto, es el seguimiento la única forma de conocer los resultados reales de una acción formativa.

Otro aspecto es evaluar de acuerdo a lo presupuestado. Esta evaluación debe hacerse con los mismos criterios aplicados al hacer el mencionado presupuesto.

Una vez ejecutada una acción formativa es muy conveniente realizar una comprobación de lo efectivamente gastado, verificando si corresponde con lo inicialmente previsto. Para ello debemos realizar un análisis de costes atendiendo a los costes directos (aquellos imputables a las propias actividades de aprendizaje), costes indirectos (aquellos originados como consecuencia de la organización de una acción, p. e. salarios de los participantes) y costes de estructura (los que tiene una relación indirecta con la formación p. e. costes de gestión).

En definitiva debemos prever la necesidad de realizar una evaluación de la formación que debe ser lo más completa posible, abarcar cuantos más aspectos mejor y tener una gestión lo más sencilla que se pueda.

Algunas empresas realizan una previsión de lo que esperan alcanzar con la introducción de una medida formativa. Esta previsión se compara con los resultados obtenidos a la finalización de la misma sirviendo de base como indicador de efectividad de la formación. Para la realización de esta previsión se utiliza una entrevista sistematizada entre el colaborador y su mando. En ella se plantean cuales son los objetivos que se pretenden alcanzar con la medida de formación, se cuantifican y se define el marco temporal en el que deben alcanzarse. Una vez que se ha tomado parte en la mencionada acción y que ha transcurrido el tiempo previsto en la entrevista de fijación de los objetivos de la formación tiene lugar una segunda entrevista donde se discute si lo alcanzado se corresponde con lo esperado.

Los siguientes formularios, tienen la finalidad de servir como base para la evaluación de la formación, de su efectividad y de los recursos empleados desde diferentes puntos de vista.

MEJORAS PRODUCIDAS EN LA ORGANIZACIÓN

MEJORAS PRODUCIDAS EN LA ORGANIZACIÓN	SÍ	NO
Hay mejoras en el rendimiento		
Hay mejoras en la productividad		
Ha disminuido el absentismo		
Hay mejoras en la motivación y satisfacción de los empleados		
Hay mayor grado de responsabilidad		
Hay mejoras en la comunicación		
Hay mejoras en las relaciones interpersonales		
Hay mejoras tecnológicas		
Hay mejoras en la habilidades		
Hay mejoras en las actitudes		
Hay mejoras en los conocimientos		
Se ha producido un interés por los resultados y la competitividad de la empresa		
OBSERVACIONES:		

FUENTE: *MAD COMUNICATION (1999): El Plan de Formación de la Empresa.* Fundación Confemetal. Madrid.

EVALUACIÓN DEL FORMADOR

CURSO: REPERCUSIÓN Y MEJORA DE LAS HABILIDADES DEL MANDO Número de asistentes: 12	VALORACIÓN				
	5 Muy bien	4 Bastante bien	3 Suficiente	2 Poco	1 Mal
El Formador conocía la materia impartida:	5	6	1		
Tenía conocimientos y experiencia práctica sobre el tema:	4	3	5		
Supo transmitir con claridad la información:	8	4			
Utilizó una metodología variada y comprensiva:	7	5			
Su capacidad de comunicación fue:	6	5	1		
Supo utilizar distintos recursos didácticos:	8	3	1		
Tuvo iniciativa y capacidad creativa:	7	4	1		
Los medios didácticos que se utilizaron fueron:	9	3			
La documentación que se entregó fue:	5	6	1		
El formador supo responder a las cuestiones o preguntas que se le plantearon:	8	3	1		
Supo crear un clima de confianza y participación:	9	3			
Supo mantener el interés de los alumnos:	8	4			
Supo llevar con orden y soltura las discusiones del grupo:	4	7	1		
La duración de las sesiones fue idónea:	8	4			
La duración de las pausas entre las sesiones fue idónea:	9	3			
La duración de la acción formativa para los temas tratados fue idónea:	10	2			
El formador supo utilizar el espacio disponible:	10	1	1		
Se aprovechó bien el tiempo:	9	3			
Estaban bien estructurados los contenidos:	10	2			
El formador comprobó que los contenidos eran comprendidos y asimilados:	10	2			
Supo programar prácticas de lo expuesto teóricamente:	11	1			
El trato del formador con los participantes fue:	12				
Intercambió bien fases prácticas y teóricas:	10	2			
Realizó síntesis finales:					

FUENTE: *MAD COMUNICATION (1999): El Plan de Formación de la Empresa*. Fundación Confemetal. Madrid.

GUÍA RESUMEN PARA LA EVALUACIÓN DE LA ACCION DE FORMACIÓN

(Resumiremos aquí los datos obtenidos de la evaluación del formador y desarrollo de la acción formativa por los participantes)		
	SÍ	*NO*
La elección del profesorado fue adecuada		
La preparación específica fue suficiente y óptima		
Tenía el formador un adecuado nivel de experiencia		
La disponibilidad fue la adecuada		
Tiene buena capacidad didáctica		
Los recursos técnicos utilizados fueron adecuados		
Hubo que introducir alguna variación metodológica		
Manejó bien el formador las diversas herramientas pedagógicas		
Supo motivar al alumnado		
Creó un buen ambiente de aprendizaje		
Supo alternar fases activas y pasivas		
Dominaba la materia y contenidos a desarrollar		
Supo manejar bien a los participantes		
Se adecuó al nivel del grupo		
Estructuró bien los contenidos		
Supo programar los ejercicios y prácticas		
Tuvo habilidad para comunicar con claridad los contenidos		
Organizó y distribuyó bien el tiempo de las sesiones y descansos		
Tuvo iniciativa y capacidad creativa		
OBSERVACIONES		
VALORACIÓN FINAL DEL FORMADOR		

FUENTE: *MAD COMUNICATION (1999): El Plan de Formación de la Empresa*. Fundación Confemetal. Madrid.

GUÍA PARA LA EVALUACIÓN GLOBAL DEL PARTICIPANTE
(a realizar por el formador)

Nombre ....
Curso ....
Fecha ....
Departamento o sección ....
Formador ....

APTITUD DURANTE EL CURSO	5	4	3	2	1
Participación					
Implicación					
Motivación e interés					
Aprovechamiento del texto					
Integración en el grupo					
Asimilación de contenidos					
Asistencias					

MEJORAS Y CAMBIOS DESPUÉS DEL CURSO
Conocimientos:
Habilidades (y/o procedimientos)
Actitudes:
Valoración global del participante:
OBSERVACIONES:

NOTA: Este cuestionario, también puede utilizarse para hacer una evaluación global del grupo.

FUENTE: *MAD COMUNICATION (1999): El Plan de Formación de la Empresa*. Fundación Confemetal. Madrid.

GUÍA PARA LA EVALUACIÓN DEL PROCESO DEL PLAN DE FORMACIÓN

A. NECESIDADES - OBJETIVOS	SÍ	NO	A VECES
Se detectaron correctamente las necesidades de Formación			
Los objetivos marcados eran acordes con las necesidades detectadas			
B. PLANIFICACIÓN - DISEÑO	SÍ	NO	A VECES
El desarrollo y ejecución del Plan fue diseñado en función de los Objetivos			
La Participación de los destinatarios en la elaboración del Plan y en la toma de decisiones, fue suficiente			
La metodología diseñada fue acorde con los objetivos y el contenido de las acciones			
Fue correcta la división del contenido de las acciones en las distintas unidades didácticas			
Fueron correctos los materiales y recursos de apoyo elegidos y utilizados			
Fue correcta la homogeneidad en el nivel de los participantes			
Fue correcta la elección del lugar de impartición			
La programación de la acción, distribución del tiempo y horario fue correcta			
C. EJECUCIÓN	SÍ	NO	A VECES
Se cumplió el calendario previsto			
Se cumplieron las expectativas de los participantes			
Se cubrieron los objetivos previstos			
La asistencia de los participantes fue asidua			
Ha mejorado la motivación de los participantes hacia la formación			
Los medios utilizados fueron los previstos y adecuados			
La metodología utilizada fue la idónea y programada			
La evaluación de las acciones refleja la realidad de su desarrollo			
Los costes de las acciones, están ajustados a los presupuestos programados			
D. OTRAS OBSERVACIONES			
E. VALORACIÓN FINAL DEL PLAN DE FORMACIÓN			

FUENTE: *MAD COMUNICATION (1999): El Plan de Formación de la Empresa*. Fundación Confemetal. Madrid.

EVALUACIÓN PRESUPUESTARIA

ACCIÓN FORMATIVA ....

Área: ....

Sección o departamento: ....

Destinatarios: ....

Fecha: ....

PRESUPUESTO ESTIMADO	**COSTES FINALES**
COSTES DIRECTOS	COSTES DIRECTOS
Material Alquiler sala y equipos Compra programas	
COSTES INDIRECTOS	COSTES INDIRECTOS
Horas dentro/fuera del horario laboral («salario de participante») Costes administrativos Comunicación	
OTROS COSTES	OTROS COSTES
Costes de estructura	

VALORACIÓN FINAL

OBSERVACIONES:

FUENTE: *MAD COMUNICATION (1999): El Plan de Formación de la Empresa*. Fundación Confemetal. Madrid.

3.8. INDICADORES DE LA FORMACIÓN

«Cuando usted es capaz de medir aquello a lo que se refiere y de expresarlo en números, conoce algo al respecto; pero sino puede medirlo, sino consigue expresarlo en cifras, su conocimiento es de una clase mezquina e insatisfactoria». Con estas palabras el físico británico Lord Kelvin destaca la importancia de la medición y la cuantificación.

En este sentido vamos a presentar en este punto algunos índices que podemos aplicar en el ámbito de la formación y que nos van a valer para medir, cuantificar y valorar la labor de formación en una empresa.

Adecuación competencial

Índice que refleja las competencias reales de un individuo, en relación a las competencias deseables definidas por la empresa para ese puesto concreto.

El ajuste o desajuste de las competencias personales al puesto de trabajo desempeñado en una empresa es uno de los más importantes aspectos en la gestión de personas

$$\text{Adecuación competecial} = \begin{array}{c}\text{n.° de personas con}\\\text{perfil adecuado}\end{array} - \begin{array}{c}\text{n.° de personas con}\\\text{perfil inferior}\end{array}$$

Eficiencia del gasto asociado al personal

Consecución de los objetivos establecidos respecto a los gastos incurridos en el desempeño de las funciones del personal (formación, desarrollo, etc). Según el interés de la empresa puede compararse con el beneficio neto, la cifra de ventas, el valor añadido u otros. Este indicador nos permite evaluar el impacto económico que se pretende obtener con la estrategia de recursos humanos empleada. Es conveniente tener en cuenta los diferentes colectivos de personas que forman parte de la plantilla de la empresa así como los diferentes tipos de relaciones laborales existentes.

$$\begin{array}{c}\text{Eficiencia del gasto}\\\text{asociado a personal}\end{array} = \frac{\text{B.° Neto antes de impuestos e intereses (BAII)}}{\text{Gto. de Personal + Otros gastos asociados a personal}}$$

Esfuerzo en la formacion

Indicador que evalúa el nivel de esfuerzo o inversión que tienen las medidas empresariales utilizadas para llevar a cabo los programas presenciales o cursos de formación de sus empleados.

$$\text{Esfuerzo o inversión de la formación} = \frac{\text{Esfuerzo formación}}{\text{N.° de empleados}}$$

Evolución del nivel de desempeño

Indice que refleja, a través de procesos formales, el nivel de desempeño global de las funciones desarrolladas por las personas en su puesto de trabajo. Es una información sobre los rasgos personales (liderazgo, motivación, creatividad, iniciativa), sobre las conductas o comportamientos individuales (trabajo en equipo, negociación), o sobre los resultados producidos.

$$\text{Evol. del nivel de desempeño} = \frac{\text{N.° de empleados con desempeño óptimo*}}{\text{Total de evaluados}}$$

* Este ratio puede calcularse con niveles de desempeño optimo, satisfactorio, insatisfactorio

Indicador de experiencia

Indicador que mide las competencias adquiridas por la plantilla en sus años de trabajo

$$\text{Experiencia} = \frac{\text{Años de experiencia personal}}{\text{N.° de personas}}$$

Flexibilidad funcional

Con este índice se puede medir la flexibilidad para desempeñar otros puestos respecto al total de la plantilla

$$\text{Flexibilidad} = \frac{\text{Personas con flexibilidad funcional}}{\text{N.° de empleados}}$$

Gastos en formación

Representa el total de gastos directos incurridos (materiales, monitores, desplazamientos...) en relación a la formación directa impartida a los empleados

Índice de determinación de capacidades directivas

Mide las capacidades propias de un directivo así como sus conocimientos, habilidades, actitud y experiencias.

Para ello se deben determinar cuales son las competencias necesarias en cada caso para el ejercicio de funciones directivas. Una vez realizado este análisis, procederemos a su valoración con una puntuación entre uno y cinco para cada una de las personas que ejercen.

$$\begin{array}{l}\text{Índice de deter. de}\\ \text{las capac. directivas}\end{array} = \frac{\Sigma \text{ Puntuaciones en cada uno de los apartados}}{5 \times \text{número de cuestiones}}$$

Perfil adecuado

Número de personas cuyo perfil es el adecuado para la contribuir al éxito de la organización. El nivel de competencia se obtendrá del sistema que esté introducido en la empresa.

Perfil inferior

Del mismo tipo que el indicador anterior, mide el número de empleados por debajo del nivel óptimo establecido.

Versatilidad

Indice de evolución de las capacidades profesionales de los empleados basado en el número de las posiciones ocupadas por los mismos a lo largo de su carrera profesional.

$$\text{Versatilidad} = \frac{\text{N.° de posiciones ocupadas por empleados a lo largo de su carrera prof.}}{\text{N.° de empleados}}$$

3.9. LA FORMACIÓN EN EL MARCO DE LA ISO 9000

La calidad es una función clave interdisciplinaria. La calidad de los productos y de los servicios prestados es siempre el resultado final de la suma de todas las actividades en todas las fases del proceso completo.

La calidad, que antaño se refería exclusivamente a los productos, ha cambiado de forma sustancial en los últimos años y contiene hoy otras dimensiones:

— Fijación de las políticas de calidad incluyendo el acuerdo y la persecución de objetivos de calidad
— Aseguramiento en las áreas de responsabilidad colindante de que está definido quien es el responsable para cada aspecto concreto
— Conocer, predecir y controlar los costes relativos a calidad
— Correspondencias en la seguridad del producto y en la responsabilidad del producto
— Implicación de todos los colaboradores en la responsabilidad de la calidad

En este contexto, el departamento de formación adquiere una importancia determinante puesto que contribuye no solo a la implicación de todos los colaboradores en la responsabilidad de la calidad sino también en la formación necesaria de toda la plantilla para alcanzar los objetivos.

No vamos a presentar en este capítulo una guía para que el departamento de formación supere una auditoría de calidad sino que trataremos y comentaremos los puntos, centrándonos en la idea y no en la reglamentación, de cómo un moderno departamento de formación debe ser parte importante de la empresa contribuyendo a la transmisión de políticas de calidad y aportando valor a la organización.

En lo que se refiere a la reglamentación, la parte relativa a la formación está recogida el punto 04 Formación y personal apartado 4.18 según DIN EN ISO 9001 o apartado 18 según DIN EN ISO 9004.

La idea parte del concepto de que los colaboradores que están en una empresa son un factor esencial para la calidad de la organización. Para conseguir estos objetivos de calidad se deben introducir y planificar medidas para la formación, la motivación y la cualificación de los colaboradores.

Una cuestión que es importante y no solo en este contexto, es si se recaban las necesidades de formación y a partir de ellas se realiza un programa de formación diferenciado para todos los niveles de la organización. El significado de programa de formación es el resultado de dirigir medidas para paliar los déficits o necesidades detectadas.

Todos los colaboradores en todos los niveles de la organización que tienen tareas que inciden en la calidad tienen que estar incluidos en este plan de formación. Los requisitos para cada puesto de trabajo deben estar diseñados a partir de las funciones que realizan recogiéndose las medidas de formación referidas a las personas en concreto. En definitiva, la empresa debe ser capaz de detectar las necesidades de formación, analizar cuales son los requisitos de cada persona respecto a su puesto de trabajo y compararlos con la situación real. De esta comparación se debe derivar un plan referido a cada persona que debe llevarse a cabo teniendo en cuenta que el responsable de que las medidas se lleven a efecto es siempre el mando directo y que además debe quedar todo documentado de forma que se sea capaz de demostrar su realización.

El plan de formación debe contener medidas concretas para mejorar y completar las lagunas que en materia de calidad pudieran existir. Nos referimos por ejemplo a:

— Análisis de riesgos
— Métodos estadísticos
— Técnica de medición y comprobación ensayos de capacidad
— Auditorías de sistema, de proceso o de producto, etc.

No se podría hablar de un plan de formación eficaz sino estuvieran implicados todos los niveles de la organización. Se deben asimismo realizar medidas para profundizar y relanzar la comprensión en los elementos referidos a la calidad. Nos referimos a:

— Metas de calidad
— TQM (Total Quality Management)
— Fomento de la calidad
— Costes referidos a calidad
— Información sobre calidad
— Herramientas y métodos para el aseguramiento de la calidad

La dirección de la empresa y la cadena de mando deberían recibir formación por ejemplo en:

— Marketing y ventas
— Desarrollo de producto
— Compras y logística
— Ingeniería y preparación de la producción
— Calidad
— Servicio al cliente
— Recursos humanos

La base de la dirección por objetivos en una empresa la da el conocimiento amplio sobre estas técnicas y todo aquello relacionado con la calidad.

Tiene mucha importancia lo establecido para nuevos ingresos o para colaboradores que abordan nuevas tareas así como para la introducción de nuevos métodos y procesos. En concreto pertenecen a este campo las medidas individuales encaminadas a que los colaboradores estén en disposición de utilizar convenientemente las técnicas y los métodos necesarios para su nueva responsabilidad.

Los colaboradores deben ser formados en el uso adecuado de los medios de trabajo que la empresa pone a su disposición. Asimismo, la organización y en su defecto el mando directo debe ser responsable de instruir a los nuevos colaboradores en la interpretación de las normas internas.

Adicionalmente, todos los colaboradores que tienen responsabilidades en la producción, deben ser formados en las áreas de calidad.

Otro aspecto a considerar es si todos los colaboradores ostentan la cualificación necesaria para la realización de sus funciones, entendida cualificación como el estatus que se le da a un colaborador cuando ha demostrado que puede realizar una tarea. En especial es exigible esta cualificación cuando existan disposiciones legales que así lo exijan por ejemplo en la manipulación de alimentos o en el tratamiento de instalaciones nucleares.

Dentro de la auditoría de calidad, un área sobre la que se realizan preguntas y se investiga la situación es sobre la motivación, entendiendo por motivación la disposición al rendimiento de los colaboradores. El sentimiento de calidad se muestra con el comportamiento de los colaboradores en materia de calidad.

La mejora del sentimiento de calidad puede ser alcanzado cuando existen y se realizan:

— Programas de sugerencias
— Círculos de calidad
— Programas de cero defectos
— Acciones publicitarias y competiciones
— Formaciones y eventos informativos
— Workshops

Las capacidades en cuanto a calidad y rendimiento de una empresa no dependen exclusivamente de las capacidades técnicas y organizativas ni tampoco de la destreza que pueda haber en materia económica o administrativa sino fundamental y mayoritariamente de la cualificación y la disposición al rendimiento de los colaboradores.

Un elemento importante es la visualización y muestra de la calidad alcanzada respecto a los objetivos fijados. Se debe presentar el nivel de calidad alcanzado a través de cifras con informes de calidad periódicos e información general con la situación prevista y la real, representaciones gráficas y diversas comunicaciones a todos los niveles por ejemplo para:

— Presentación de los costes relativos a la calidad
— Presentación de los resultados de las auditorías
— Presentación de las metas respecto a la situación real
— Representación del nivel de satisfacción de los clientes internos y externos.

A través de esto es posible una comparación entre los objetivos fijados y el nivel de cumplimentación alcanzado. Estas comparaciones tiene que ser fácilmente interpretables y entendibles para los colaboradores y que estos puedan reconocer las desviaciones existentes entre la situación prevista y la real.

3.10. LA FORMACIÓN EN LA ERA DE INTERNET

Durante los últimos años del siglo XX, los fenómenos de la globalización, las nuevas tecnologías y la caída del telón de acero han propiciado la aparición de un nuevo modelo dentro y fuera de las empresas que ha venido a llamarse nueva economía.

Estamos inmersos en plena era del conocimiento que es le nuevo factor que se manifiesta como el más importante a la hora de alcanzar el éxito en las empresas. Corresponde al empleado la responsabilidad de su propio desarrollo profesional a la vez que la empresa pone los medios tecnológicos a su alcance para conseguirlos.

La tecnología que en este momento tenemos a nuestra disposición, nos aporta un enorme abanico de posibilidades a la hora de diseñar, introducir y gestionar la formación en la empresa. El proceso de sustitución de las tecnologías y formas tradicionales por las nuevas tecnologías debe ser un proceso continuo pero no brusco.

Surgen los llamados programas EAO (enseñanza asistida por ordenador) o CBT (*computer based training*) que se basan en programas multimedia para realizar cursos de alto impacto, con interactividad, navegación no lineal entre las diferentes áreas del programa y uso de distintos medios y gestión del programa. Todo esto exige la presencia de grandes medios y de equipos multidisciplinares de expertos no solo del área de la formación sino también del área técnica y de programación. Esta dotación no está al alcance de la mayoría de compañías por lo que se suele subcontratar esta actividad.

La formación actual mide el éxito del alumno por medio de la contestación a una serie de preguntas proporcionando la respuesta correcta. El uso de herramientas multimedia frente a los tradicionales *role-plays* en el aula es que el PC crea un entorno libre donde las personas, libres de tensiones sociales, se sienten cómodos e investigan y arriesgan sin miedo a ser juzgados por sus compañeros.

Otra ventaja de la utilización de las nuevas tecnologías educativas es que, curiosamente, los costes indirectos de formación, pueden llegar a ser más altos que los directos. A menudo, los costes de alojamiento, manutención, viajes y coste de oportunidad de los participantes y de los formadores son superiores a los de la formación en sí. Asimismo, la distribución de la formación es mucho más sencilla si se hace a través del acceso por medio del PC.

La explosión de Internet ha influido positivamente en la formación distribuida al poderse acceder, desde cualquier parte del mundo, a servidores con información. Existe la llamada *Web Based Training* (WBT) que es una herramienta de formación basada en Internet o la Intranet de las empresas. Esta nueva forma de formación está teniendo gran éxito gracias a su interactividad, a la extensión y a la accesibilidad. Con este nuevo tipo de formación hay experiencias reales muy interesantes de la aplicación del *e-learning* a distintos niveles y en empresas de sectores diferentes como la de Overlap Consultores obteniéndose las siguientes conclusiones:

Reducción de costes

Con el nuevo tipo de formación, a mayor número de participantes menores costes al contrario que en la formación tradicional donde el coste se incrementa con el aumento del número de usuarios.

Reducción de tiempos

Según Overlap Consultores, el refuerzo visual y auditivo de la información así como el *feedback* constante y personalizado que recibe cada participante a medida que interactúa con casos, animaciones y ejercicios dinámicos, se reduce el tiempo de entrenamiento promedio en un 65%. En algunos sectores incluso, como el de telecomunicaciones, este tiempo se ha reducido en un 75%.

Mejora del desempeño

El *e-learning* permite:

— combinar varios medios en un solo soporte
— animar y dinamizar las explicaciones
— interactuar y recibir *feedback*
— aprendizaje individual de cada usuario

Con la utilización del *e-learning* se logró un incremento promedio del 40% con respecto a los métodos convencionales.

Calidad constante

Por la propia naturaleza del *e-learning* todos los participantes en la acción formativa son expuestos al mismo proceso de aprendizaje

Flexibilidad total

Se puede entregar el producto bajo demanda y en el lugar donde sea solicitado. Se adapta de forma individual a los horarios y disponibilidades temporales de los participantes. En algunos bancos por ejemplo, el curso de introducción a la empresa se realiza por medio de *e-learning*

Acceso a distancia

Se accede a la actividad formativa sin costes de traslado disponiéndose de la actividad completa en disquetes, CD Rom, Internet o Intranet

Medición de los resultados

A través del *control managed information* se permite a la organización de forma rápida, automática y fiable:

— Evaluar el nivel de aprendizaje
— Registrar la actividad de cada usuario
— *Tracking* de usuarios
— Medición de resultados *online*

Los pasos para el diseño de un WBT son básicamente seis:

1. Análisis de las necesidades formativas de la empresa: en principio este paso no debería diferir mucho de la tradicional recogida de información para la realización de un plan de formación convencional. No obstante es preciso contar con consultores de *e-learning* para hacer un análisis objetivo de los requerimientos.

2. Recogida para la documentación: A partir de esta recogida de documentación se debe proceder a un análisis no solo desde el punto de vista del contenido sino también desde el punto de vista técnico.

3. Diseño educativo para nuevas tecnologías: Se procede a un análisis desde el punto de vista de funcionalidad y diseño del desarrollo de los cursos definiéndose tanto los contenidos como la arquitectura de los mismos de acuerdo a los destinatarios, objetivos, beneficios esperados, materiales de evaluación, ayuda y sistemas de navegación.

4. Desarrollo de contenidos: Con los parámetros de funcionalidad, de manejo y de desarrollo educacional definidos previamente, se lleva a cabo un desarrollo de contenidos, casos, ejemplos y ejercicios

5. Diseño de detalles (*Script.*): Se procede al desarrollo de los contenidos y se definen las especificaciones de documentos y herramientas adicionales para el uso del programa. Estos contenidos se vuelcan en los formatos de pantallas, pistas de programación, sistemas de navegación, textos, imágenes, interacciones y feedbacks.

6. Evaluación y control: Para poder garantizar un buen funcionamiento de la herramienta se realizan pruebas de evaluación y control.

Para el desarrollo del WBT una vez que está diseñado son necesarias las siguientes etapas:

1. Programación lógica y gráfica: Mediante el trabajo en equipo del programador y del diseñador gráfico se debe realizar la programación del curso para que resulte didácticamente efectivo.

2. Realización de un prototipo: Se realizan una serie de sesiones piloto con participantes de la empresa completándose con *feedbacks* a través de los cuales se realizan los ajustes y las correcciones pertinentes.

El proceso de generación de un WBT culmina con su implantación para lo que se pueden definir cuatro fases:

1. Desarrollo completo de la herramienta y su distribución: En esta etapa está comprendida la finalización entrega e instalación de la herramienta. Esta etapa es muy variable en lo que se refiere a la utilización de recursos puesto que depende de la naturaleza de la herramienta, el tipo de acción formativa, la localización de la empresa y el número de usuarios.

2. Usuarios clave y gestión del cambio: Toda introducción de un WBT supone, en mayor o menor medida un cambio en una empresa. Para gestionar este cambio se precisa de un cierto número de los llamados usuarios clave que son los primeros en conocer la herramienta y que después van a transmitirla dentro de la compañía y facilitar el mencionado cambio organizacional. El papel del usuario clave no puede entenderse si este no está bien informado del objeto del cambio. Debe impulsar el cambio desde el puesto de trabajo y enseñar y transmitir los conocimientos y habilidades enseñando a otros a capacitarse en el nuevo entorno utilizando el PC como herramienta.

3. Evaluación y control de los primeros resultados: Normalmente, la importancia de los primeros resultados es grande ya que en gran medida, los próximos pasos a seguir deben basarse en estos resultados iniciales. En esta fase deben pulirse y corregirse pequeños detalles y se pueden observar reacciones no previstas en las fases de concepción y diseño. Es una fase importante ya que el analista técnico a veces desconoce detalles de la empresa en la que presta sus servicios y es solo a partir de este momento cuando puede introducir las correcciones que le permitirán adaptar el producto en su totalidad. En esta fase se puede ver también cuales son las desviaciones que se dan respecto a los resultados previstos y consecuentemente, realizar una estimación del impacto de la acción formativa.

4. Mantenimiento y seguimiento: Uno de los valores básicos de un WBT es la capacidad intrínseca para adaptarse completa y continuamente a los cambios que se den y a las nuevas necesidades que vayan surgiendo. Estos cambios se pueden presentar de carácter organizacional, funcional o corporativo. Una vez se presenta el cambio, es relativamente fácil, y siempre dependiendo de la dimensión del mismo, el adaptar la herramienta.

Por otro lado, si hablamos de las ventajas que tiene esta herramienta con respecto a las convencionales estas son bastante numerosas y de cierta importancia.

Para la empresa, es la capacidad de reacción siempre algo muy importante la capacidad de respuesta y en este sentido, la actualización constante de contenidos es primordial. Otro aspecto significativo es la capacidad que ofrece el sistema para la gestión de usuarios *online* y el seguimiento de la formación. Además, la formación es a medida, dependiendo de las necesidades formativas de cada persona el programa se puede adaptar de una manera individual y personal.

Con respecto al CBT (*Computer based training*), una única plataforma se adapta a todas las versiones de PC sin ser necesario el desarrollo de múltiples versiones de software de formación.

Adicionalmente, para la empresa supone la utilización de la WBT, la reducción de costes de material a la hora de realizar manuales de apoyo. El seguimiento personalizado de los cursos propicia una información obtenida a través de las bases de datos con control de revisiones y actualización constante de los mismos.

Asimismo esta sistemática permite al alumno que su aprendizaje se lleve a cabo a un ritmo de trabajo individual, con accesos fáciles que no precisen de horarios completos y que se pueden hacer desde cualquier parte del mundo donde exista un ordenador y una línea telefónica.

Un problema que presenta esta sistemática respecto al CBT es que por realizarse a través de Internet o Intranet, los medios puestos a disposición son menores puesto que de otra forma, se ralentizaría su ejecución y desarrollo. En este sentido, es también un cierto problema el que se necesite una estructura de software y de gestión de base de datos específica.

Respecto a las tendencias actuales, el WBT evoluciona la mismo ritmo que evoluciona Internet y se orienta a:

— Formación entendida como apoyo al desempeño.

— Eliminar distancias entre trabajo y aprendizaje facilitando la formación en el puesto de trabajo y utilizando mezcla de tecnologías.

— Versatilidad al ofrecer distintos niveles de formación en función de las habilidades y competencias requeridas.

— Liderazgo de los sistemas de información para la formación corporativa de las empresas.

— Formación de educadores en nuevas tecnologías ya que se precisan conocimientos de CBT, redes y nuevas tecnologías.

TEMA 4

TÉCNICAS DE BÚSQUEDA DE EMPLEO

Luis García Peñafiel
Licenciado en Psicología

Índice

4.1. INTRODUCCIÓN

Cuando buscamos un empleo, además de conseguir un medio de vida, también pretendemos realizarnos personal y profesionalmente, así como desarrollar nuestras capacidades y conocimientos.

También esperamos recibir las satisfacciones y estímulos suficientes que nos permitan adquirir la motivación necesaria para trabajar con ilusión.

Habitualmente, pasamos gran parte de nuestro tiempo en el trabajo; la idea de encontrarnos dentro de un ambiente laboral agradable nos motiva para buscar el empleo que mejor se adapte a nuestra personalidad y circunstancias.

En consecuencia, si bien no es fácil encontrar un empleo, el asunto se complica si queremos acceder al empleo adecuado.

Afortunadamente existe una serie de técnicas que nos permiten aprovechar las oportunidades laborales que realmente nos interesan y al mismo tiempo potenciar nuestras aptitudes y habilidades.

Conocer las técnicas básicas de búsqueda de empleo nos proporciona la seguridad necesaria para enfrentarnos con éxito a un proceso de selección.

4.2. LA BÚSQUEDA DE EMPLEO

Hay dos cuestiones fundamentales que nos debemos plantear cuando buscamos un empleo:

¿Qué tipo de trabajo busco?
¿Qué puestos de trabajo demandan las empresas?

Las expectativas laborales que tenemos, además de adaptarse a nuestros intereses personales, deben estar en consonancia con las necesidades que el mercado laboral demanda.

Las oportunidades de encontrar el trabajo adecuado aumentan si:

— Tenemos bien definido nuestro objetivo profesional.

— Conocemos nuestras posibilidades y limitaciones, es decir, poseemos una visión realista de nosotros mismos.

— Buscamos información sobre las necesidades del mercado laboral.

— Sabemos cómo elaborar nuestro curriculum y la carta de presentación.

— Adquirimos una buena orientación para saber cómo enfrentarnos a un proceso de selección.

En primer lugar, es necesario que tengamos claras las ideas sobre nuestras aspiraciones y metas profesionales; de esta forma las probabilidades de conseguir el éxito profesional en un futuro no muy lejano serán mucho mayores.

Para seleccionar el empleo más adecuado, debemos comenzar por el conocimiento de nosotros mismos.

Además de hacer un estudio objetivo sobre nuestra personalidad, conocimientos, facultades, etc., podemos contar con la opinión, siempre que sea sincera, de personas allegadas, familia y amigos, con el fin de saber si estamos suficientemente preparados para desempeñar un trabajo determinado y ayudarnos a descubrir las ventajas e inconvenientes que este trabajo presenta para nosotros.

Conociendo los aspectos más valorados dentro del mercado laboral en la selección de su personal, podemos elaborar un cuadro donde figuren las cualidades más demandadas por las empresas y señalar nuestro nivel de aptitud con respecto a cada una de ellas.

Contar con esta información nos permite evaluar de antemano las probabilidades que podemos tener para acceder a un determinado puesto de trabajo.

También nos servirá para saber las cualidades que debemos potenciar más y las limitaciones que hay que superar.

4.2.1. Aspectos más valorados en las empresas

Los aspectos más valorados por las empresas en la selección de su personal son muy diversos y van íntimamente relacionados con las características del puesto que se desea cubrir; pero existen unos rasgos comunes que garantizan el acierto en la elección de la persona seleccionada porque responden a las necesidades que se requieren hoy en día en el mundo laboral.

Nosotros destacamos los siguientes:

— Formación teórico-práctica.

— Mentalidad abierta.

— Interés por aprender.

— Afán de superación.

— Integración en la dinámica de la empresa.

— Sentido de la responsabilidad.

— Capacidad de trabajo.

— Estabilidad emocional.

— Creatividad.

— Capacidad para trabajar en equipo.

— Capacidad de organización y análisis.

— Capacidad para tomar decisiones y resolver problemas.

— Iniciativa.

La formación *teórico-práctica* nos permite incorporarnos al mercado laboral; pero como sabemos que no es suficiente, aunque sí necesaria, necesitamos contar con una *mente abierta* que facilite nuestro interés por seguir *aprendiendo*, sin dejar de trabajar en nuestra formación continua.

Nunca tenemos que conformarnos con los conocimientos adquiridos durante la etapa de estudiante, debemos seguir alimentando nuestra curiosidad por aprender cosas nuevas; la experiencia de unos, las innovaciones y creatividad de otros...

Siempre es enriquecedor intercambiar ideas, opiniones, puntos de vista e impresiones con los demás.

El *afán de superación* nos hace ser constantes en la consecución de los objetivos que nos hemos propuesto dentro de la empresa y fuera de ella.

La *integración en la dinámica de la empresa* se fundamenta en unos principios de lealtad hacia la misma, que sitúan los intereses de ésta por encima de los nuestros propios.

El rendimiento de una empresa mejora cuando sus empleados comparten unos objetivos comunes y los identifican como propios.

El *sentido de la responsabilidad* conduce a un trabajo realizado con eficacia y seriedad. La persona responsable siempre responde de la actividad que esta realizando mostrando un alto grado de compromiso con la empresa.

La *capacidad de trabajo* se rige por la constancia, el buen hacer y el nivel de rendimiento en cantidad y calidad que se es capaz de desarrollar.

Una buena *estabilidad emocional* favorece la seguridad en uno mismo, permitiéndonos tomar decisiones y asumir riesgos, en contraposición con las personas indecisas que pueden dejar pasar oportunidades decisivas para su trabajo.

La *creatividad* aporta a la rutina del quehacer diario un estímulo constante para seguir descubriendo nuevas alternativas.

Saber *trabajar en equipo* constituye un gran reto, implica , además de grandes dosis de sociabilidad, poseer una clara voluntad de colaborar con los demás, tolerancia y flexibilidad, saber escuchar, tener la habilidad suficiente para ser buenos comunicadores de nuestras ideas, sin intención de imponerlas a los demás y carecer de cualquier afán de protagonismo.

Trabajar en equipo supone saber delegar en otras personas las funciones que sabemos de su competencia y que darán como resultado un trabajo mucho más rico y completo que el realizado individualmente.

La *capacidad de organización* responde a una mente bien estructurada, capaz de trabajar con método y disciplina, pilares fundamentales de un trabajo bien elaborado.

También favorece la coordinación entre los miembros de un equipo, al tener cada uno de ellos bien asignadas y delimitadas sus funciones.

Analizar las situaciones y tener la *iniciativa* de *tomar las decisiones* oportunas, asumiendo riesgos, permite *resolver los problemas* y conflictos con éxito.

Para participar en un proceso de selección tenemos que darnos a conocer enviando nuestro currículum junto a una carta de presentación.

El currículum es nuestra tarjeta de presentación, a través de la información que figura en él, se realiza una selección previa que sirve para escoger aquellos candidatos que mejor se ajusten a las necesidades de la empresa.

Debemos elaborar con esmero nuestro curriculum para despertar interés en la persona encargada de clasificarlos y conseguir ser citados para realizar las pruebas y la entrevista.

Además de reflejar nuestros conocimientos, experiencia y facultades, el currículum tiene que mostrar nuestra capacidad para ocupar el puesto vacante.

Por tanto, es conveniente que cada curriculum tenga el matiz adecuado a las características de la empresa; no debemos utilizar un curriculum tipo para solicitar cada uno de los puestos de trabajo que nos interese. Tenemos que disponer de la mayor información posible a cerca de la empresa en la cual nos gustaría trabajar.

4.3. CONTENIDO DEL CURRICULUM

DATOS PERSONALES

Apellidos

Nombre

D.N.I.

Lugar y fecha de nacimiento

Estado civil

Dirección

Lugar

Teléfono

E-mail

FORMACIÓN ACADÉMICA

Titulaciones universitarias / Doctorado / Master

Universidad / Escuela donde se ha realizado

Fecha de inicio y de finalización

(Las titulaciones las pondremos invirtiendo el orden cronológico, colocando en primer lugar la última titulación obtenida y la de mayor graduación)

EXPERIENCIA PROFESIONAL

En este apartado citamos las empresas donde se ha trabajado invirtiendo el orden cronológico, colocando en primer lugar la última empresa en la que hemos trabajado.

FORMACIÓN COMPLEMENTARIA

En este apartado debemos citar los seminarios y cursos realizados, idiomas, conocimientos de informática, etc.

Fecha

Firma

4.4. LA CARTA DE PRESENTACIÓN

El curriculum siempre va acompañado de una carta de presentación.

Esta carta, que tiene que ser personalizada, debe servir para ampliar información y concretar los aspectos que nos interesa resaltar del currículum.

La carta de presentación debe despertar el interés del seleccionador, por ello es conveniente tener en cuenta ciertos puntos:

Debe ocupar un folio.

La redacción tiene que ser cuidada y ofrecer un estilo correcto y adecuado a su contenido.

En el primer párrafo se expresa el motivo que nos lleva a escribir la carta, especificando el puesto de trabajo que deseamos ocupar y nuestro conocimiento de la empresa.

Si respondemos a un anuncio aparecido en prensa, o en cualquier otro medio, debemos hacer referencia del mismo.

En el segundo párrafo se destacan las cualidades que poseemos y que nos avalan como el candidato idóneo.

En la despedida, antes de utilizar una de las fórmulas usuales, se puede hacer alusión a nuestro interés por participar en el proceso de selección y mostrar nuestro agradecimiento por la atención mostrada.

4.4.1. Modelos de carta de presentación

4.4.1.1. *Como respuesta a un anuncio*

Felipe García García
Ingeniero Industrial
C/ Gran Vía de San Cayetano, 21
28001 Madrid

Madrid, 12 de febrero de 2001

Ref: 05/2001 Ingenieros de desarrollo

Muy Sr. mío:

Me dirijo a usted como respuesta al anuncio publicado por el periódico EL PAIS el día 10 de febrero, en el que se solicitan INGENIEROS DE DESARROLLO.

Por estar interesado en el puesto, le envío mi curriculum, a través del cual podrá observar que mi formación y amplia experiencia laboral, adquirida durante los siete años que he trabajado en este campo, responden fielmente a los requisitos del puesto.

Me gustaría participar en el proceso de selección y le agradecería poder mantener una entrevista con usted.

Atentamente le saluda,
Felipe García

4.4.1.2. *Como candidatura espontanea*

Luis García Fernández
Licenciado en Químicas
C/ Vía de San José, 22
28002 Madrid

Madrid, 24 de marzo de 2001

Muy Sr. mío:

Como consecuencia de la gran expansión que esta teniendo su compañía en la Comunidad de Castilla y León, me dirijo a usted, en calidad de Jefe de Personal de la misma, para ofrecerles mis servicios.

Desde hace tres años trabajo en una compañía del sector industrial, que me ha permitido ampliar mi experiencia en el campo de inyección de plástico, pero por motivos personales me veo en la obligación de cambiar de residencia.

Les envío mi curriculum y desearía, si es posible, realizar una entrevista con ustedes y así poder ofrecerles mayor información sobre mi carrera profesional.

Atentamente le saluda,
Luis García Fernández

4.5. EL PROCESO DE SELECCIÓN

Cuando una empresa necesita ocupar determinados puestos, inicia un proceso de selección. Proceso que le permitirá elegir, entre los candidatos que optan al empleo, a aquellos que mejor se adaptan al perfil que el puesto exige.

Las distintas partes que engloba este proceso permiten obtener los datos suficientes para valorar a los candidatos y evaluar su idoneidad con respecto al puesto que se oferta.

El esquema siguiente nos da una visión global del proceso de selección.

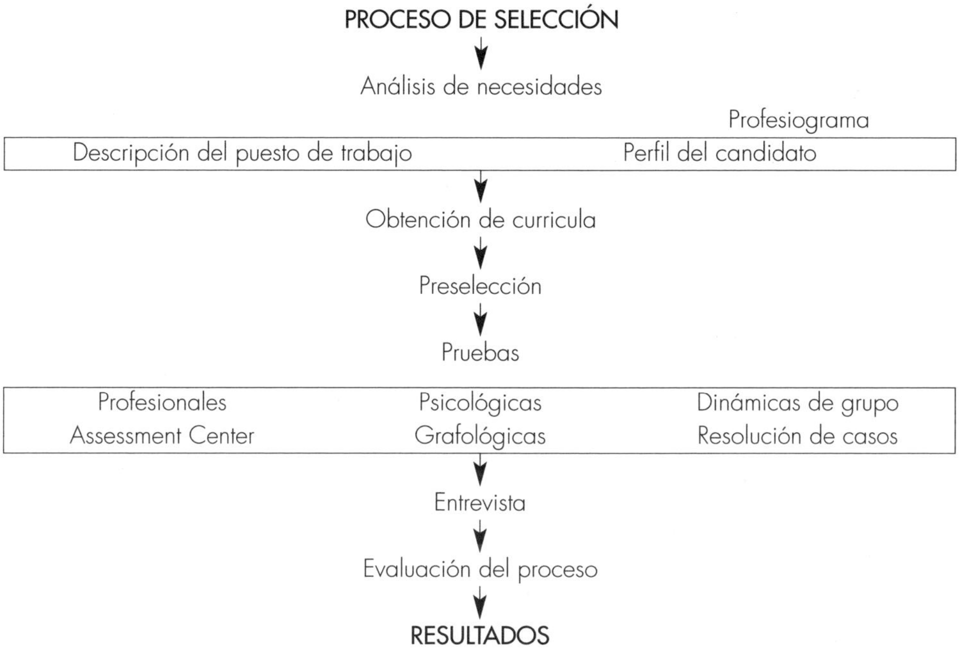

4.5.1. Análisis de necesidades

Cuando queda un puesto vacante o bien se necesita ampliar plantilla, se elabora un profesiograma, donde se recogen los requisitos que exige el puesto.

En términos generales, un profesiograma contempla aspectos que nosotros tenemos que tener presentes a la hora de enfrentarnos a un proceso de selección:

Datos personales

- Edad
- Sexo
- Estado Civil

Formación

Titulación requerida (Especialidad)
Formación profesional (Especialidad)
Idiomas
Informática

Requisitos profesionales del puesto

Experiencia laboral
Tiempo
Funciones

Requisitos aptitudinales

Inteligencia general
Aptitudes
Características y rasgos de personalidad
Aspectos caracterológicos o de personalidad
Actitud ante el trabajo
Aptitudes sociales
Remuneración económica

4.5.1.1. *Profesiograma*

PROFESIOGRAMA			
DATOS PERSONALES			
Edad			
Sexo			
Estado Civil			
FORMACIÓN			
Titulacion requerida			
Especialidad			
Formación profesional			
Especialidad			
Idiomas	Nivel alto	Nivel medio	Nivel bajo
Inglés			
Alemán			
Francés			
Otros			
Informática			
REQUISITOS PROFESIONALES			
Experiencia Laboral			
Tiempo			
Funciones / tareas			

REQUISITOS APTITUDINALES									
	1	2	3	4	5	6	7	8	9
Inteligencia General									
Razonamiento lógico									
Razonamiento abstracto									
Razonamiento numérico									
Razonamiento espacial									
Razonamiento verbal									
Comprensión verbal									
Fluidez verbal									
Habilidad manual									
Coordinación									
RASGOS DE PERSONALIDAD									
	1	2	3	4	5	6	7	8	9
Estabilidad emocional									
Seguridad en sí mismo									
Naturalidad									
Eficacia									
Independencia									
Dominancia									
Impulsividad									
Sociabilidad									
Agresividad									
Tolerancia									
Liderazgo									
Ansiedad									
Sentido Práctico									
Extraversión									
REMUNERACIÓN ECONÓMICA									

OBSERVACIONES
En este campo se puede indicar: Condiciones del trabajo Horas de trabajo día Medidas de seguridad Vestuario Pluses de peligrosidad Otros

4.5.2. ¿Cómo se obtiene la curricula?

Se dispone de varios medios para obtener la curricula necesaria y encontrar así al candidato idóneo. Cuanto mayor sea el número de candidatos que presentan su curriculum, mas posibilidades tiene la empresa de encontrar la persona adecuada para ocupar el puesto.

Los medios más utilizados para reclutar candidatos son:

— Dentro de la propia compañía

— En la propia Base de datos que posee la compañía.

— En la Intranet de la compañía.

— Mediante comunicado interno, bien por la propia Intranet o en los ya conocidos tablones de anuncios de la compañía.

— Convocando a empleados de la propia empresa que tienen posibilidades de promocionarse por su conocimiento de la empresa, formación específica y experiencia.

— Solicitando a las Oficinas de Empleo del INEM aquellos profesionales que tienen en su Base de Datos

— Publicando anuncios en:

Prensa

Es el medio más tradicional y da muy buenos resultados a la hora de obtener curricula. No olvidemos que todavía hay población que no dispone de ordenador y por supuesto de conexión a Internet.

Internet

Es una de las nuevas tecnologías de la información y cómo no, se utiliza también para la búsqueda de empleo. Desde el nacimiento de la Red han ido surgiendo diferentes páginas Web, tanto públicas como privadas, dedicadas a la publicación de ofertas de empleo. La inserción de ofertas en cualquiera de estas páginas, puede ser gratuita o bien de pago.

Teletexto

Es otro medio que la empresa tiene a su disposición.

Si queremos publicar un anuncio en Teletexto, hay que realizar una definición muy detallada del perfil que buscamos, ya que estas ofertas van dirigidas a un tipo de población muy determinado.

Universidades y Escuelas Universitarias

En éstas, podemos publicar anuncios en los tablones públicos de que disponen las propias Universidades e incluso podemos ponernos en contacto con los departamentos de las Universidad / Escuelas Universitarias

COIE (Centro de Orientación e Información de Empleo)

Las Universidades y Escuelas disponen de estos centros con el objetivo de que los alumnos que se encuentran en los últimos años de carrera, puedan realizar prácticas en empresas, teniendo la oportunidad de darse a conocer en las mismas y con posibilidades de poder ser contratados por éstas al finalizar la carrera.

Centros de Formación

Es una vía más para poder insertar ofertas de empleo, además los centros ponen todas las facilidades porque les interesa que alumnos de su centro puedan obtener trabajo a través de ellos. Es una buena publicidad.

Asociaciones de antiguos alumnos

Algunas universidades / escuelas tienen asociaciones de antiguos alumnos, estas suelen tener distintas vocalías, una de ellas puede ser la bolsa de trabajo en la que disponen de una base de datos de antiguos alumnos e incluso alumnos que estén a punto de terminar sus estudios.

Revistas de las propias Asociaciones o Colegios Profesionales

Los colegios profesionales y las asociaciones suelen realizar una publicación temporal, en la que además de informar sobre formación, talleres, actividades, también nos ofrecen una bolsa de trabajo en la cual publican las ofertas recibidas de las diferentes compañías que han elegido este medio para difundir sus necesidades.

Como hemos podido ver, las empresas disponen de diferentes medios para publicar ofertas de trabajo, ahora bien, no hay que olvidar que para que un anuncio sea efectivo debe estar muy bien elaborado con el propósito de encontrar el candidato adecuado lo antes posible.

4.5.3. Preselección: clasificación

Obtenida la currícula se procede a su clasificación.

Esta clasificación no es sencilla, reduce de manera importante el número de candidatos; quedando preseleccionados únicamente aquéllos que reúnen los requisitos que la empresa ha establecido.

La clasificación se establece según los siguientes criterios:

Aptos: Cumplen los requisitos exigidos para ocupar el puesto.

Dudosos: Aquellos, que a pesar de no cumplir todos los requisitos, se deben tener en cuenta por si fuesen necesarios a lo largo del proceso.

Excluidos: No reúnen los requisitos establecidos por la empresa.

4.5.4. Aplicación de pruebas

Una vez que se ha clasificado la currícula, se citan a las personas preseleccionadas para que realicen pruebas y entrevistas, cuyos resultados proporcionan datos más que significativos para valorar la conveniencia o no de asignar el puesto a un determinado candidato.

Existen dos grupos principales de pruebas que utilizadas en los procesos de selección y un tercer grupo que podemos denominar como pruebas complementarias:

4.5.4.1. *Profesionales*

Indican el nivel de conocimientos que poseen los candidatos para un determinado puesto. Éstas deben estar bien construidas y por supuesto presentar relación con el contenido del propio puesto de trabajo.

4.5.4.2. *Psicológicas*

La aplicación de estas pruebas lleva a conocer la personalidad de los candidatos. No tienen carácter eliminatorio, siempre y cuando no se detecten desviaciones de conducta o posibles patologías que impidan desempeñar un trabajo con normalidad.

4.5.4.3. *Dinámicas de grupo, Assessment Center, Grafológicas, Resolución de casos*

Dinámicas de grupo: Es una de las pruebas que más se utilizan en selección. La prueba consiste en presentar al grupo de participantes en el proceso, un «ejercicio problema» para que lleguen a una solución o soluciones. No siempre los problemas que se presentan tienen una solución única, incluso algunos no tienen solución.

Assessment Center: Consiste en la realización de pruebas situacionales que se dan realmente en la empresa y que están relacionadas directamente con el puesto de trabajo. Con estas pruebas se pretende observar la conducta concreta de cada uno de los candidatos.

La aplicación del Assessment Center en la empresa tiene un elevado coste, sobre todo en las primeras implantaciones.

Grafología: Estudia el contenido de la escritura.

Hay que medir el tamaño de la letra, la inclinación, la presión con que se escribe, si es grande o pequeña...

Para poder pasar esta prueba es necesario tener un buen conocimiento de la misma.

4.5.5. La Entrevista

Concluida la preselección, se cita a los candidatos elegidos para que acudan a la entrevista, siguiente paso del proceso de selección.

No existe un único modelo de entrevista, pero sí cuestiones que se repiten en la mayoría de ellas, ya que proporcionan información clave sobre el candidato:

— ¿Por qué te interesa este trabajo?
— ¿Cuáles son tus preferencias dentro del mercado laboral?
— ¿Qué razones te han llevado a elegir esta empresa?
— ¿Qué aspiraciones tienes?
— ¿Qué aspectos destacarías de tu formación y experiencia?
— ¿Cuáles son las funciones que has tenido en otras compañías?
— ¿Cuáles de tus facultades piensas que te hacen más idóneo para este trabajo?
— ¿Por qué piensas que eres la persona adecuada para este puesto?
— ¿Qué facultades crees que necesitas mejorar para favorecer tu nivel de eficacia en el trabajo?

Las empresas valoran considerablemente el grado de profesionalidad que muestra el candidato.

También tienen en cuenta la claridad con la que expone sus objetivos profesionales, así como la facilidad para expresar sus ideas, intereses y aspiraciones.

En la entrevista, el aspirante al puesto vacante tiene un contacto directo con la persona encargada de realizar la selección.

Va a tener en cuenta nuestra presencia física, capacidad de comunicación, interés por el trabajo que demandamos, etc.

Es conveniente que tengamos claro en el momento de asistir a la entrevista:

— Nuestros objetivos profesionales.
— Nuestra preferencia por una jornada completa o parcial.
— La disponibilidad que tenemos para viajar.
— Si las necesidades de la empresa lo requiere, nuestra disposición a cambiar de residencia.
— La remuneración económica que deseamos percibir y si estamos abiertos a negociar sobre la misma.

El hecho de sentirnos observados y analizados, en muchos casos, limita nuestras posibilidades y nos impide actuar con naturalidad Deseamos el puesto vacante, pero sabemos que de la impresión causada al seleccionador depende en gran medida la obtención del empleo al cual aspiramos.

No tenemos que olvidar que transmitimos lo que sentimos, por ello es conveniente asistir a la entrevista:

— Con una actitud positiva.

— Convencidos de estar suficientemente capacitados para desempeñar nuestra labor.

— Seguros de que nuestra profesionalidad interesa a la empresa.

También nos ayudará conocer las siguientes pautas de comportamiento para ayudarnos en tan difícil momento:

— Ser puntuales.

— Tener una apariencia externa cuidada y agradable.

— Vestir con discreción, siempre de forma correcta y adecuada al momento.

— Guardar las formas, marcando las distancias, no con frialdad ni aspereza, sino con educación y respeto.

— Tener una actitud serena y a la vez prudente que nos permita hablar en el momento adecuado con claridad, convencimiento y sin vacilaciones.

— Ser amables y cordiales.

— Saber esperar, si es necesario, sin dar muestras de estar molestos.

— Mirar directamente al entrevistador y responder a sus preguntas con un lenguaje correcto.

— Mostrar los aspectos de nuestra personalidad que mejor se adaptan a la cultura de la empresa.

— Transmitir nuestro interés por el puesto, mostrando nuestro conocimiento sobre las características del mismo, así como de la empresa que lo oferta.

— Llevar la documentación que la empresa requiere y a la que hacemos referencia en nuestro currículum: carta de presentación, títulos, certificados...

— Interesarnos por el salario, pero sin dar prioridad a esta cuestión.

Nos tiene que motivar la clase de trabajo que vamos a desempeñar y por supuesto preocuparnos por la remuneración, pero no centrarnos únicamente en este tema.

Finalizada la entrevista, nos vendrá bien analizar con objetividad lo que hemos hecho bien y mal, y si hemos sido capaces de demostrar que somos personas preparadas y capacitadas para ocupar el puesto.

4.5.5.1. *Tipos de entrevista*

Existen distintos tipos de entrevistas para seleccionar a los candidatos.

Se distinguen por la forma que tiene el entrevistador de actuar y dirigir cada una de ellas; pero presentan el objetivo común de obtener la mayor información posible sobre el candidato.

Uno de los modelos más utilizados en la *entrevista* es el *que sigue un esquema,* es decir se ciñe a un guión elaborado previamente, pero a su vez permite al candidato expresarse libremente siguiendo el orden establecido por el entrevistador.

También se pueden realizar entrevistas siguiendo un guión, como en la anterior, pero con la particularidad de que el entrevistado tiene que limitarse a contestar lo que específicamente se le está preguntando.

4.5.5.1.1. *Entrevista libre*

En la *entrevista libre,* por el contrario, el entrevistador no marca las pautas a seguir, es el entrevistado el encargado de dirigir la entrevista según sus preferencias a la hora de hablar sobre sí mismo. De esta forma el candidato se define a través de la información que proporciona.

Frente al clima sereno que se puede crear en la entrevista libre, encontramos otra clase de entrevista que pretende conocer la capacidad del candidato para enfrentarse a situaciones conflictivas, con altos niveles de presión, y cómo las resuelve de forma positiva.

4.5.5.1.2. *Entrevista de grupo*

La *entrevista de grupo,* aunque no es muy frecuente, es utilizada para evaluar a un grupo de candidatos al mismo tiempo y requiere la intervención de dos o más entrevistadores. Está basada en la discusión, que sobre una serie de temas, realizan un número reducido de candidatos.

El entrevistador tiene la función de observar la personalidad que cada participante pone de manifiesto y las conductas que muestran.

Si bien no se marca una estructura para su desarrollo, el entrevistador sí cuenta con un formulario que completará al finalizar la entrevista. En este formulario se contemplan algunos de los siguientes aspectos sobre los candidatos:

- — Su nivel de participación y capacidad de liderazgo dentro del grupo.
- — El interés y originalidad de las ideas expuestas.
- — Su capacidad de análisis y síntesis.
- — Si sabe escuchar a los demás, recogiendo y respetando sus ideas.
- — El modo de expresarse y razonar.
- — Particularidades de su personalidad que sean de interés.

Cuando se desea saber si el candidato tiene la formación y experiencia necesaria para celebrar una entrevista posterior con más profundidad, se realiza una *entrevista de toma de contacto,* que puede ser tomada como filtro para descartar candidatos no idóneos al puesto.

La duración es de unos quince minutos.

4.5.5.1.3. *Entrevista telefónica*

Tienen el mismo objetivo que las de contacto, pretenden actuar como filtro en el proceso, para después pasar a la entrevista en profundidad. Estas entrevistas suelen ser útiles para evitar desplazamientos y pérdida de tiempo a personas que han solicitado un puesto y se encuentran residiendo en otro país.

4.5.6. Evaluación del proceso

Finalizado el proceso de selección, llega el momento de elegir entre los candidatos finalistas el más idóneo para ocupar el puesto vacante.

La persona responsable de la selección analiza y compara la personalidad de cada uno de los candidatos y los datos obtenidos sobre ellos, con los perfiles definidos por la empresa.

Como el conocimiento de la conducta humana no es una ciencia exacta que nos descubra toda la realidad de una persona, existe un margen de error a la hora de optar por una persona u otra; y el riesgo aumenta si varios aspirantes al puesto presentan resultados similares en su evaluación. En este caso, es decisiva la experiencia y formación del seleccionador junto con la opinión del departamento que demanda el puesto a cubrir, para determinar quién es la persona más adecuada.

TEMA 5

EL EMPLEO Y NUEVAS TECNOLOGÍAS

Luis García Peñafiel
Licenciado en Psicología

Índice

5.1. INTRODUCCIÓN

Para nosotros las nuevas tecnologías están condicionando el presente y, naturalmente, con mayor razón condicionarán el futuro del empleo; pero este condicionamiento, en absoluto conlleva un sentido peyorativo; simplemente nos queremos referir al hecho de que en un mercado globalizado como el actual, las empresas invierten cada vez más en I + D en sus productos en vigor y/o en sus productos de futuro. Como consecuencia las personas de las empresas que desarrollan funciones técnicas, de gestión, de liderazgo, etc. deberán tener un mayor grado de preparación, donde las nuevas tecnologías tienen mucho que aportar en cuanto a mayores facilidades para el aprendizaje, mejores condiciones para el aprendizaje.

Desde la historia de la humanidad, no conocemos siglo, como el siglo XX, en el que se hayan producido tantos avances en las diversas ramas del conocimiento, ni tan radicales transformaciones a nivel social, político, laboral, etc.; en paralelo, podemos también decir que probablemente ha sido el siglo más cruel, horroroso, violento y devastador de la historia, como consecuencia de dos guerras de carácter mundial, en las que directa o indirectamente han estado involucrados, al menos, tres continentes, con unos medios destructivos inusitados sin olvidar, también, sus numerosas y sangrientas guerras civiles, con sus torturas, limpiezas étnicas, etc.. En el siglo XX, mucho se ha creado y, lamentablemente, mucho, muchísimo se ha destrozado.

A principios del siglo XX, el grupo de población más importante era el constituido por los campesinos; hoy a principios del siglo XXI este grupo de población en todos los países industrializados no pasa del 5% y tiende a bajar, sin que por ello se haya resentido, en general, por carencia de alimentos la población mundial.

5.2. LA LLAMADA ERA INDUSTRIAL

A la largo del siglo XX, por el efecto industrializador iniciado a finales del siglo anterior, la población agrícola fue desplazándose hacia las zonas urbanas industrializadas, de forma que el núcleo constituido por la mano de obra productiva se trasladaba a las fábricas en creciente expansión; mientras que el trabajador agrícola, el campesino, como se le ha conocido hasta nuestros días, se encuentra a finales del siglo XX, en vías de una posible extinción ante la aparición de nuevos modelos de explotaciones agrícolas que producen, elaboran y venden sus productos. Es decir, realizan el ciclo completo de producción, de distribución y de venta.

5.3. EL IMPACTO DE LAS NUEVAS TECNOLOGÍAS

El obrero industrial, a finales del siglo XIX e inicios del siglo XX era sinónimo de un operario en una máquina o instalación, a la que se le consideraba rígidamente ligado para hacer una operación determinada y repetitiva, llegándosele a considerar como parte integrante propia de esa máquina (sinónimo de Taylorismo). A partir aproximadamente de mediados del siglo XX, y a consecuencia de la aparición continua de nuevas tecnologías y automatismos, y su aplicación rápida dirigida a la consecución de nuevos productos, o a la mejora de los productos existentes, sin olvidar también, la mejora de los procesos productivos; empieza a surgir la necesidad de un nuevo modelo de obrero dotado con mayor conocimiento tecnológico, un nuevo obrero que necesita para desarrollar su trabajo una mayor formación básica, una mayor disposición y capacidad para adquirir nuevos conocimientos teóricos y una mayor actitud hacia una formación continua para toda la vida. Considerando todo esto, como fruto de políticas de investigación y desarrollo a nivel de los estados y a nivel privado,

Esta nueva situación va a constituir, lógicamente, de manera imparable un descenso en la demanda del obrero industrial clásico, considerado como hemos mencionado con anterioridad, como un elemento más de la propia máquina o instalación a favor de un obrero cuyas características más sobresalientes hemos mencionado en este párrafo; y al que podríamos denominar como un *trabajador en constante superación*.

5.4. TRABAJADOR EN CONSTANTE SUPERACIÓN

Este descenso, en la demanda del clásico obrero industrial tal cual lo hemos conocido hasta ahora, y que a medida que pase el tiempo será más acusado; tendrá, también por extrapolación una repercusión semejante y continua en los países en vías de desarrollo. Esto nos conduce a una situación no contemplada hasta ahora pero que constituye una nueva realidad; nos referimos al hasta ahora llamado elemento diferenciador correspondiente al bajo precio de mano de obra de determinados países en proceso de industrialización, y que empezará a no representar una ventaja estratégica, como consecuencia de la especialización y la necesidad de la adquisición de nuevos y continuos conocimientos de los obreros industriales en el futuro, sea cualquiera el lugar de producción.

El que hemos llamado *trabajador en constante superación,* no estará limitado a cubrir únicamente los niveles más bajos de la estructura de una organización; sino, que la misma situación afectará a todos los niveles de esas estructuras (estructuras que nos consta han de ser cada vez más planas para ganar agilidad y eficacia en nuestro trabajo) y, su formación tampoco se limitará a los años de enseñanza obligatoria, ni incluso, a los años de universidad los que pasen por ella, sino que se desarrollará cada vez más, durante toda la vida laboral, a través de procedimientos facilitadores que no hemos tenido la oportunidad de utilizar en la escuela o en los institutos, pero que ya empiezan a ocupar un lugar importante en los nuevos planes de estudio.

El aprendizaje a lo largo de toda la vida se convierte en una exigencia que supera el marco de la formación inicial; al mismo tiempo aparece la necesidad de evolucionar por parte de las personas a través de la renovación de los conocimientos profesionales, técnicos y de habilidades personales asentadas sobre una base de formación general de mayor o menor nivel.

5.5. LA SOCIEDAD BASADA EN LOS CONOCIMIENTOS

Esta formación permanente se hará, como hemos dicho, en el medio laboral y en paralelo a la actividad laboral, dando lugar a una nueva *sociedad basada en los conocimientos,* naturalmente esta nueva sociedad tendrá que contar con el apoyo de las nuevas tecnologías de la información y de la comunicación.

Los trabajadores en general, antes del siglo XIX y XX, realizaban actividades de carácter generalista, en el campo, en la casa, en el taller del artesano, etc.. En la industria, en sus inicios, también sucedía lo mismo con los llamados profesionales de oficio, eran o son generalistas. No obstante la industria fue creciendo, y adquirió verdaderamente toda su pujanza, toda su dimensión actual, con los llamados trabajadores industriales de las líneas de producción que desarrollaban de forma continua y monótona una serie de movimientos repetitivos como si fueran el complemento de una máquina o instalación.

En contraposición, la sociedad basada en los conocimientos tiende a estar constituida por personal *trabajador en constante superación,* que estarán abiertos y en disposición de adaptarse e incluso adelantarse a cualquier cambio, a cualquier innovación que le pueda ser de utilidad para la tarea que desempeña o prevé va a desempeñar. Este tipo de trabajador será más efectivo cuanto más «conocimientos» tenga y más profundice en los citados conocimientos.

No debemos perder la perspectiva, de que el hecho de que los trabajadores en constante superación estén muy especializados (lo que significa que deben tener conocimientos muy profundos de su especialidad), va a exigir bajo el punto de vista de eficacia de las organizaciones, una buena dosis de buena gestión y de formas distintas de organización y comportamiento de las personas; como parte integrante de la gestión hemos de tener muy en cuenta, lo que denominamos el «verdadero trabajo en equipo«, pues solo la suma de las especialidades complementarias nos proporcionarán los resultados esperados y deseados. En esta línea va dirigido lo que hemos comentado con anterioridad sobre las estructuras más planas; la tendencia clara es, no tantos escalones intermedios para llegar a la cúspide de la organización. La explicación es muy sencilla, se crearán equipos por proyectos, en los que cada miembro sabe perfectamente su función y dependerán de un jefe que en otro proyecto puede formar parte del propio equipo existiendo, por tanto, otro responsable o jefe para ese proyecto.

Las nuevas tecnologías de la información y comunicación, como anteriormente se ha mencionado, jugarán un papel importante como apoyo a los trabajadores en la profundización de nuevos conocimientos y habilidades.

Vamos a entrar a realizar un análisis a nivel global de los mercado más significativos y de la repercusión del papel del nuevo trabajador en constante superación.

Cualquier compañía instalada en un mercado, tiene tres áreas perfectamente definidas.

— Mercado de Proveedores.
— RR.HH.
— Mercado de Clientes.

Dentro del *mercado de proveedores*, podemos considerar:

— Materias primas.
— Instalaciones.
— Máquinas.
— Inversiones.
— Etc.

Dentro del *mercado de clientes*, consideramos:

— Precios.
— Plazos.
— Calidad.
— Servicio.

Hoy día, en el apartado de Mercados de Proveedores, podemos decir que para las empresas directamente competidoras, apenas existen diferencias en cuanto a las posibilidades que ese mercado les brinda; inclusive para aquellas materias primas de coste más elevado, por ser considerado preciosos para la industria (ejemplo del cobre, etc.), tampoco existen diferencias significativas en su adquisición por cualquier empresa; lo mismo se puede decir respecto de las inversiones, la adquisición de maquinaria, la consecución de créditos, etc.

De lo expuesto se deriva que, por ese apartado de Mercado de Proveedores, dentro del ciclo productivo de las distintas empresas, no hay o no existen elementos objetivos que diferencien a las empresas con futuro de las que puede que no tengan futuro. Otro aspecto importante es que las empresas, como tales, poca influencia personal o corporativa pueden ejercer sobre ese mercado, al menos de forma permanente. En estas circunstancias, podemos asegurar pues, que no hay diferencias significativas.

Si nos centramos en el área de Mercado de Clientes, tampoco los empresas pueden ejercer, en un mercado de libre competencia, influencia duradera y significativa en las variables expresadas. El cliente lo tiene muy claro, la mejor calidad, al mejor precio, lo antes posible en plazo y, como servicio, factor que cada vez ejerce mayor influencia en los clientes, el mejor. Las presiones que somete éste mercado a las empresas, les obliga a buscar mejoras continuas en su productividad, flexibilidad, capacidad de reacción, etc.

Ahora bien, en un mercado como el de hoy, cada vez más globalizado y tecnificado; la velocidad de reacción que tengan las empresas ante cualquier cambio, puede significar que se sea competitivo o no en ese mercado.

Una vez que hemos descrito los dos mercados, nos queda por analizar los RR.HH. que intervienen en todo proceso productivo:

MERCADO DE PROVEEDORES — RR. HH. — MERCADO DE CLIENTES

Si podemos ya percibir que, si el Mercado de Proveedores es más o menos fijo, y el Mercado de clientes es un mercado cada vez más exigente; donde realmente se puede incidir para poder obtener diferencias significativas entre empresas es: *en los RR.HH.*; lo que nos lleva a recordar y confirmar la conocida frase de Peter Druker, a finales de los años 40, de que *el recurso más importante en las empresas es el Recurso Humano.*

En una sociedad que va a estar soportada por el conocimiento, va a exigir de sus empresas un cambio radical en cuanto a su modo de gestión y naturalmente en la actitud de las personas que las componen. Estas personas, no solo van a tener que estar continuamente profundizando cada vez más en sus conocimientos y habilidades técnicas, sino también en sus actitudes personales como ya hemos dicho. Deducimos pues que el conocimiento al que nos referimos, está en la mente de las personas, así como en el uso que hacen de él; este conocimiento es difícil de reconocer a simple vista por otras personas, pero sí es reconocible en función de las realizaciones.

En la sociedad del conocimiento se maneja información, pero la información se apoya en unos datos que forman parte de algún fin o propósito. Ahora, los datos para convertirlos en información, exigen de un conocimiento que puedan facilitar su interpretación y tratamiento. Tenemos que tener en cuenta que la información es algo que nos viene de fuera y que se nos puede poner a nuestra disposición. En cambio el conocimiento constituye un enriquecimiento o potenciación de la persona, por lo que es fácil deducir que la información solo tiene valor para el que sabe manejarla por los fines que desea conseguir con ella.

Al ser los conocimientos, cada vez más específicos más concretos, las empresas que están basadas en ellos requieren, cada vez más personal especializado. Por eso, en éstas empresas basadas en el conocimiento éste estará centrado en la mente de los especialistas y en la mente del personal de todos los niveles de la organización que realizan diversidad de trabajos especializados, todos ellos diferentes, controlado por ellos mismos y en muchos casos formando equipos que, como hemos mencionado en párrafos anteriores, estarán orientados a la realización de una tarea determinada. Todos trabajarán juntos, en equipo, desde que *el proyecto es solo una idea, hasta que el producto deseado sea una realidad.*

Lo verdaderamente significativo de una sociedad del conocimiento, es que el ser humano, en este tipo de sociedad, siempre necesita saber más; lo único que hacen las nuevas tecnologías en esta sociedad, consiste en organizar y procesar la información para obtener los datos que le exijamos de acuerdo a nuestros criterios y/o necesidades.

Por otra parte, para saber más, necesitamos aprenderlo, lo que significa poner en práctica, mediante el consiguiente esfuerzo, una serie de variables de nuestra personalidad que nos permita la aprehensión de nuevos hábitos y conocimientos.

Las empresas basadas en el conocimiento, deben cumplir unos requerimientos:

— Estructurarse hacia objetivos que definan claramente las expectativas de eficacia de la empresa, el responsable del proyecto y de cada especialista.

— Organizarse de forma que se cree un proceso fluido y fiable de retroalimentación para que cada especialista compare sus propias expectativas con los resultados que progresivamente se van obteniendo y pueda, ejerciendo su autocontrol, corregir las desviaciones que puedan surgir.

— Cada especialista es responsable de su información y de su tratamiento. Hoy día con la superabundancia de información, la clave está en saber identificar aquellos datos de nuestra información que son relevantes o trascendentes dentro de nuestra tarea para poder operar con ellos, desechando con claridad y rotundidad los no trascendentes.

Naturalmente, las empresas basadas en el conocimiento tienen que:

— Crear nuevos procedimientos de reconocimiento de su personal, de recompensa, de posibilidades de carrera para ese personal.

— Establecer nuevos sistemas de selección y evaluación del personal,

— Diseñar una estructura de dirección para organizar armónicamente el conjunto de grupos (casi nunca fijos en cuanto a su composición) de especialistas.

Toda empresa inmersa en una sociedad del conocimiento, debe programar y realizar con suficiente antelación, una serie de fases perfectamente diseñadas y adecuadamente controladas para asegurar los resultados; estas fases pueden ser:

— Definición o redefinición de su misión.

— Marcarse los objetivos de:

- Orientación al cliente con el objetivo de su fidelización; para ello es bueno potenciar su relación de confianza, automatizar al máximo todo aquello que suponga una actividad repetitiva, etc.(no olvidemos la existencia de cliente interno y cliente externo); en ambos casos hemos de actuar.

- Producto con:

  * El adecuado diseño, que cumpla el objetivo previsto precisamente para ese producto, así como sus especificaciones, etc..

* La calidad deseada.
* Los materiales correctos.
* El mejor proceso.
* La mejor distribución en el mercado.
* El mejor servicio.

- Conseguir entre departamentos, grupos implicados en un proceso, etc.; una correcta y adecuada fluidez en su capacidad de colaboración y diálogo.
- Cambiar la cultura, como variable prioritaria, hacia una mayor colaboración, una mejor información y comunicación entre grupos, departamentos, equipos, etc. En definitiva, conseguir una gran interrelación entre los miembros y grupos de la empresa, a todos los niveles y entre los distintos niveles.
- Reconocer la valía de las personas que componen la empresa, sus capacidades y conocimientos, etc.

Pero, seguir el proceso descrito, exige un cambio de mentalidad de las personas, también sabemos que todo cambio genera desconfianza, miedo, recelo, inseguridad, etc., en las organizaciones o en las personas inrtervinientes. Como consecuencia, estos procesos hay que desarrollarlos con la mayor profesionalidad, escrupulosidad, respeto y firmeza. Sin olvidar algo tan importante como es el tiempo. Todo cambio exige tiempo y no debemos perder la calma ni ponernos nerviosos.

En toda sociedad, y más en una sociedad basada en el conocimiento, lógicamente no se van a iniciar en la empresa la aprehensión de todos los conocimientos; sería realmente absurdo y poco coherente con la propia sociedad del conocimiento y, por supuesto, representaría una pérdida de oportunidades para la propia sociedad y por ende para las empresas. Con anterioridad y en paralelo tienen que generarse nuevos planes formativos con cambios profundos desde la formación primaria; cambios que se fundamenten en:

— Desarrollar en los alumnos, desde la más tierna infancia, la capacidad de «aprender para aprender», acompañadas de acciones bien.

— Estructuradas, tendentes a corregir los puntos débiles y potenciar los puntos fuertes.

— Tener muy en cuenta las diferencias individuales para el aprendizaje.

— Familiarizar al alumnado con la utilización de herramientas como ordenador, procesadores, etc., en sus aplicaciones básicas, así como el resto de herramientas que citaremos en las nuevas tecnologías.

5.6. HERRAMIENTAS DE LAS NUEVAS TECNOLOGÍAS

Si enumeramos las herramientas que las nuevas tecnologías ponen a nuestra disposición, probablemente nos quedemos muy cortos por falta de actualización de nuestro conocimientos, de lo que hoy día nos ofrece el mercado; pero vamos a citar algunas herramientas, tanto de software como de hardware cuyo uso adecuado, ya nos puede ofrecer un gran abanico de posibilidades para ser más eficaces en la adquisición de conocimientos:

PC, como elemento básico fundamental.

Internet (*)

Intranet.

Correo electrónico.

Paquetes informáticos para aplicación en PC, etc.

Fotocopiadora.

Fax.

Buzón con mensajes de voz, escritos, etc.

Videoconferencia (**).

Teléfono con llamada a tres...

Seminarios y cursos audiovisuales.

Móvil.

Receptor de Televisión.

Videocasete.

Etc.

(*) Ha supuesto una verdadera revolución en el mundo de las comunicaciones por su:

Implantación, presente en todo el mundo.

Oportunidad en el tiempo, la conexión es instantánea.

Flexibilidad en la ampliación, modificación, actualización de contenidos de la página Web; realizada al instante y puesta a disposición de los usuarios de forma simultánea a cualquier tratamiento de los descritos, en cualquier lugar del planeta que disponga de medios.

Su influencia es tal, que ha modificado y modificará aún más, nuestra habitual forma de trabajo, sobre todo en las áreas de Marketing, Finanzas, Producción, RR. HH., etc.

(**) La comunicación audiovisual entre dos o más puntos de la Tierra, se puede desarrollar hoy día, de forma exitosa, a través del sistema de videoconferencia. Este sistema consiste en la transmisión y recepción simultánea, bilateral o múltiple y en tiempo real, de imágenes y datos a través de video, así como la transmisión y recepción de audio simultánea, también, con las imágenes y / o datos.

La incorporación de este sistema de intercomunicación permite ahorrar gastos de viaje bastante significativos a los ejecutivos de las empresas, así como al resto de actividades que se desarrollan en la sociedad y que puedan exigir reuniones en las que participen personas ubicadas en distintas zonas geográficas.

5.7. LA ACTITUD DE LAS PERSONAS

Llegado este punto conviene distinguir entre herramientas facilitadoras de adquisición de conocimientos, y el propio conocimiento; el tener las herramientas únicamente, no nos garantiza, en absoluto, la adquisición de conocimientos.

El conocimiento se adquiere, sobre todo y en primer lugar, como consecuencia de un actitud personal hacia la mejora de nuestras capacidades; si no sentimos la necesidad, si no nos apetece, si no nos sale de dentro, difícilmente adquiriremos conocimientos. Después interviene como segunda variable, el poder tener las posibilidad de adquirir los conocimientos; un esquimal difícilmente sin salir de su medio, va a poder estudiar las variaciones térmicas y meteóricas en el desierto de Sahara y su incidencia en la orografía del propio Sahara. Finalmente tenemos que considerar las capacidades de cada persona para poder acceder a esos conocimientos; una persona en función de su edad características físicas o minusvalía, por mucho que quiera difícilmente va a saltar los ocho metros de longitud, se entiende de un salto; o correr cien metros en menos de diez segundos, etc. Este símil conviene tenerlo en cuenta, en lo que se refiere a las posibilidades intelectuales.

Hemos dedicado gran parte de lo visto hasta ahora, al concepto del conocimiento y su incidencia en el empleo, con la perspectiva de su implantación en un futuro no muy lejano; también hemos citado las herramientas que nos proporcionan, hoy en día, las nuevas tecnologías y que nos pueden resultar muy útiles como medios de ayuda. Estos medios tienen, como casi todo en esta vida, su aspecto positivo y también, en alguna medida aunque en mucha menor proporción, su aspecto negativo si no las utilizamos adecuadamente; ¿para que me sirve un atornillador?, si tengo que leer sin otros medios, un artículo de prensa en pleno campo en una noche de luna nueva.

Adam Smith, expuso que la riqueza de las naciones está en la capacidad de las personas que las forman para generar beneficios; todo ello basándose en su creatividad, su capacidad de desarrollar y realizar las obras y los trabajos, teniendo muy en cuenta la calidad de los mismos. Percibimos en estas palabras que ya intuía la aparición de la sociedad del conocimiento.

Quien al leer el título de este trabajo haya pensado que íbamos a dar una descripción exhaustiva de cómo utilizar las nuevas tecnologías dirigidas hacia el empleo, pensamos con mucho respeto hacia él o ella, que probablemente no hemos sido acertados al definir el título de éste trabajo; lo que hemos querido expresar en el mismo es que, dirigiéndose necesariamente el mundo laboral, como es el caso, de una forma clara e inequívoca hacia una sociedad del conocimiento, estos conocimientos estarán más y mejor a nuestro alcance con cuantas más herramientas y medios dispongamos para su aprehensión; en este caso las nuevas tecnologías y su aplicación adecuada es lo que nos va a permitir acceder a esos conocimientos con más posibilidades de éxito. Después cada uno con su habilidad particular y sus inclinaciones específicas podrá hacer el uso más conveniente de las herramientas que tenga a su alcance y que mejor domine.

5.8. EMPLEABILIDAD

Dentro del marco que hemos desarrollado sobre el concepto de empleo, claramente se nos abre una nueva perspectiva nueva, muy importante, del futuro de la persona en el medio laboral, esta perspectiva recibe el nombre de *empleabilidad*. Definiéndose como *empleabilidad* al conjunto de características, técnicas, humanas, de gestión, liderazgo, etc, que posee una persona y que le hacen deseable en le mercado de trabajo. Es decir, cuanto mayor sea la empleabilidad que tenga un trabajador, mayores serán sus posibilidades de empleo. Este concepto, se deriva y está en sintonía con la sociedad del conocimiento hacia la cual nos dirigimos.

Insistiendo en este concepto, las empresas se van a encontrar de forma más acusada con el ya conocido reto de: atraer, motivar y retener al personal más cualificado; al que tenga mayores posibilidades de empleabilidad. Por este motivo, deberán prestar más atención a:

Los salarios.

La condiciones de salud laboral del entorno.

La fijación de diferencias atractivas con otras compañías, en el paquete de prestaciones sociales, donde se incluirán aspectos como la planificación y financiación de ayudas en la etapa de jubilación, etc.

La empleabilidad, facilitará la movilidad geográfica, ésta será una realidad que influirá de manera importante en las relaciones de las personas; también se dará que:

Amplios sectores de la población laboral trabajarán en actividades muy distintas a las que se podría suponer por su formación.

Las personas cambiarán, de forma natural y no traumática, varias veces a lo largo de su vida laboral.

Se sucederán períodos de alta actividad laboral, con otros dedicados a la adquisición de nuevos conocimientos, el ocio, etc.

La empleabilidad, por otra parte, facilitará una forma distinta de relación empresa-trabajador con nuevas modalidades de contratación, como puede ser a tiempo parcial definido, temporal, por proyecto, etc.

5.9. NUEVAS VÍAS DE TRABAJO

También potenciará la empleabilidad, las colaboraciones a través de los procedimientos de:

Outsoucing

Teletrabajo

Subcontrataciones

5.9.1. Outsourcing

Consiste en poner en manos de otras compañías, profesionales, técnicos, etc., ajenos a las empresas; actividades que no pongan en peligro o en manos de la competencia, las investigaciones, innovaciones y tecnologías que afectan a los productos propios del negocio.

Con esta modalidad, la empresa:

Concentra sus verdaderos recursos (experiencia, conocimientos, habilidades, etc.), exclusivamente en aquello que potencie su negocio, lo que ella tiene como misión y lo que realmente sabe hacer.

Transforma los costes fijos en variables y cuatificables.

Flexibiliza la estructura, menos plantilla.

5.9.2. Teletrabajo

Su definición, la describiríamos como «Trabajar desde casa o desde un centro ajeno y externo a la sede de la compañía, con ayuda de herramientas informáticas y de telecomunicaciones; de tal forma que, la persona se pueda mantener en continua comunicación con la sede central».

Esta modalidad de trabajo supone una desvinculación física de la persona o personas respecto de la sede de la empresa; ya que aún perteneciendo a la empresa, desarrollan su actividad laboral en casa o en un centro (no perteneciente a la empresa), pero no en la empresa.

El Teletrabajo, presenta en principio tres características distintivas:

Independencia física del puesto de trabajo respecto a la sede central.

Necesidad de dotar al trabajador de medios informáticos y de telecomunicaciones suficientes para asegurar el contacto o intercambio de datos o información.

El teletrabajador recibe información y/o datos, elaborará o tratará los mismos y finalmente transmitirá sus resultados, propuestas y observaciones a la sede central.

El Teletrabajo presenta Ventajas e inconvenientes que vamos a tratar, en general, de detallar:

5.9.2.1. *Las ventajas son*

5.9.2.1.1. *Para la empresa*

Reducción de costes fijos

Flexibilidad

Incremento de productividad

Reduce absentismo

Menor conflictividad laboral

Reducción de niveles jerárquicos

Gestión empresarial más flexible

5.9.2.1.2. *Para el trabajador*

Mayor libertad e independencia

Posibilidad de mejora salarial

Mejor posición en el mercado de trabajo debido a la experiencia y conocimientos necesarios para trabajar con independencia

5.9.2.1.3. *Para la sociedad*

Menor impacto medioambiental, debido a la reducción de desplazamientos.

Facilita el acceso de discapacitados al mercado laboral.

Puede facilitar el desarrollo en zonas deprimidas.

Menor densidad de población en zonas urbanas que favorecen una mejor calidad de vida.

5.9.2.2. *Los inconvenientes son*

5.9.2.2.1. *Para la empresa*

Inversión inicial

Costes de mantenimiento de equipos

Mayor necesidad de formación

Dificultad de supervisión

Dificultad de comunicación

Continuidad de la relación laboral

5.9.2.2.2. *Para el trabajador*

Dificultad de separar la vida privada de la laboral

Tendencia a una mayor dedicación a la actividad laboral

Aislamiento socio-laboral

Debilidad del trabajador ante la compañía

5.9.2.2.3. *Para la sociedad*

Reducción de contactos personales en el ámbito laboral.

Aparición de determinados sectores perjudicados, transportes, hostelería, etc.

NUESTRA SOCIEDAD, ESTA ASISTIENDO A UNA SERIE DE CAMBIOS EN EL MUNDO LABORAL, DEBIDO A LA INTRODUCCIÓN DE NUEVAS TECNOLOGÍAS, LA APARICIÓN DE NUEVAS FORMAS DE RELACIÓN, LA EVOLUCIÓN DE LOS PROCESOS, LAS EXIGENCIAS DEL MERCADO, ETC.

ESTO EXIGE LA CONFIGURACIÓN DE UNA NUEVA VISIÓN DEL MUNDO DEL TRABAJO.

TEMA 6

LA FORMACIÓN CONTINUA

Luis García Peñafiel
Licenciado en psicología

Índice

6.1. VISIÓN GENERAL

En la Unión Europea, del día de hoy hasta el 2012 aproximadamente, y así sucesivamente, un porcentaje muy elevado de puestos de trabajo cambiarán sustancialmente sus contenidos, sin que podamos precisar, en este momento, las nuevas tareas a desempeñar. Además, la mayor parte de los productos que se demandarán en el mercado dentro de dos décadas no existen todavía; de estas expectativas se deriva la importancia de que:

— Las empresas se vean con la permanente necesidad de innovar.

— Los trabajadores necesiten de una formación continua que les facilite la adaptación a las nuevas exigencias

El resto de un mundo en continuo cambio exige, como clave para el siglo XXI, una modificación radical en el concepto de la formación tradicional, pasando a ser una formación para toda la vida.

6.2. INTRODUCCIÓN

Hoy día, el entorno en que se mueven las empresas esta caracterizado por la creciente competencia a nivel mundial, consecuencia de la globalización; a ello contribuyen el gran desarrollo de las tecnologías de la información. Por otra parte, la rapidez con que se están produciendo los cambios transforman la naturaleza de las organizaciones y del trabajo. En paralelo, no podía ser de otra forma, la misma sociedad experimenta profundos y continuos cambios.

En los últimos años en España, al encontrarse dentro del mundo industrializado, la actividad industrial se ha orientado más intensamente hacia sectores de una tecnología media y alta, donde los factores clave, además de la calidad, el diseño y la I + D que se incorpora, están el precio, el plazo y el servicio.

La producción masiva tiende a compartirse con otra más diferenciada y orientada a una demanda más concreta, variada y exigente. Las empresas van abordando los cambios organizativos que la competitividad les impone, y las tareas de supervisión y organización tienen que ser cubiertas por trabajadores polivalentes, a los que se les exige mayores capacidades y unas cualificaciones más actualizadas.

En esta situación, el modelo de enseñanza normalizado que era adecuado para una economía que tenía como base una organización del trabajo estandarizada, ya no es valido para una economía en mutación permanente que necesita y, por lo tanto, exige una reconsideración de los sistemas de educación y formación.

El empleo, en esta nueva economía, exige trabajadores con una formación adaptada a las nuevas perspectivas; esta formación tiene que ser dinámica y no mantenerse como referencia a un período determinado de la vida. Nos conduce esta circunstancia, a que «el período de aprendizaje cubre toda la vida»; y que cada tipo de conocimiento está relacionado con los demás; por lo que se produce un mayor enriquecimiento. Con esta perspectiva, pues en todos los ámbitos de la sociedad fuera del mundo escolar, aparecen posibilidades de aprendizaje, la educación se convierte en una dimensión de la vida misma. Como consecuencia, los espacios educativos y las ocasiones de aprendizaje tienden a multiplicarse.

Así, la empresa se convierte en una nueva alternativa en la que se pueden adquirir y desarrollar competencias profesionales, ya no es posible considerar a la empresa como solicitante de individuos formados, o proveedora de complementos de educación. Hasta fechas muy recientes, las únicas competencias profesionales que se ofrecían, fuera del sistema productivo, eran las correspondientes a los ciclos superiores de educación. Hoy día la empresa se convierte en un productor importante de conocimientos y de un nuevo saber-hacer.

En el marco dibujado, el mundo laboral se convierte en uno de los objetivos prioritarios del sistema educativo por lo que:

— La formación profesional

— El valor formativo del trabajo

adquieren un nuevo reconocimiento social

6.3. CONCEPTO DE FORMACIÓN CONTINUA

Entendemos por Formación Continua, «El conjunto de acciones formativas que se desarrollan por las empresas, los trabajadores o sus respectivas Organizaciones, dirigidas tanto a la mejora de competencias y cualificaciones como a la recalificación de los trabajadores ocupados, que permitan compatibilizar la mayor competitividad de las empresas con la Formación individual del trabajador»

La finalidad de la Formación Continua es, que las empresas y los trabajadores puedan adaptarse permanentemente a las nuevas necesidades de producción y de cualificación que se derivan de la interacción entre competitividad, innovación tecnológica y por cambios en las prácticas de trabajo.

La correlación entre niveles de formación de los trabajadores y competitividad de las empresas, tiende a incrementarse de forma acelerada en nuestro mundo laboral que está en permanente cambio.

NADA ES PERMANENTE EXCEPTO EL CAMBIO HERÁCLITO, 700 años antes de Cristo

La Formación Continua es un activo fundamental para el desarrollo económico; por eso el trabajador, se va considerando por las empresas de forma creciente, como su recurso fundamental.

EL RECURSO MÁS IMPORTANTE DE LAS EMPRESAS, ES EL RECURSO HUMANO PETER DRUKER, 1946

6.4. LA FORMACIÓN CONTINUA EN EUROPA

El Fondo Social Europeo, fue creado en los años sesenta como consecuencia del Tratado de Roma; su finalidad es la de «Fomentar el mejor desarrollo de los Recursos Humanos para un crecimiento económico competitivo dentro del Mercado Único y un trato homogéneo a todos los ciudadanos de la UE en su vida laboral»

Las prioridades del Fondo Social Europeo son:

— Combatir el paro de larga duración y la exclusión del mercado de trabajo.

— Desarrollar las habilidades y cualificaciones de las personas que puedan buscar un empleo.

— Promover la igualdad de oportunidades entre los trabajadores en el mercado de trabajo.

— Fomentar la creación de nuevos empleos.

— Prevenir el desempleo mediante la adaptación de los trabajadores a los cambios industriales.

— Mejorar los sistemas educativos y de formación.

El Fondo Social Europeo se suma, también, a otros Fondos Estructurales de desarrollo regional, dentro de Europa, para reducir las diferencias existentes entre las regiones más ricas y pobres de Europa

6.5. LA FORMACIÓN CONTINUA EN ESPAÑA

La Formación Profesional Reglada aparece, en España por primera vez en el ámbito del Sistema Educativo, con la Ley General de Educación y Financiamiento de la Reforma Educativa de 1970.

El desarrollo de la Ley, tiene lugar en un período en el que el número de empleos diminuía mientras que se incrementaba el potencial de personas activas; esta situación generaba un incremento notable de desempleados.

En **1984,** se firma el «Acuerdo Económico Social (AES)», coincidiendo con la tasa de paro más ALTA en España. En este acuerdo se definen:

— Los objetivos prioritarios para la Formación Profesional.

— Se crea el Fondo de Solidaridad con el empleo.

— Se establece la cuota de Formación Profesional, con aportación de empresarios y trabajadores a la Formación Profesional.

El empleo empieza a considerarse seriamente como problema que preocupa a la sociedad y España, empieza el camino que hace tiempo había emprendido el resto de Europa.

En **1985,** se pone en marcha el «Plan Nacional de Formación e Inserción Profesional (Plan FIP)»; en este Plan se contempla por primera vez la Formación de los Trabajadores en activo, así como facilitar ayuda financiera a las empresas.

En **1986,** se crea el «Consejo General de Formación Profesional», que constituye el primer esfuerzo para ligar los ámbitos educativo y laboral; este Consejo incorpora:

— La participación de los Agentes sociales en la definición de las Políticas de Formación Profesional.

— La integración de la Educación y el Trabajo.

En **1990,** reforma del Plan FIP con:

— La promulgación de los Acuerdos sobre Formación Profesional.

— La formulación de prioridades para la formación continua, en coherencia con determinadas recomendaciones de la Comisión Europea.

También se creó la Ley de Ordenación General del Sistema Educativo (LOGSE), que atribuye a la Formación Profesional la finalidad de preparar a los alumnos para:

— La actividad en un campo profesional

— Su capacitación para el desempeño cualificado de las distintas profesiones.

La nueva Formación Profesional se orienta no solo a la adquisición de conocimientos sino, sobre todo, a la adquisición de competencias profesionales; esto conlleva que las enseñanzas profesionales deberán establecerse tomando como referente las necesidades de cualificación del sistema productivo.

En **1992,** se firma el Primer Acuerdo de Formación Continua (I ANFC) con vigencia para los años 1993 a 1996, ambos inclusive; como consecuencia de estos acuerdos, se crea en mayo de 1993 la Fundación para la Formación Continua (FORCEM) como ente paritario de ámbito nacional, con el objetivo de:

— Organizar

— Gestionar

— Apoyar técnicamente

— Realizar el seguimiento

de las acciones formativas a desarrollar al amparo de los Acuerdos Nacionales

El fin de este acuerdo era:

— La promoción del desarrollo personal y profesional de los trabajadores.

— La mejora de la competitividad de las empresas.

— La adaptación de los recursos humanos a las nuevas innovaciones tecnológicas.

— Propiciar actividades económicas.

El Sistema Nacional de Formación Continua, pone a disposición de las Empresas, ayudas financieras para impulsar y desarrollar las actividades de Formación Profesional de sus trabajadores, mediante la correspondiente gestión y el posterior control y seguimiento.

En **1996**, 19 de diciembre, se firma el II Acuerdo Nacional de Formación Continua (II ANFC), que tiene una vigencia desde el 1 de enero de 1997 hasta el 31 de diciembre de 2000, en él se introducen una serie de mejoras dirigidas a la consecución de una mayor apertura, participación y transparencia del sistema; siendo su objetivo:

— Incorporar colectivos que no se habían contemplado anteriormente.

— Potenciar la calidad de las acciones formativas.

— Conseguir una mayor participación de los Interlocutores Sociales en el ámbito sectorial y territorial.

Este acuerdo, firmado por CEOE, CEPYME, CCOO, UGT, y CIG; regula y establece una estructura organizativa y técnica, que facilita una mayor adaptación a las necesidades concretas.

También, el 19 de diciembre de 1996, los Ministerios de Educación y Cultura y de Trabajo y Asuntos Sociales, junto con CEOE, CEPYME, CCOO y UGT, firmaron un Acuerdo de Bases sobre la Política de Formación Profesional, que perfila los principios básicos, los objetivos y las líneas generales del nuevo Programa Nacional de Formación Profesional.

En **1998**, en marzo:

— Se aprueba el nuevo Programa Nacional de Formación Profesional que integra el subsistema constituido por:

  - La Formación Reglada.
  - La Formación Ocupacional.
  - La Formación Continua.

— Se crea al Sistema Nacional de Cualificaciones

Lo que permite lograr un Sistema Nacional de Formación Profesional que responda a las necesidades reales de nuestro mercado de trabajo.

6.5.1. Los Subsistemas

6.5.1.1. *Formación Reglada*

Formación de ciclo largo, dirigida a:

- Mejorar el ritmo e implantación de la reforma, adecuándolo a las necesidades de oferta y demanda de empleo, y para que aquella actúe como un elemento dinamizador del tejido productivo.
- Desarrollar los servicios de Orientación Profesional.
- Auspiciar una administración flexible, de las unidades de competencia y de las prácticas profesionales correspondientes, facilitando su impartición mediante módulos ligados a certificación, a modo de «créditos» o unidades capitalizables que pueden conducir a diplomas o titulaciones profesionales.
- Extender la modalidad de Formación Profesional Reglada a distancia, así como en horario nocturno. Especialmente para alumnos adultos.
- Flexibilizar la estructuración y programación a grupos específicos, mujeres, etc.
- Potenciar los centros de innovación y desarrollo de la formación, con fines de mejorar la enseñanza y para adaptar permanentemente al profesorado en la evolución de la demanda de competencias profesionales.
- Adecuar los recursos humanos e infraestructuras actuales a las nuevas tecnologías.

6.5.1.2. *Formación Ocupacional*

Facilitadora de la inserción y de la reinserción profesional de desempleados, con las siguientes líneas de actuación:

- Mejorar y flexibilizar la gestión.
- Desarrollar los programas de calificación de demandantes de empleo y de orientación profesional dentro del mismo marco.
- Prestar una particular atención a aquellos colectivos de personas con especiales dificultades de inserción y de reinserción laboral, por su larga permanencia en desempleo, por su baja cualificación, etc.
- Mejorar los medios de formación a distancia, destinados a colectivos de formación ocupacional con dificultad de asistencia a clases presenciales.
- Potenciar los centros nacionales de formación ocupacional.
- Adecuar la oferta de la modalidad de Escuelas Taller y Casas de Oficios, a la capacidad de absorción del mercado.

6.5.1.3. *Formación Continua*

Dirigida a trabajadores empleados, se rige por los siguientes criterios generales:

— Articulados en torno a dos acuerdos de carácter:

- Bipartito, entre los agentes sociales, que regula y establece la estructura técnica y organizativa de dicho sistema.
- Tripartito, que dispone la estructura jerárquica y financiera del mismo.

— Se garantiza el principio de «unidad de caja» de la cuota de Formación Profesional, sin perjuicio de que puedan existir otras fuentes de financiación de trabajadores ocupados.

— Se mantiene a nivel estatal el control de los fondos provinientes de la cuota de Formación Profesional.

— Corresponde a los agentes sociales y/o a las empresas y los trabajadores, el protagonismo en la gestión de la Formación Profesional Continua.

— Las Acciones de Formación Continua a desarrollar, deben ajustarse a los principios de unidad del mercado de trabajo, y de la libertad de circulación de los trabajadores.

— Existen lógicamente elementos de descentralización o desconcentración en la gestión.

Estos criterios generales operativamente tienen las siguientes líneas de actuación:

— El Acuerdo Tripartito se administra por una Comisión integrada por todos los firmantes, cuyas funciones son:

- La elaboración de la propuesta de normativa reguladora correspondiente.
- La asignación de los recursos financieros procedentes de la cuota de formación profesional.
- La elaboración de criterios que informen la previsión de fondos para los ámbitos territoriales, al objeto de atender las demandas formativas, y la racionalización del uso de los mismos.
- La elaboración de la propuesta de convocatoria de ayudas para las acciones formativas, así como los criterios técnicos de valoración.
- El balance de la aplicación de los recursos autorizados, y la evaluación periódica de los resultados alcanzados en los distintos ámbitos.

— *El INEM*, gestionará el pago de las cantidades correspondientes a la financiación de las distintas acciones formativas, en el marco de los criterios que se establezcan en el Acuerdo Tripartito.

— *La Fundación para la Formación Continua (FORCEM)*, como Órgano Paritario Estatal, con capacidad jurídica y de obrar, ha gestionado los Acuerdos Nacionales de Formación Continua, de carácter bipartito.

El Acuerdo Tripartito sobre Formación Continua asignó al FORCEM, entre otros, los siguientes cometidos:

— El impulso y la difusión del subsistema de formación continua entre las empresas y los trabajadores.

— La recepción y tramitación de solicitudes de ayudas para las distintas iniciativas de formación, su valoración técnica, la gestión documental pertinente,.y la emisión de propuestas de aprobación y financiación, así como de justificación, ante la Comisión Tripartita Nacional.

— El seguimiento y control técnico de las iniciativas de formación aprobadas, sin perjuicio de la actuación de control público que corresponda.

— La elevación a la Comisión Tripartita Nacional de un iforme anual sobre la aplicación del Acuerdo Nacional, con indicación, como mínimo:

- Número y tipos de planes de formación realizados por sectores.
- Número de trabajadores formados por familias profesionales.
- Costes financiados.
- Permisos individuales de formación concedidos en virtud de dicho Acuerdo.

En **2000,** 19 de diciembre, se firma el III Acuerdo Tripartito de Formación Continua (III ANFC):

Con la valoración muy positiva de los resultados, que han dado las Organizaciones que suscribieron el II ANFC; siendo esta valoración el resultado del seguimiento de las acciones y su análisis, y considerando, también, el exitoso modelo de gestión compartido, invitan a establecer nuevos pactos a la finalización del II ANFC.

Este III Acuerdo, consolida el protagonismo de las Organizaciones Empresariales y Sindicales en el desarrollo del sistema y la articulación del mismo en base a la negociación colectiva sectorial. Esta realidad refuerza, por tanto, el diálogo social como instrumento esencial para la regulación y funcionamiento de ámbitos muy importantes de las relaciones laborales.

El modelo se adecua a la Estrategia Europea de Empleo, nacida a raíz de la Cumbre Europea sobre el Empleo de Luxemburgo, que otorga a los interlocutores sociales un papel fundamental y creciente en la configuración y puesta en práctica de la formación a lo largo de la vida, elemento fundamental de la adaptabilidad de las empresas al nuevo entorno económico.

En línea con lo anterior, Los Jefes de Estado y de Gobierno de la Unión Europea en marzo de 2000 se comprometieron en la cumbre de Lisboa a convertir a la Unión Europea en la economía más competitiva y dinámica del mundo, capaz de crecer económicamente de manera sostenible con más y mejores empleos y mayor cohesión social.

Las Organizaciones Empresariales y Sindicales, ante estos hechos y las realidades vividas en España, consideran debe seguir existiendo en España un modelo de

Formación Continua basado en el diálogo social así como la gestión compartida, en que se puedan integrar las competencias de la Administración del Estado con el protagonismo de las Organizaciones Empresariales y Sindicales en el desarrollo del Sistema; de esta forma podrán dar soporte y continuidad a actuaciones tan estratégicas para las empresas y sus trabajadores como son los de Formación Continua.

En este marco se mantiene como eje central, su vinculación directa con la negociación colectiva y, por tanto, su articulación sectorial y territorial.

Se confirma, por otra parte, la necesidad de que la Formación Continua cumpla una función de:

— Adaptación permanente de mejora de las competencias y cualificaciones, para fortalecer la situación de competitividad de las empresas y del empleo en las mismas.

— Promoción social y personal y de fomento de la empleabilidad de los trabajadores.

— Actualización de la formación de los representantes de los trabajadores, en sus ámbitos específicos, que facilite una mayor profesionalidad y una mejor integración y cohesión social en las empresas.

Con el objetivo de simplificar y racionalizar los procedimientos administrativos, haciéndoles más eficaces y sencillos para las empresas y los trabajadores; los interlocutores sociales y la Administración constituirán una Fundación Tripartita para gestionar la Formación Continua con la que se eliminarán trámites y duplicidades burocráticas (lo que sucedería si se mantuviese la dualidad de funciones entre FORCEM, gestionada bipartitamente por los interlocutores sociales, y el INEM).

6.6. III ACUERDO NACIONAL DE FORMACIÓN CONTINUA EN LAS EMPRESAS

De aplicación en la totalidad del Estado español para cumplir los principios de:

— Unidad del Mercado de Trabajo.

— Libertad de circulación y establecimiento.

— La concurrencia de acciones formativas.

Podrán acogerse a este Acuerdo:

— Las empresas, cualquiera que sea su forma jurídica.

— Los trabajadores.

— Las respectivas organizaciones de los trabajadores.

que desarrollen acciones formativas en los términos definidos en el Título III (más adelante detallado) bajo los instrumentos y procedimientos que en su momento se establezcan, dirigidas al conjunto de trabajadores asalariados que satisfagan Cuota de Formación Profesional, sin perjuicio de lo dispuesto en la Disposición Adicional Segunda.

La vigencia de este Acuerdo será desde el 1 de enero de 2001 hasta el día 31 de diciembre de 2004.

Título III, del III Acuerdo, *Iniciativas de Formación.*

Son objetos de este Acuerdo los Planes de Formación de:

— Empresa.

— Los Agrupados Sectoriales. l.

— Los Intersectoriales.

— La medidas Complementarias y de Acompañamiento a la Formación.

— Los Permisos Individuales de Formación

Las condiciones y procedimientos para el desarrollo de dichas Iniciativas se articularán mediante las correspondientes Convocatorias. Dichas Convocatorias se publican en el Boletín Oficial del Estado. Las fechas son determinadas por la Comisión Tripartita.

Quienes deseen financiar Iniciativas formativas contempladas según lo establecido en este Acuerdo, deberán dirigir su solicitud a la Fundación Tripartita de Formación Continua (FORCEM), C/ Arturo Soria, 126 (no obstante en la convocatoria se concreta la dirección a la que hay que dirigirse) en los términos y condiciones que establezcan las correspondientes Convocatorias.

La tramitación de los expedientes de solicitud de estas Iniciativas debe ajustarse al procedimiento administrativo general recogido en la correspondiente Convocatoria, y será aplicado por la Fundación Tripartita de Formación Continua.

La Fundación Tripartita de Formación Continua, desarrolla la tramitación de los expedientes de solicitud de estas Iniciativas, desde el registro de las solicitudes hasta la elaboración del proyecto de propuesta que corresponda aprobar al Patronato de la citada Fundación, para su elevación al Director General del INEM, que emitirá la resolución que proceda. El procedimiento incluirá el informe pertinente emitido por la Comisión Paritaria.

Sectorial, Territorial, o Mixta Estatal, en los términos y condiciones recogidos en los artículos del Acuerdo, que regula la actuación específica de las Comisiones.

6.7. PLANES DE FORMACIÓN

Tenemos que distinguir:

Planes de Formación de Empresa

Planes de Formación Agrupados

Planes de Formación Específicos de la Economía Social

Permisos Individuales de Formación

Acciones Complementarias y de Acompañamiento a la Formación

6.7.1. Planes de Formación de Empresa

Dirigidos a las empresas que cumplan las condiciones de solicitud de la convocatoria correspondiente.

6.7.1.1. *Condiciones de solicitud*

Podrán optar a ellos, las empresas que elaboren su propio Plan formativo y cuenten, al menos, con 100 personas en la plantilla.

Las Empresas con menos de 100 trabajadores, podrán acogerse a Planes de Formación Agrupados. con los supuestos y condiciones que se determinen en la correspondiente convocatoria, podrán presentarse Planes de Empresa Propios.

Bajo esta modalidad, podrán presentar solicitud de financiación los grupos de empresa (se entienden como tales, aquellos que consoliden balances, tengan una dirección efectiva común o estén formadas por filiales de una misma empresa matriz, y cuenten con un número de trabajadores al menos de 100).

La Convocatoria podrá establecer para los Planes de Empresa, la participación de trabajadores de otras empresas, distintas a la solicitante, previa justificación de la necesidad de la misma acreditando los pertinentes vínculos mercantiles entre las mismas

En caso de que los Planes de Formación tengan una duración superior a un año, el contenido de los mismos, se desglosará en acciones o períodos anuales.

6.7.1.2. *Requisitos y tramitación*

La empresa elaborará un Plan de Formación en el que se indica:

— Objetivos y contenidos del Plan de Formación, con denominación y descripción de las acciones que se preven desarrollar.

— Colectivo al que va dirigida la formación por categorías o grupos profesionales, así como número de participantes por Acciones los que se dirija el Plan.

— Calendario previsto de realización.

— Medios pedagógicos.

— Criterios de selección de los participantes.

— Coste estimado de las Acciones Formativas, desglosado por tipo de acciones y colectivos, así como la subvención solicitada.

— Cuota de Formación Profesional ingresada por la Empresa en los doce meses anteriores a la presentación de la solicitud.

— Lugar previsto de impartición de las Acciones Formativas. A tal efecto deberá tenerse en cuenta el aprovechamiento de las instalaciones actualmente existentes.

La Empresa pasará el Plan de Formación como información a la Representación Legal de los Trabajadores, de conformidad con lo dispuesto en el Estatuto de los Trabajadores. El Plan de Formación debe tener adjunto toda la información descrita en el apartado anterior, así como el Balance de las Acciones Formativas desarrolladas en el ejercicio precedente.

La Representación Legal de los Trabajadores, deberá emitir su informe en el plazo de 15 días desde la recepción de la totalidad de la información anteriormente expresada, transcurridos los cuales se entenderá cumplimentado el requisito. Si surgieran discrepancias respecto al contenido del Plan de Formación, se abrirá un plazo de otros 15 días a efectos de dilucidar las mismas entre la Dirección de la Empresa y la Representación Legal de los Trabajadores. Transcurrido dicho plazo, de mantenerse las discrepancias, cualquiera de las partes podrá requerir la mediación de la Comisión Paritaria correspondiente, o, en su caso, de la Comisión Mixta Estatal, recibiendo el resultado de tal mediación en el informe correspondiente. En ambos supuestos, la Comisión competente se pronunciará únicamente sobre tales discrepancias.

Dicho informe se adjuntará a la solicitud de subvención que se presente a la Fundación Tripartita de Formación Continua.

La Comisión Paritaria emitirá informe respecto a los Planes de Empresa dentro de la tramitación llevada a cabo por la Fundación Tripartita de Formación Continua.

La Fundación Tripartita de Formación Continua, una vez comprobada que la solicitud va acompañada de toda la documentación correspondiente, realiza la tramitación y la propuesta sobre la financiación que corresponda.

La financiación resultante, se calcula en función de los parámetros económicos objetivos establecidos en la correspondiente Convocatoria, no pudiendo superar un máximo equivalente al montante anual de Formación Profesional afectada a la financiación de Acciones de Formación Continua que aporta la Empresa, al amparo de este Acuerdo ni, en cualquier caso, al coste total de las Acciones Formativas.

Una vez aprobada la subvención, y antes de iniciarse las Acciones Formativas, la Empresa deberá remitir a su Representación legal de los Trabajadores las listas de los participantes en todas las Acciones consideradas, con indicación de lugar de impartición, horarios, así como las modificaciones puntuales que se vayan produciendo. Si la aprobación lleva consigo modificaciones en el Plan de Formación inicial, la Empresa informará de las citadas modificaciones a su Representación Legal de los Trabajadores.

En el seguimiento el Plan de Formación, cada tres meses la Empresa dará información de la situación a su Representación legal de los Trabajadores.

La justificación de la subvención que la Empresa ha recibido, se ajustará exclusivamente a las acciones, contenidos y participantes, así como a las instrucciones de justificación de costes que la Convocatoria establezca y que están recogidos en la Resolución de concesión de ayuda.

6.7.2. Planes de Formación Agrupados Sectoriales

Bajo esta modalidad podrán solicitar financiación, dos o más empresas que tengan que desarrollar Planes de Formación, con la condición de que en su conjunto tengan un número de trabajadores entre un mínimo y máximo que establezca la correspondiente Convocatoria.

6.7.2.1. *Condiciones de solicitud*

Podrán solicitar los Planes Agrupados aquellas Empresas que, en principio, cumplan los siguientes supuestos:

— Una Empresa solicita la subvención en su nombre y en representación de otras del mismo sector que quieren participar también en el mismo Plan de Formación, mediante la correspondiente presentación de todos los documentos de apoderamiento de todas las empresas agrupadas.

— Las Organizaciones Empresariales y/o sindicales más representativas, así como las más representativas en el ámbito sectorial y territorial igual o superior al que pertenezcan las empresas y colectivos que intervienen en el Plan. Para ello, se acreditará la representatividad de las referidas Organizaciones en virtud de su participación en la negociación colectiva directamente o a través de organizaciones que las integran.

— Las Fundaciones bipartitas nacidas o amparadas en la negociación colectiva sectorial de ámbito estatal, en su ámbito de actuación, y que tengan por finalidad estatutaria la formación de los trabajadores.

— Las Organizaciones de Cooperativas y/o de Sociedades Laborales con notable implantación en el ámbito sectorial igual o superior al que pertenezcan las empresas y colectivos que conformen el Plan, cuando las empresas agrupadas del mismo sector sean Cooperativas y/o Sociedades Laborales

6.7.2.2. *Requisitos y tramitación*

Cualquiera que sea el ámbito habrán de presentarse para su aprobación ante la Fundación Tripartita de Formación Continua, en el modelo de solicitud al efecto.

En la solicitud deberán cumplimentarse los siguientes conceptos:

— Objetivos y contenido del Plan de Formación, así como la denominación y descripción de las Acciones a desarrollar.

— Empresas que integran el Plan de Formación y los trabajadores respectivos de las mismas que participen en las Acciones Formativas, en los términos y condiciones que se establecen en la Convocatoria.

— Calendario de imparticion de las Acciones Formativas.

— Coste estimado de las Acciones Formativas y financiación solicitada.

— Medios pedagógicos.

— Lugar previsto para la impartición de las Acciones Formativas; teniendo en cuenta el aprovechamiento de las instalaciones para formación existentes en la actualidad.

Se informará a la Representación Legal de los Trabajadores de las Empresas participantes de:

— El calendario de realización de las Acciones.

— Los medios pedagógicos.

— Los lugares de impartición.

— Los colectivos a los que se dirige el Plan.

— Los criterios de selección de los participantes.

La Comisión Paritaria correspondiente, emitirá un informe respecto de los Planes Agrupados Sectoriales, en el momento que se establezca dentro de la tramitación llevada a cabo por la Fundación Tripartita de Formación Continua.

La Fundación Tripartita de Formación Continua, previa la valoración técnica de las solicitudes presentadas calculará, en su caso, la financiación que proceda, aplicando para ello los parámetros económicos objetivos que se establecen en la Convocatoria; elaborando posteriormente, si procede, la propuesta de subvención.

La realización de las Acciones aprobadas, de conformidad con el procedimiento señalado, serán desarrolladas por el solicitante del Plan Agrupado, bien directamente, bien mediante conciertos.

La justificación de la subvención recibida, deberá ajustarse a las acciones, su duración, contenidos y participantes; así como a las instrucciones de justificación de costes que la Convocatoria establece y que deben estar recogidos en la Resolución de concesión de ayuda.

6.7.3. Permisos Individuales de Formación

Dirigido a trabajadores asalariados que deseen acceder a estas ayudas, deberán:

Haber prestado al menos un año de servicio en la empresa.

Obtener la correspondiente autorización de la empresa, para el disfrute del Permiso Individual de Formación, y según el procedimiento establecido en la Convocatoria.

6.7.3.1. *Condiciones de solicitud*

Las acciones formativas para las cuales se puede solicitar formación dentro de este capitulo deberán cumplir los siguientes términos de:

Ámbito objetivo:

— No estar incluidas en las acciones financiadas en el Plan de Formación de la Empresa o Agrupado.

— Estar dirigidas al desarrollo o adaptación de las cualificaciones técnico-profesionales del trabajador y/o su formación personal.

— Estar reconocidas por una titulación oficial.

— Se excluyen, las Acciones formativas que no se correspondan con la formación presencial. No obstante, se admitirá la parte presencial de los realizados mediante la modalidad a distancia

6.7.3.2. *Requisitos y tramitación*

El trabajador debe solicitar a su Empresa autorización para el disfrute del Permiso Individual de Formación.

La Empresa, teniendo en cuenta lo estipulado en la Convocatoria, deberá dar respuesta a la solicitud en el plazo de un mes, a partir del instante de entrega de la solicitud por parte del trabajador.

El trabajador, autorizado por la empresa, presentará ante la Fundación Tripartita de Formación Continua, la solicitud del Permiso Individual de Formación; en él se hará constar:

— El objetivo formativo que persigue.

— Calendario de ejecución.

— Lugar de ejecución.

La Empresa informará:

— Al trabajador la denegación, si es el caso, de la solicitud para el Permiso Individual de Formación, con la debida argumentación.

— A la Representación legal de los Trabajadores sobre las solicitudes recibidas y las respuestas dadas a las mismas.

La Comisión Paritaria Competente emitirá el correspondiente informe respecto de los Permisos Individuales de Formación, dentro de la tramitación que realice la Fundación Tripartita de Formación Continua.

En el caso de que la Fundación Tripartita de Formación Continua, deniegue el permiso al trabajador; éste podrá utilizar el permiso de su Empresa para desarrollar la formación correspondiente, sin remuneración, quedando su contrato suspendido por la duración de la citada formación.

6.7.3.3. *Observaciones*

La utilización del Permiso de Formación para fines distintos de los previstos y autorizados, se considerará como infracción al deber laboral de la buena fe.

La duración del Permiso Retribuido de Formación, está en función de la acción formativa a realizar y tendrá una duración máxima de 200 horas de jornada.

El trabajador que disfrute de Permiso Retribuido de Formación, percibirá durante el mismo una cantidad igual a su salario, así como las cotizaciones devengadas a la Seguridad Social durante el período correspondiente. El salario estará constituido por: salario base, antigüedad y complementos fijos; recogidos en el correspondiente convenio colectivo. Dicha cantidad, así como las cotizaciones devengadas por el trabajador y la empresa durante el período correspondiente, serán financiados a través de la Fundación Tripartita de Formación Continua.

6.7.4. Acciones Complementarias y de Acompañamiento

Podrán Financiarse, de conformidad con los requisitos que en su momento se establezcan y en el marco de este Acuerdo, aquella Medidas Complementarias y de Acompañamiento a la Formación, que pretendan la realización de estudios de detección de necesidades formativas, la elaboración de herramientas y / o metodologías aplicables a la Formación Continua.

Anualmente se realizará una Convocatoria pública en la que se determinen cuáles son las necesidades formativas y metodológicas cuyo estudio y ejecución se consideren necesarias para el mejor funcionamiento y eficacia de la Formación Continua.

Excepcionalmente se podrán solicitar ayudas para estudios o proyectos que no hayan sido previstos en dicha Convocatoria y que se consideren de interés para la Formación Continua.

6.7.4.1. *Requisitos*

Podrán solicitar las ayudas para financiar las Medidas Complementarias y de Acompañamiento, las empresas, entidades u organizaciones que cumpliendo los criterios de concesión, se ajusten a los objetivos exigidos para este tipo de iniciativas.

La Comisión Paritaria competente, emitirá informe sobre los Proyectos de Acciones Complementarias y de Acompañamiento a la Formación Continua, dentro de la tramitación llevada a cabo por la Fundación Tripartita de Formación Continua.

6.7.5. Planes de Formación Intersectoriales

Las Organizaciones Empresariales y Sindicales más representativas, podrán solicitar, en los términos que establecen los convenios colectivos, financiación para Planes de Formación que trasciendan el ámbito sectorial y en cuya configuración se podrán incluir acciones formativas, tanto de oferta como de demanda que tengan un componente común a varias ramas de actividad.

6.7.5.1. *Requisitos y tramitación*

Cualquiera que sea su ámbito de aplicación deberán presentarse para su aprobación, en el modelo de solicitud establecido por la Fundación Tripartita de Formación Continua.

La solicitud contendrá, al menos, los siguientes conceptos:

— Objetivos y contenidos del Plan de Formación, incluyendo:
  - Denominación y descripción de las acciones.
  - Número de alumnos a formar.

— Calendario previsto de realización.

— Coste estimado de las Acciones Formativas y financiación solicitada.

— Medios pedagógicos.

— Lugar previsto de impartición, teniendo en cuenta el aprovechamiento de los Centros de Formación existentes en el momento correspondiente.

La Comisión Paritaria emitirá informe respecto de los Planes de Formación Intersectoriales dentro de la tramitación llevada a cabo por la Fundación Tripartita de Formación Continua.

La Fundación Tripartita de Formación Continua, una vez valoradas técnicamente las solicitudes presentadas y aprobadas, calculará la financiación que proceda, aplicando los parámetros económicos establecidos en la Convocatoria, elaborando posteriormente la propuesta de resolución.

La realización de las Acciones aprobadas serán desarrolladas por el solicitante del Plan Intersectorial directamente o mediante conciertos.

La justificación de la subvención recibida deberá ajustarse a las acciones, contenidos y participantes; teniendo en cuenta las instrucciones de justificación de costes establecidas en la Convocatoria, recogidos en la Resolución de concesión de ayuda.

6.8. ÓRGANOS PARITARIOS

6.8.1. Comisión Mixta Estatal de Formación Continua

CONSTITUIDA por:

— Nueve representantes de las Organizaciones Sindicales

— Nueve representantes de las Organizaciones Empresariales

firmantes del Acuerdo

6.8.1.1. Funciones

— Velar por el cumplimiento de este Acuerdo, y resolver las posibles discrepancias que puedan surgir en la interpretación del mismo, adoptando las medidas pertinentes para garantizar la correcta aplicación.

— Establecer los criterios orientativos para la elaboración de los Planes de Formación correspondientes a su ámbito, y que afectarán exclusivamente a las siguientes materias.

- Prioridades con respecto a las iniciativas de Formación Continua a desarrollar en su ámbito.
- Orientación respecto a los colectivos de trabajadores destinatarios de las acciones.

— Emitir informe sobre los Planes de Empresa Agrupados, Específicos de la Economía Social de ámbito estatal y autonómico, sobre los Permisos Individuales y sobre las medidas Complementarias y de Acompañamiento a la Formación; cuando no estén constituidas las Comisiones Paritarias Sectoriales o Territoriales competentes en cada uno de los casos.

— Proponer en su caso, a la Comisión Tripartita Estatal, que se establezca la incorporación a este Acuerdo, de otras Acciones Formativas.

— Elevar a la Fundación Tripartita de Formación Continua, propuestas sobre la participación de ésta en proyectos e iniciativas europeas o de otros ámbitos internacionales.

— Emitir informes y resoluciones en aquellos casos en que se le solicite sobre temas de su competencia.

— Aprobar su reglamento de funcionamiento.

— Contribuir al eficaz funcionamiento de las Comisiones Paritarias Sectoriales y Territoriales, creadas al amparo del presente Acuerdo; elevando a la Comisión Tripartita los informes o propuestas oportunos, así como posibles sugerencias sobre su racionalización.

— Fomentar la consecución de los Acuerdos de las Comisiones Paritarias Sectoriales.

— Realizar un balance de la aplicación del Acuerdo, así como de evaluación de la Acciones Formativas desarrolladas.

6.8.2. Comisiones Paritarias Sectoriales

En el marco de los Convenios Colectivos Sectoriales Estatales o mediante Acuerdos específicos suscritos por las Organizaciones Empresariales y Sindicales más representativas en dicho ámbito; están constituidas las Comisiones Paritarias Sectoriales de Formación que desarrollarán las competencias que les reconoce el presente Acuerdo (III ANFC), con arreglo a las siguientes funciones:

— Velar por el cumplimiento del Acuerdo en su ámbito correspondiente

— Establecer los criterios orientativos para la elaboración de los Planes de Formación correspondientes a su ámbito, afectando exclusivamente a las siguientes materias:

- Prioridades con respecto a las Iniciativas de Formación Continua a desarrollar en el sector.
- Orientación respecto a los colectivos de trabajadores destinatarios de las Acciones.
- Enumeración de los Centros disponibles de impartición de la Formación (Centros propios, Centros públicos, Centros Privados o Centros Asociados).
- Criterios que faciliten la vinculación de la Formación Continua Sectorial con el Sistema de Clasificación Profesional y su conexión con el Sistema Nacional de Cualificaciones, a los efectos de determinar los niveles de la Formación Continua del Sector y su correspondencia con las modalidades de certificación que determine el Sistema Nacional de Cualificaciones.

— Proponer la realización de estudios de detección de necesidades formativas y la elaboración de herramientas y / o metodologías aplicables a la Formación Continua en su sector; con el objeto de su consideración en la Convocatoria de Medidas Complementarias y de Acompañamiento a la Formación.

— Emitir los informes sobre los Planes Agrupados Sectoriales de Formación, así como sobre las Medidas Complementarias y de Acompañamiento que afecten a más de una Comunidad Autónoma, en al ámbito de su Convenio o Acuerdo Estatal de referencia, elevándolos a la Fundación Tripartita de Formación Continua para que elabore la propuesta de resolución.

— Trasladar a la Fundación Tripartita de Formación Continua, informe sobre los Planes de Empresa amparados por Convenio Colectivo o Acuerdo Específico Estatal de referencia en los plazos y condiciones establecidas en la correspondiente Convocatoria.

— Atender los requerimientos de la Fundación Tripartita de Formación Continua.

— Elaborar estudios e investigaciones, teniendo en cuenta la información existente en las respectivas Organizaciones Estatales sobre Formación Profesional.

— Aprobar el reglamento de funcionamiento, adecuándose a lo dispuesto en el Acuerdo.

— Formular propuestas en relación con el establecimiento de niveles de Formación Continua a efectos de su correspondencia con las modalidades de certificación que determine el Sistema Nacional de Cualificaciones.

— Realizar Memoria anual de la aplicación del Acuerdo y la Evaluación de las Acciones Formativas.desarrolladas.

6.8.3. Comisiones Paritarias Territoriales

Tienen el ámbito de su Comunidad Autónoma y están integradas por las Organizaciones Empresariales y Sindicales mas representativas en dicho ámbito; sus funciones son:

— Velar por el cumplimiento del Acuerdo en su Comunidad Autónoma.

— Establecer criterios orientativos para la elaboración de Planes de formación correspondientes a su ámbito, afectando exclusivamente a las siguientes materias:

- Prioridades con respecto a Iniciativas de Formación Continua a desarrollar en su ámbito.
- Orientación respecto a los colectivos de trabajadores destinatarios de las acciones.

— Emitir informes sobre planes de Empresa y Agrupados en aquellos Sectores que no cuenten con Convenio Colectivo Estatal o Acuerdo Sectorial de Formación.

— Cumplimentar los requerimientos de la Fundación Tripartita de Formación Continua.

— Aprobación del Reglamento de funcionamiento.

— Dentro de su ámbito, elaborar estudios e investigaciones.

— Realizar la Memoria Anual en su ámbito territorial.

El III Acuerdo Nacional de Formación Continua, lo firman

— CEOE

— CEPYME

— CCOO

— UGT

— CIG

6.9. LA FORMACIÓN CONTINUA COMO UNA PRIORIDAD POLÍTICA Y SOCIAL DE LA UNIÓN EUROPEA

El instrumento financiero de la Política de Cohesión Económica y Social de la Unión Europea, se basa en los Fondos Estructurales. Su ámbito específico de actuación se define en Cinco grandes objetivos:

— Regiones Objetivo1.— Cuando el PIB por habitante es inferior al 75% de la media comunitaria

— Regiones Objetivo 2.— Cuando se habla de zonas en declive industrial

— Regiones Objetivo 3.— Dirigido a segmentos específicos de población, como pueden se desempleados

— Regiones Objetivo 4.— Dirigida a la Formación Continua de la población ocupada, para facilitar a los trabajadores la adaptación a los puestos de trabajo por la evolución de los sistemas de producción

En España las regiones fuera del Objetivo 1 son: Madrid, País Vasco, Navarra, La Rioja Cataluña, Aragón y Baleares.

El desarrollo del Objetivo 4, depende de un Marco Comunitario de Apoyo (MCA), donde se definen las prioridades de actuación, los medios financieros y las formas de apoyo para un período determinado de tiempo. Los Programas operativos relacionados con el objetivo 4, son cofinanciados por El Fondo Social Europeo. En España la Unidad administradora del Fondo Social Europeo, está integrada en el Ministerio de Trabajo y Seguridad Social.

Tema 7

LOS SERVICIOS DE ORIENTACIÓN EN LAS UNIVERSIDADES: SU PAPEL Y SU CONTEXTOS DE INTERVENCIÓN

M.ª Fe Sánchez García

Índice

7.1. INTRODUCCIÓN

Son diversos los problemas que afectan actualmente a los universitarios y recién titulados universitarios. Entre ellos destaca la elección de opciones formativas con deficiente conocimiento de la realidad académica y profesional, y el fracaso en los estudios junto a una escasa capacidad de iniciativa ante estas circunstancias, por no hablar de todos aquellos que se derivan de la incorporación al mercado de trabajo, una vez finalizados los estudios. Al grave desempleo estructural que ha venido sufriendo toda la sociedad desde hace varias décadas, hay que sumar dificultades como son el desajuste entre la preparación profesional que aporta la formación universitaria y las exigencias del mundo del trabajo; el desequilibrio entre la oferta y la demanda de titulados superiores en el mercado laboral; las altas tasas de desempleo y subempleo de licenciados; o la masificación de las aulas universitarias como consecuencia de la falta de expectativas laborales, entre otras. Todas estas cuestiones hacen que la problemática no se circunscriba estrictamente al mundo universitario y constituya, para la sociedad española moderna, un problema de hondo calado.

Con el surgimiento de los primeros *Centros de Orientación, Información de Empleo* en los años 70, se buscaba paliar, de alguna forma, esta situación —que en aquellos años ya se vislumbraba aunque no se aproximaban, ni con mucho, a las dimensiones actuales—, por lo que nacen con la pretensión de servir de puente entre el licenciado y el mundo profesional y laboral. Estos centros, creados antaño bajo los auspicios del INEM y de las propias Universidades, aparecen hoy completamente integrados en la estructura universitaria. Actualmente se encuentran en un momento crítico, por cuanto su evolución y su desarrollo han sido muy limitados tanto en lo referente a los objetivos, como a sus medios, quedando su labor bastante disminuida si la comparamos con la amplia problemática a la que se enfrenta el universitario.

Disponer de un ágil sistema de información, formación y asesoramiento que facilite entre otros aspectos, la posterior inserción o promoción en el mundo laboral es, sin duda, algo que todo estudiante desea, porque toca de lleno en una de sus necesidades más acuciantes o sobre el que está más sensibilizado. Pero potenciar el éxito académico, la elección satisfactoria de estudios, la toma de decisiones ocupacionales, la prospección del mercado laboral, el conocimiento de las exigencias de formación de las distintas ocupaciones, las posibilidades de cualificación puntual, la construcción del propio proyecto profesional y, en suma, la planificación y el desarrollo de la carrera, son objetivos que, creemos, están lamentablemente olvidados, a pesar de que son la base del éxito profesional.

La *orientación educativa y profesional* está desempeñando un papel cada vez más importante en el conjunto de niveles e instituciones educativos y se considera ya sin duda, uno de los factores más decisivos en la mejora de la calidad de la educación. En esa tendencia se circunscribe la reforma educativa que establece la LOGSE en la Educación Infantil, Primaria y Secundaria. También en el nivel educativo Superior, aunque con menor desarrollo, los servicios de orientación están tomando cada vez más relevancia y entidad, y más aún si tenemos en cuenta los profundos cambios tecnológicos y sociolaborales, y el cada vez más complejo medio al que el alumnado está abocado a incorporarse más tarde o más temprano. Todo ello exige una agilidad y una permanente respuesta de las Universidades, entre otros campos, en el de la orientación académica y profesional, con el objetivo de ofrecer a los universitarios instrumentos e informaciones de calidad que les permita tomar, de forma óptima, sus decisiones durante la realización de sus estudios universitarios y en relación con el desarrollo de sus carreras profesionales.

En España, el lugar donde se ha comenzado a practicar la orientación universitaria ha sido en los primeros *Centros de Orientación, Información y Empleo* (C.O.I.E.), surgidos en las universidades madrileñas en los años 70. En la actualidad se han extendido ya, con diversas denominaciones, por casi todas las Universidades españolas. Estos centros, integrados en la estructura universitaria, se crearon con el objetivo de servir de puente entre el licenciado y el mundo profesional y laboral. Surgen a partir de la existencia de un claro desfase entre la oferta y la demanda de titulados superiores en el mundo laboral, y también para tratar de paliar el desajuste entre la propia formación universitaria y las exigencias del mundo del trabajo.

7.2. LAS NECESIDADES DE ORIENTACIÓN DE LOS UNIVERSITARIOS

La experiencia acumulada de trabajo en estos centros o servicios pone de relieve la existencia de una amplia variedad de *necesidades de orientación* entre los universitarios, que va desde el requerimiento de la pura información puntual, hasta la demanda de algo más complejo y a más largo plazo, esto es la orientación, como ayuda para desarrollar satisfactoriamente la vida profesional y personal.

Esta necesidad de orientación puede afectar al ámbito *académico*, a la hora de elegir materias optativas o itinerarios formativos de postgrado, o bien cuando el alumno se está replanteando la continuidad de los estudios iniciados o cuando necesita ayuda para mejorar su trabajo intelectual y sus técnicas de estudio. El ámbito *profesional* en la orientación viene determinado por la necesidad que tiene todo/a estudiante de incorporarse al mundo laboral, y de ir conformando su carrera profesional, ya durante sus estudios, conociendo las salidas, los puestos y perfiles profesionales posibles, la situación del mercado laboral, o las habilidades y experiencias que tiene que desarrollar para lograr un empleo acorde con su formación y sus expectativas.

También es necesaria la orientación en un ámbito que va más allá de lo académico o de lo profesional, porque puede involucrar el planteamiento personal de vida, los propios valores, las metas y retos individuales, la autoestima, los intereses, las preferencias u otras circunstancias vitales concretas. Nos referimos al ámbito *personal*, que implica un asesoramiento en el que pueden confluir buena parte de las necesidades mencionadas. De hecho, es difícil, en la práctica, separar estos tres ámbitos o modalidades de la orientación (académica, profesional y personal) ya que, generalmente «van juntas», se interrelacionan unos aspectos con otros, del mismo modo que sucede con las necesidades de información, de orientación y de formación en aspectos que, normalmente, están fuera de los planes de estudio de las enseñanzas universitarias.

En la investigación llevada a cabo entre los estudiantes de las universidades de la Comunidad de Madrid (Sánchez, 1999) (parte de cuyos resultados presentamos a lo largo de este capítulo), destacan entre las principales conclusiones, que las necesidades de orientación no son homogéneas para todos los universitarios, sino que les afectan de modo diferente dependiendo de las circunstancias individuales, tanto situacionales (curso, carrera, universidad, edad...) como sociolaborales, según las condiciones en que se produjo la elección de los estudios. Igualmente, las necesidades de orientación varían dependiendo de sus percepciones y experiencias en relación con el mundo universitario. Asimismo, aun cuando no se han podido establecer perfiles específicos suficientemente definidos en cuanto a niveles de necesidad, sí se han encontrado variables relevantes asociadas a necesidades concretas. Entre ellas cabe destacar, de modo general: los *problemas relacionados con el sistema educativo* y los problemas *de tipo personal*; también los *conocimientos previos sobre la carrera* y las *expectativas de logro*, es decir, la confianza en alcanzar las propias metas. Para las modalidades de *orientación e información profesional* así como *académica específica*, adquieren gran relevancia las *circunstancias situacionales* y *sociolaborales* de los estudiantes.

GRÁFICO 1. Necesidades de orientación e información profesional (comparativoos)

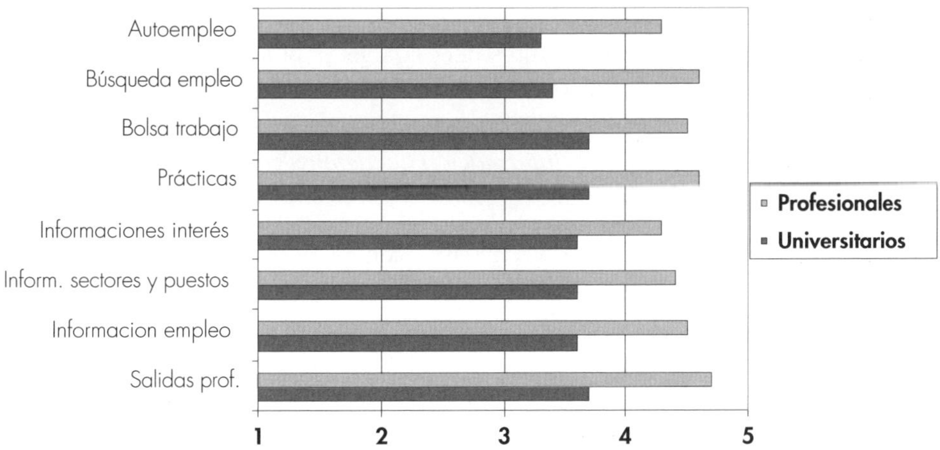

Puntuaciones medias sobre las valoraciones aportadas por los dos colectivos, sobre una escala de 1 a 5 (1 = nada, 5 = mucho).

En los análisis relativos al grado de necesidad, los resultados globales indican que la modalidad de orientación percibida en *más alto grado* de necesidad, tanto por los universitarios como por parte de los orientadores, es la de *orientación e información profesional*, frente a las otras dimensiones consideradas: *información académica general*, *orientación académica específica*, *orientación para la carrera* y *orientación personal*. El *gráfico 1*, recoge las valoraciones otorgadas en esa modalidad de orientación por una muestra de 2489 universitarios/as y 44 profesionales que trabajan en los servicios de orientación de nueve universidades madrileñas. Como puede verse, existe un paralelismo en las puntuaciones de ambos colectivos, aunque son los profesionales quienes perciben mayor grado de necesidad para todos los aspectos recogidos. La necesidad de orientación sobre *salidas profesionales* es la más patente, junto con la de realización de *prácticas en empresas* y de inscripción en la *bolsa de trabajo*.

Con un *menor* grado de necesidad aparece la *orientación personal*, mientras que el resto de las modalidades de orientación (*información académica general*, *información y orientación académica específica* y *orientación para la carrera*) se sitúan con un grado *medio* de necesidad. De los resultados obtenidos a partir de las respuestas de los *profesionales* destaca el hecho de que las necesidades son valoradas en niveles *altos* y *muy altos* (niveles *medios* en el caso de la *orientación personal*).

Los resultados apuntan a que el *sexo* y la *edad* introducen diferencias significativas en la dimensión *profesional*, *académica específica* y *personal*. Estas necesidades de orientación resultan ser significativamente mayores para las *mujeres* y para el grupo de edad *de 17 a 28 años* (frente a los grupos menos jóvenes, de 29 años en adelante). De igual forma, las *circunstancias socioprofesionales* de los estudiantes influyen en las *necesidades de orientación profesional* y de *orientación académica específica*, de modo que aquellos que están *buscando empleo* o que trabajan con carácter *temporal*, presentan mayores necesidades de orientación e información en el ámbito profesional.

Según el *tipo de carrera* y la *titulación a que dan lugar los estudios*, no se aprecian diferencias en las *necesidades de orientación*, excepto en las *de orientación profesional*, donde se observan mayores necesidades para los estudiantes que estudian carreras de Humanidades frente a los otros grupos de carreras (Sociales-Jurídicas, Experimentales-Salud y Técnicas).

Finalmente, las necesidades de *información académica general* y de *orientación para la carrera* parecen guardar una relación con el *ciclo-situación académica*. Los estudiantes de 1.° ciclo presentan mayor grado de necesidad en *información académica general* y en *orientación para la carrera*; mientras que los de 2.° y 3.° ciclo lo experimentan en *orientación académica específica* y en su dimensión *profesional*.

Toda esta diversidad de hallazgos, junto con la aplicación de pruebas estadísticas multivariadas (análisis discriminantes) nos ha llevado a excluir la existencia de perfiles de necesidad suficientemente definidos, asociados a grupos de edad o grupos de carreras, que permitan actuaciones o programas en orientación que delimiten claramente los destinatarios. Por el contrario, las necesidades de orientación son cambiantes dependiendo de cada persona, de sus circunstancias particulares, de sus antecedentes y de sus expectativas; por tanto, se constata que las necesidades de orientación de cada persona son amplias y complejas, pero no son homogéneas e iguales para todos los individuos. Lo que sí se desprende del estudio es la existencia de ciertos conjuntos de variables que, como hemos visto, parecen estar relacionados con altos niveles de necesidad para determinadas dimensiones de la orientación, lo que debe ser tenido en cuenta por los servicios de orientación a la hora de planificar su ayuda.

7.3. CONDICIONANTES DE LA ACTUACIÓN DE LOS SERVICIOS DE ORIENTACIÓN: LA SITUACIÓN SOCIOLABORAL DE LOS UNIVERSITARIOS Y LAS DEMANDAS DEL MERCADO LABORAL

Los servicios de orientación universitaria tienen ante sí un reto importante que viene marcado por una doble necesidad: por un lado, las necesidades individuales y grupales de los colectivos de estudiantes y de titulados anteriormente citadas, y por otro, al igual que la institución universitaria en general, debe tener presentes permanentemente los condicionantes y las necesidades que emanan de la propia sociedad, particularmente, del mercado laboral, con sus características cambiantes.

GRÁFICO 2. Condicionantes de la actuación de los servicios de orientación en las universidades

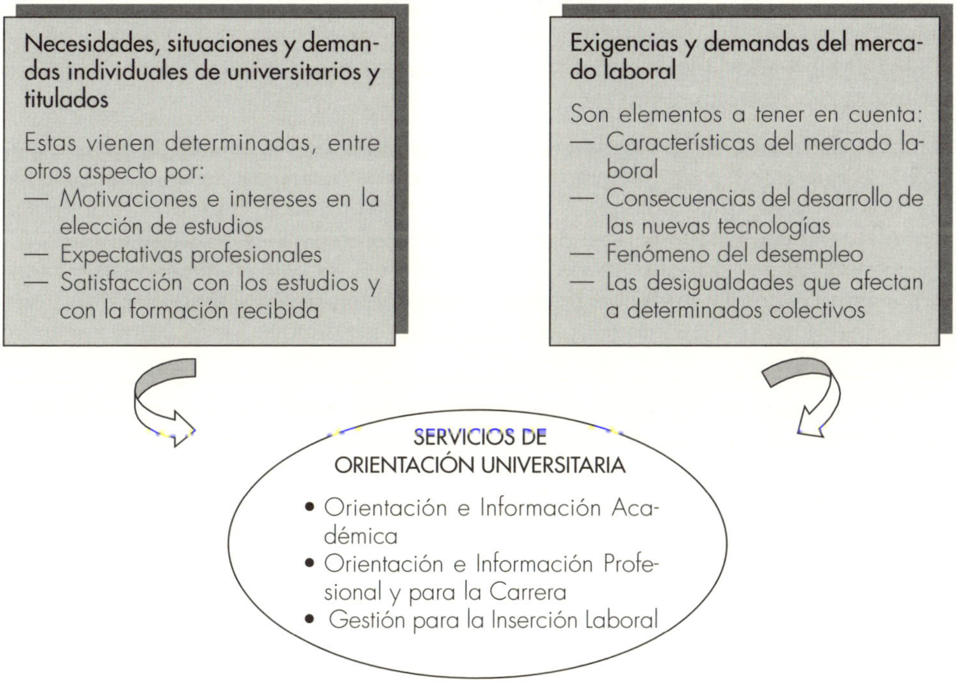

7.3.1. Elementos que influyen en las necesidades de orientación de los universitarios

Dependiendo de cada persona, las necesidades de orientación anteriormente citadas se ven influidas por una serie de circunstancias, algunas de las cuales son anteriores al inicio de los estudios superiores. Unos condicionantes tienen que ver con la personalidad, tales como los intereses, las motivaciones y las expectativas de futuro, mientras que otros se relacionan con el entorno y con las experiencias que va obteniendo el/la estudiante a lo largo de su proceso de formación; esto es, la interacción con el propio plan de estudios, con el profesorado o con otros aspectos contextuales de la universidad y del entorno social.

7.3.1.1. *Motivos e intereses que determinan la elección y la consecución de los estudios*

La *elección de estudios* se considera un momento clave y delicado, uno de esos «momentos críticos» que debería ser el resultado de un proceso de reflexión y no un hecho puntual. Los intereses académicos y profesionales se van conformando y definiendo mínimamente durante la educación secundaria, y a lo largo de dicho proceso, el alumno debe estar asistido y estimulado, experimentando situaciones que le ayuden a mejorar el conocimiento sobre sí mismo (en aspectos que determinan sus preferencias, como pueden ser, entre otros, los valores o el autoconcepto) y del mundo exterior (información académico-profesional, sobre salidas o sobre mercado laboral, entre otras).

Los enfoques y teorías de la elección vocacional, han aportado distintas explicaciones que pueden dar cuenta del desarrollo vocacional en su conjunto. Desde la teoría del azar, que habla de factores casuales o fortuitos; la teoría económica, según la cual la elección se rige por la ley de la oferta y la demanda; hasta las teorías psicológicas (enfoque de los rasgos y factores, el psicoanalítico o el evolutivo), centradas en el estudio de la personalidad como determinante del desarrollo vocacional; y teorías sociológicas, que destacan la influencia de la cultura y la sociedad.

Son muy abundantes los trabajos que se vienen publicando sobre las *motivaciones, expectativas y condicionantes de la elección universitaria*. Muchos de ellos analizan el tema de manera específica, ya sea a partir de poblaciones de universitarios o de alumnos que finalizan la educación secundaria (Hernández, 1987; Burnet, 1989; Latiesa, 1989; Rivas, 1995; Hernández y otros, 1993; García y Hernández, 1997); otros trabajos abordan también los motivos de elección aunque en el contexto de otras temáticas de estudio (Prieto, 1986; Díaz Allué, 1989; Rimada, 1990; Grao y otros, 1991; Zamorano y Oliveros, 1994; Rodríguez y Gutiérrez, 1997).

Para Burnet (1989), una *fuerte motivación individual* constituye, al principio de los estudios superiores, una ventaja considerable; pero aunque la elección es personal y es el individuo mismo quien elige y se compromete, influyen en ella otros elementos externos como pueden ser la familia, los profesores, el orientador, etc.

Señala como factores esenciales para el éxito en los estudios: una motivación fuerte, la capacidad para tomar decisiones y una estrategia personal para mantener «el buen rumbo».

Entre los motivos de elección que en los diferentes estudios se han identificado, el que aparece como más relevante, es el de los *intereses personales.* Después existe otra serie de *motivos,* unos de carácter *intrínseco* y otros más *extrínsecos,* así como otras *circunstancias en las que se produce la elección,* y que tienen que ver con los propios motivos, pudiendo además condicionar las propias necesidades de orientación.

Recogemos a continuación, de forma sintética, los motivos identificados más estudiados en distintas investigaciones, clasificándolos según su carácter intrínseco y extrínseco.

CUADRO 1. Motivos y condicionantes en la elección de estudios

DE CARÁCTER INTRÍNSECO O PERSONAL	DE CARÁCTER EXTRÍNSECO
Los intereses: En la mayor parte de las investigaciones, se consideran como el principal motivo en la elección de carrera. Éste abarca diferentes enunciados, denominaciones y aspectos. Algunos autores hablan directamente de intereses; otros de «la carrera que más les gusta», preferencias, satisfacción personal que esperan obtener (autorrealización), interés por los estudios en sí; valor formativo y humano de los estudios, el valor de servicio a la sociedad y el interés personal; elección por agrado o vocación.	*La búsqueda de salidas profesionales:* Este es quizá el motivo de carácter externo que más condiciona las elecciones; entre los motivos más señalados se encuentran la inserción profesional, las salidas profesionales y las posibilidades de empleo. El mercado de trabajo impone un proceso de ofertas y demandas de trabajo y de exigencias ocupacionales. Cada vez existe una mayor preocupación por conocer la predicción de cuáles son las profesiones más demandadas y las exigencias formativas que dichas ofertas requieren.
El género: El género sigue siendo un factor relevante en la inserción laboral en nuestro país. Si bien no hay diferencias numéricas en cuanto a la participación de la mujer en el sistema educativo, sí se producen diferencias en cuanto a los tipos de estudios que realizan desde el momento en que se presentan opciones de materias en la Educación Secundaria. Estas diferencias son más pronunciadas en los niveles universitarios, donde claramente las mujeres tienden a elegir determinados tipos de carreras, preferentemente de Humanidades y Ciencias Sociales, siendo muy baja su representación en carreras Técnicas e Ingenierías.	*El estatus* El estatus es generalmente entendido como sinónimo de posición en la estructura social que puede ser heredado o adquirido. También puede tener el significado de prestigio asignado a un individuo o grupo en función de su clase social. Es una dimensión de la estratificación social junto con el nivel de ingresos. En suma, el estatus puede venir definido por cualidades como la posición social, el prestigio y el nivel salarial. El sistema educativo es uno de los principales distribuidores de los estatus ocupacionales a través de sus mecanismos de selección y titulación. Aquellos estudiantes que provienen de clases populares aspiran, a tra-

(continúa)

(continuación)

DE CARÁCTER INTRÍNSECO O PERSONAL	DE CARÁCTER EXTRÍNSECO
En el ámbito laboral, la desigualdad no sólo está presente en las tasas de paro y en el número de puestos de trabajo ocupados, sino también en la calidad de los mismos a pesar de presentar un currículum que, frecuentemente, es superior al del hombre.	vés de la educación, a lograr una mejor posición social. Y por otro lado, personas que ya provienen de clases con estatus más elevado, consideran los estudios superiores como medio de consolidarlos o superarlos.
La autoconciencia sobre las propias capacidades: La conciencia o la creencia sobre las propias capacidades, el autoconocimiento, está a su vez íntimamente relacionada con los intereses. La experiencia y el rendimiento académico anterior, es a menudo el único indicador que posee el individuo para suponer o conocer cuáles son sus capacidades; por eso, la trayectoria académica anterior, la facilidad para determinadas asignaturas, el convencimiento de que unos estudios van bien a su propia forma de ser y capacidades, las propias capacidades, son enunciados manejados en las distintas investigaciones, que ponen de manifiesto, que éste es también uno de los motivos que explican la elección.	*La influencia del contexto socio-familiar* El individuo recibe una influencia de la cultura y de la sociedad en la que vive: la comunidad, la escuela, la familia. Son muy importantes las expectativas que sobre los alumnos aplican familiares, amigos y profesores, así como la propia tradición familiar. La familia ejerce su influencia en tanto que facilita las condiciones necesarias de tipo afectivo, actitudinal y económico; la escuela, por otro lado, a través de los profesores, aporta influencias fundamentalmente en relación a sus cualidades para determinados campos del conocimiento. Actualmente, también los medios de comunicación actúan como potentes variables de presión.

Otro factor extrínseco que no podemos olvidar es el conocido *numerus clausus*, que puede ocasionar una enorme distorsión en la elección, siendo causa de malestar e inadaptación y de un incremento de las tasas de abandonos y de reorientación de los estudios.

Parece obvio que una elección de estudios realizada de forma precipitada o subjetiva, puede tener consecuencias negativas para el universitario, ocasionando la consiguiente pérdida de tiempo, esfuerzo y dinero; y puede ser causa de abandono de estudios, o incluso, de alteración de la propia autoestima. Con frecuencia, el alumno se ve obligado a reorientar su estudios (cambiar de carrera universitaria) y en ese proceso, el apoyo de los servicios de orientación de la Universidad puede ser determinante y favorecedor de una decisión satisfactoria.

7.3.1.2. *Expectativas profesionales y definición del proyecto profesional*

Las expectativas de futuro son un condicionante que también afecta al rendimiento académico, ya que constituyen un motor para seguir adelante en los estudios (Mingat, 1981; Nicholson, 1990). Entendemos que la relación que las expectativas pueden tener con las necesidades de orientación está ligada al grado en que el alumno o titulado tiene definido su proyecto profesional (plan de carrera). Si el proyecto no está definido, si la persona no tiene claro qué hacer con su vida profesional cuando finalice sus estudios, estaremos automáticamente ante una mayor necesidad de orientación, no sólo en el ámbito profesional, sino también en el académico, por cuanto ambas facetas interactúan entre sí. Sin embargo, creemos también que, aunque el proyecto esté mínimamente claro y definido, la orientación puede jugar un papel importante en la planificación de estrategias para su desarrollo efectivo.

Si bien las motivaciones tienen gran importancia para la elección de estudios, hay que tener en cuenta que los motivos no son algo estático, sino que cambian, evolucionan y seguirán jugando un importante papel a lo largo de la vida académica y profesional. Las metas a medio y largo plazo, y el mayor o menor convencimiento de la persona en cuanto a si realmente es capaz de alcanzarlas (expectativas de logro) constituyen una de las razones más poderosas que mueven a realizar algo. Por eso es tan necesario saber a dónde se quiere llegar realizando unos determinados estudios, que beneficios se van a obtener de ellos, a qué metas van a conducir y qué intereses van a satisfacer (Sebastián, Ballesteros y Sánchez, 1997).

GRÁFICO 3. Grado de definición del proyecto profesional

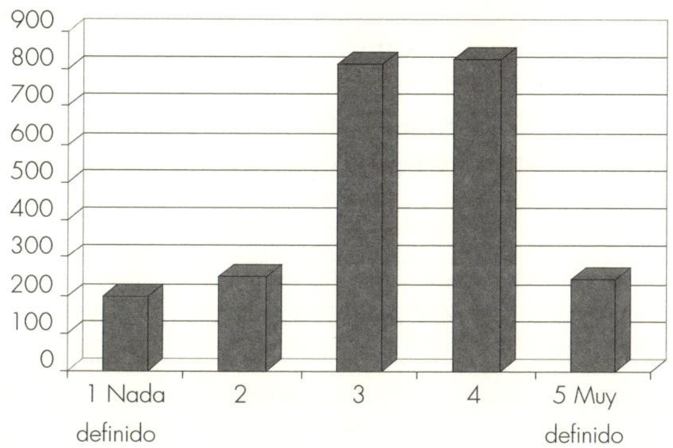

Sugiere Castaño (1983: 145) que la *motivación de logro vocacional es función del motivo del rendimiento, de la esperanza de éxito y del valor del incentivo* y que su génesis hay que buscarla en la teoría del aprendizaje social, en su relación con la conducta vocacional. Bandura (1977) distingue entre *expectativas de logro* (desear un determinado resultado o situación) y *expectativas de eficacia personal* (cantidad de esfuerzo que el sujeto invierte y tenacidad con que mantiene una conducta a pesar de las dificultades o circunstancias adversas). En la motivación de logro y en la formulación del proyecto profesional, según Rivas (1995), interviene un cúmulo de variables sociales y variables de personalidad, como la introversión o la autoestima.

El ajuste entre la construcción de un proyecto profesional viable y realista y las expectativas de logro, es algo que debe ser adquirido por la persona y que puede

GRÁFICO 4. Expectativas de logro. ¿Crees que realmente podrás alcanzarlo?

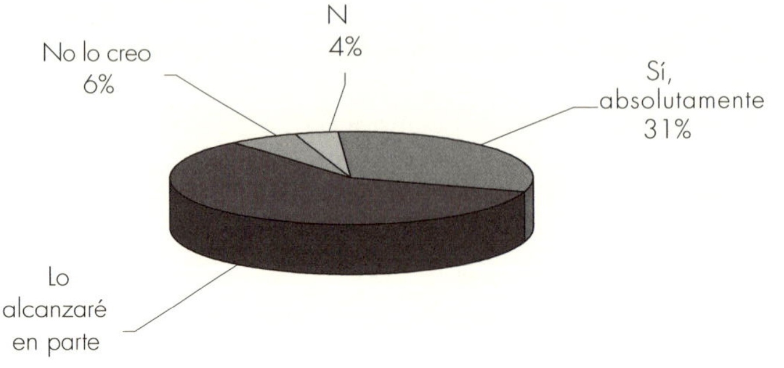

ser facilitado por el propio proceso educativo en la universidad, mediante líneas de acción orientadoras integradas en dicho proceso.

En nuestro estudio llevado a cabo entre los universitarios, se aprecia que las *bajas expectativas de logro* determinan mayores necesidades de orientación en todas sus modalidades, mientras que la *falta de definición del proyecto profesional* se acompaña de mayores *necesidades de orientación personal* y de *orientación para la carrera.*

En los gráficos 3 y 4, podemos observar la distribución de respuestas de los universitarios al ser interrogados sobre el grado en que tienen definido su proyecto profesional y si creen que lograrán hacerlo en realidad. Sobre esto último, el 31% muestra un marcado optimismo, el 6% manifiesta un claro escepticismo, mientras que el 4% prefirió no contestar. Frente a ello, la mayoría (59%) expresa cierta prudencia al respecto.

7.3.1.3. *La satisfacción con los estudios y con el aprendizaje recibido*

La investigación presta también una considerable atención a los aspectos socioemocionales, a la interacción social, la motivación, el interés y, sobre todo, a los conflictos que una percepción desajustada sobre la realidad universitaria, por parte del estudiante, puede generar en relación con las actitudes positivas o negativas hacia los estudios y, más tarde, hacia la vida profesional (Díaz Allué, 1989).

Una vez iniciados los estudios, si la experiencia es positiva, se producirá un grado más o menos alto de satisfacción. Esta satisfacción con los estudios, así como la actuación que cada uno lleva a cabo y el contexto que rodea esta actuación, constituyen unos elementos motivadores para proseguir satisfactoriamente esos estudios.

Los factores de satisfacción/insatisfacción pueden darse en muy diversos grados y en diferentes aspectos. Aunque todos ellos están interrelacionados, los hemos clasificado en dos grandes bloques, uno que reúne los factores que podríamos considerar *de tipo personal* y otro que incluye aquellos más *relacionados con el propio sistema educativo* de la Universidad.

a) *Factores personales*
El abandono o cambio de carrera
El rendimiento previo y las calificaciones
La orientación previa recibida, antes de iniciar los estudios

b) *Factores relacionados con el sistema educativo*
El plan de estudios y la calidad de su desarrollo
El profesorado, su competencia docente y la metodología que emplea
Otros aspectos contextuales: masificación, instalaciones y equipamientos, horarios, etc.

En nuestro análisis (Sánchez, 1999), los resultados referidos al *grado de satisfacción con los estudios* y a las *expectativas de futuro*, sugieren que los alumnos y alumnas que declaran mayor frecuencia de *calificaciones insuficientes* manifiestan a su vez mayor necesidad de *información académica general*, aunque no de *orientación* e *información académica específica*, como se mantenía en la hipótesis de investigación.

GRÁFICO 5. Presencia de cambio de carrera universitaria

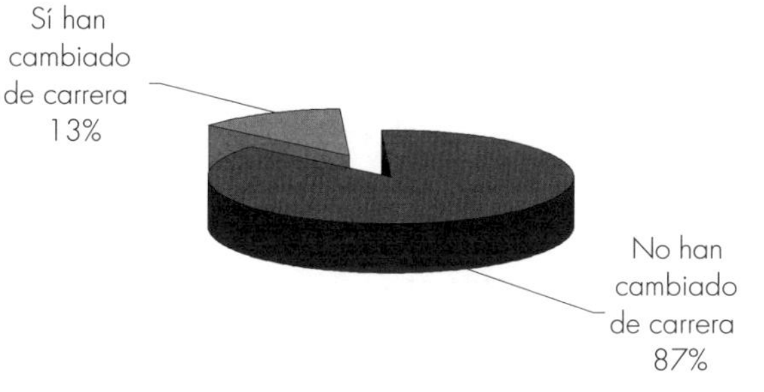

Por otro lado, el hecho de *haber cambiado alguna vez de carrera* no parece implicar mayores *necesidades de orientación*, excepto en la modalidad de *información académica general* en que sí se confirma. Se observa además una influencia del grado de *satisfacción (con los resultados de los estudios y con la enseñanza recibida)* sobre las *necesidades de información académica general* y de *orientación para la carrera*.

Por último, otros resultados obtenidos encuentran una clara relación entre los diversos *tipos de problemas encontrados durante los estudios* y las *necesidades de orientación*, de modo que, aquellos que manifiestan encontrar mayor grado de problema, encuentran también mayor grado de necesidad, para todas las modalidades.

7.3.2. Las exigencias del mercado laboral

En la economía global, su funcionamiento se relaciona mucho más con la ciencia y la alta tecnología, y cada vez se necesitan menos trabajadores en las actividades tradicionales. La vieja economía basada en las materias primas y el trabajo estable y firmemente organizado cede el lugar preferente a una economía que se apoya en el conocimiento, la comunicación y la información.

La sociedad industrial ha estado basada en una organización del trabajo productivo estandarizado en todas sus dimensiones, desde el contrato de trabajo, al lugar y al tiempo de trabajo. Existía una regulación normal del trabajo fijo realizado en un lugar concreto, con una duración determinada del tiempo y la jornada. Ahora cada vez se van haciendo más borrosas y confusas las fronteras de esos elementos; por ejemplo, en la separación entre actividad y desocupación, entre trabajo fijo y no fijo en una institución y en la localización física de la actividad. Esto facilita la dispersión de la presencia personal, siendo cada vez más frecuente el trabajo electrónico a domicilio y la flexibilización de los horarios y del tiempo de trabajo. Por otro lado, es frecuente que se compatibilice el trabajo con tiempos de formación y con otros trabajos o actividades, siendo cada vez mayor la participación de las personas en organizaciones sociales no lucrativas (asociaciones y grupos de ocio, ONGs, etc.).

En cualquier caso, lo que sí parece claro es que el futuro pasa por una educación y una formación para una sociedad de abundancia de tiempo libre, y de trabajo más escaso y mucho más cualificado; y ligada a la actividad formativa, la *orientación* en sus distintas modalidades tiende a ocupar un papel cada vez más reconocido.

7.3.2.1. *La globalización de la economía y el impacto de las nuevas tecnologías*

El actual mercado de trabajo está determinado por la dinámica de la economía y de los sistemas de producción que, como es sabido, rebasan el ámbito nacional, como consecuencia de la llamada *globalización*. También viene determinado por las políticas relativas al empleo, que se han concretado en medidas legislativas (regulación laboral) y en la puesta en marcha de programas de actuación para combatir el desempleo. Los rasgos que definen el mercado de trabajo son abundantes, complejos e interrelacionados entre sí.

El acelerado ritmo de mundialización en los procesos de producción y de progreso tecnológico suscita problemas comunes a muchos los países. No cabe duda de que las nuevas tecnologías determinan una importante reducción de los costos de producción y la aceleración de la comunicación, contribuyendo así a mundializar la producción y a unificar los mercados financieros. Pero a su vez, la competencia cada vez más recrudecida y la confluencia de la integración económica mundial con los adelantos técnicos pueden provocar inestabilidad y dificultades en lo relativo a mantener la empleabilidad de la población activa.

Esta globalización de los mercados internacionales en estrecha relación con el desarrollo de las tecnologías de la información y la comunicación (TIC) está imponiendo un nuevo enfoque del mercado laboral en el que, además de un marco regulador flexible, se ha hecho necesario avanzar en la modificación de conceptos y culturas. Por ello, se presenta como imprescindible un esfuerzo formativo de toda la sociedad en su conjunto y de cada uno de los actores en particular (lo que también incluye a quienes dirigen las empresas).

La demanda de personal cualificado y la modificación de la organización del trabajo son, pues, dos de las primeras consecuencias de los cambios en los procesos de producción y del desarrollo de las nuevas TIC.

De este modo, el nivel y la calidad de los trabajadores calificados de un país se convierten en factores decisivos para aprovechar las oportunidades y para reducir al mínimo los costos sociales que traen consigo la rápida transformación tecnológica y la transición a economías más abiertas. Esto se relaciona directamente con el incremento de la demanda de formación profesional en sus diversas modalidades.

7.3.2.2. *El mercado de trabajo actual*

En las últimas décadas del siglo XX y especialmente en la de los noventa, se ha ido haciendo evidente que el mundo de trabajo está en plena ebullición y cambio. Algunas características del mercado de trabajo se han ido modificando dependiendo de la coyuntura económica, como es el caso de las oscilaciones del desempleo y de otros indicadores. Mientras, otros rasgos han seguido evoluciones ascendentes, como sucede con todos aquellos que se derivan del desarrollo de las nuevas tecnologías de la información y la comunicación.

Desde un punto de vista progresivo, se observan con optimismo ciertas innovaciones. Para muchos países del mundo desarrollado, los últimos años han sido una etapa de crecimiento rápido, de creación de riqueza. Muchas empresas están actualmente en vías de cambio y algunas de ellas, especialmente en el sector de las telecomunicaciones, han experimentado el éxito. Las diferencias que se observan entre las empresas parece que se derivan tanto de las personas que realizan el trabajo como del concepto de trabajo que subyace en sus estructuras productivas.

Lo que también parece cierto es que el éxito de las organizaciones futuras, en lo referente a sus recursos humanos, se deberá a la gran importancia concedida a los comportamientos individuales y a su adaptación a cualquier situación. Dependerá de su capacidad para identificar y liberar el potencial de las personas (Dalziel, 1996). Así por ejemplo, actualmente en muchas empresas europeas existen programas bien estructurados para desarrollar el potencial de las personas, mediante los cuales los directivos definen claramente los objetivos de resultados de sus colaboraciones para llegar a los resultados deseados (esto se sitúa también, dentro de lo que se ha dado en llamar *evaluación del desempeño profesional*).

En un plano más regresivo hay que señalar la persistencia de fenómenos como el desempleo, producto de las situaciones de ruptura y crisis y de los desfases entre la oferta y la demanda de profesionales cualificados, con las consecuencias sociales y personales que representan. El desarrollo de las nuevas tecnologías ha resultado ser un arma de doble filo. Si por un lado está contribuyendo de manera determinante a la activación productiva, por otro está generando una modificación de los perfiles profesionales en muchos ámbitos laborales, con nuevas exigencias de cualificación, de formación y de competencias profesionales.

Las políticas de empleo han sido imprescindibles para propiciar estos procesos de adaptación, a través de importantes actuaciones en materia de formación técnico-profesional tanto inicial como continua. En el ámbito legislativo, las actuaciones han ido encaminadas a *flexibilizar* el mercado laboral, lo que se ha materializado en el regulación de nuevas formas de contratación laboral y en favorecer la entrada de las llamadas *empresas de trabajo temporal* (ETTs). Lamentablemente, para muchos grupos de personas, esto se ha traducido en una temporalización y precarización en el empleo (el doble filo de la desregularización).

La universidad, en este contexto, está tomando conciencia sobre la necesidad de adaptar sus estructuras y sus nuevos planes de estudio, a las exigencias, amplias y cambiantes, del actual mercado laboral, no sólo en la preparación científica y profesional, sino también en aquellas habilidades que debe adquirir la persona para desenvolverse óptimamente en ese cambiante mundo profesional y laboral.

7.3.2.3. *El fenómeno del desempleo*

TABLA 1. Tasa de paro en los países de la Unión Europea

	1997	*1998*		*1997*	*1998*
Alemania	0,0	0,8	Irlanda	10,2	—
Austria	5,1	5,5	Italia	12,4	12,4
Bélgica	9,0	9,3	Luxemburgo	2,5	2,8
Dinamarca	5,4	6,0	Países Bajos	5,5	4,4
España	20,9	18,9	Portugal	6,6	4,7
Finlandia	10,2	—	Reino Unido	7,1	6,2
Grecia	9,0	10,8	Suecia	10,4	8,9
			UE-15	**10,8**	**10,2**

Si bien el derecho al trabajo está reconocido por la Constitución española y es uno de los aspectos a los que presta más atención el Tratado de la Unión Europea, lamentablemente, el desempleo sigue siendo año tras año el problema que más preocupa a la sociedad española según las sucesivas encuestas (Centro de Investigaciones Sociológicas, 1996).

En España, el desempleo es especialmente grave entre la población más joven, y también es persistente entre los titulados superiores. Si comparamos las tasas de desempleo españolas en el ámbito universitario con las del *conjunto de países de nuestro entorno comunitario*, las diferencias son ostensibles.

Sin embargo, como puede apreciarse en la tabla 2, las tasas de desempleo son más bajas entre aquellos que poseen estudios universitarios superiores, que entre aquellas personas que tienen más bajo nivel de estudios; estos datos hacen que las expectativas laborales se perciban como mejores en estos niveles educativos, y es algo que puede explicar de alguna manera la alta demanda de estudios universitarios.

Un hecho también observable es cómo la mujer se encuentra claramente desfavorecida con relación al empleo, lo que se repite año tras año en todos los niveles educativos.

TABLA 2. Paro registrado, según sexo, por nivel de estudio

	MEDIA ANUAL					
	Ambos Sexos		Varones		Mujeres	
	1999	*2000*	*1999*	*2000*	*1999*	*2000*
TOTAL	1.651,6	1.557,5	682,2	615,9	969,4	941,6
Sin estudios	9,9	7,1	6,0	4,0	4,0	3,1
Estudios primarios sin certificado	104,8	91,7	62,5	52,7	42,3	39,0
Certificado escolaridad	485,4	455,3	251,8	228,8	233,6	226,6
E.G.B. y asimilados	571,4	537,3	214,7	194,1	356,7	343,2
B.U.P. y asimilados	170,8	168,4	60,1	57,4	110,7	110,9
Formación Profesional y asimilados	139,9	128,4	40,3	34,7	99,6	93,7
Titulación Grado medio	77,1	76,7	18,8	17,4	58,2	59,3
Titulación Grado superior	92,3	92,6	28,1	26,8	64,2	65,7

FUENTE: MLR. Movimiento Laboral Registrado, INEM, Ministerio de Trabajo y Asuntos Sociales (2001)

La presión social del mercado de trabajo ha hecho que la Universidad española acoja un buen número de universitarios que quizá en otras circunstancias, estarían en el mercado de trabajo y que, ante la falta de salidas profesionales, amplían y diversifican su formación con la esperanza de poder competir mejor en el mercado laboral. Esta situación está ligada directamente al desarrollo económico que ha sufrido el país durante los últimos veinte años.

Los esfuerzos realizados por los Estados miembros en materia de educación y formación son, así mismo, complementados e impulsados por acciones llevadas a cabo por la Comunidad Europea, potenciando la cooperación activa entre las instituciones y los individuos de sus Estados. En materia de educación, las acciones se refieren al desarrollo de una enseñanza de calidad para todos y de una Europa multicultural, en la que la dimensión europea en la enseñanza y la formación del personal docente contribuyan a desarrollar en los jóvenes el sentimiento de ser europeo. Se quiere construir una Europa en la que se facilite la movilidad de jóvenes, profesores y estudiantes y donde el plurilingüismo se convierta en instrumento de diálogo e intercambio.

En este marco socioeconómico, la Universidad española tiene que dar una doble respuesta a los problemas de desempleo universitario y de adaptación al cambiante mundo sociolaboral: a través de unos planes de estudio actualizados y de una educación integral en la que evidentemente ocuparía un lugar relevante la orientación.

Si la sociedad ha invertido mucho dinero en la formación de un universitario y finalmente, por una falta de orientación, no se materializa esa inversión en el ejercicio profesional (abandono, fracaso académico, niveles profesionales muy por debajo de la cualificación académico-profesional), estamos ante una sociedad que gasta una buena parte de su presupuesto sin obtener nada a cambio: por el simple hecho de no terminar, o incluso, por no haber iniciado o culminado adecuadamente el proceso de formación. En cambio, los éxitos de inserción profesional que se producen a través de un proceso de orientación repercuten primeramente en el individuo de forma directa y clara, pero después en la sociedad que recupera, para su beneficio, una buena parte de la inversión en educación.

Para finalizar este apartado, sólo destacar algunas conclusiones del informe de la OCDE, *Perspectivas del Empleo 1998,* relativas a la transición de la educación al mercado de trabajo:

Los países que tienen sólidos sistemas de aprendizaje, las probabilidades de encontrar empleo son significativamente mayores y las probabilidades de estar en paro son significativamente menores.

Los que salen del sistema educativo con el nivel de estudios más bajo se encuentran en desventaja frente a los que tienen nivel de estudios más alto.

No es cierto el tópico de la que la universidad es una fábrica de parados, aunque en el caso de algunas titulaciones puede haberse dado una saturación que el mercado no puede absorber.

7.3.2.4. *La situación sociolaboral de los universitarios*

La situación sociolaboral de la muestra de universitarios de nuestro estudio (Sánchez, 1999), nos indica que la mayor parte se dedica *sólo al estudio.* Pero un número considerable de los encuestados, o bien simultanea los estudios con algún trabajo, o bien aspira a hacerlo así (ver gráfico 6).

GRÁFICO 6. Distribución de los universitarios encuestados según actividad

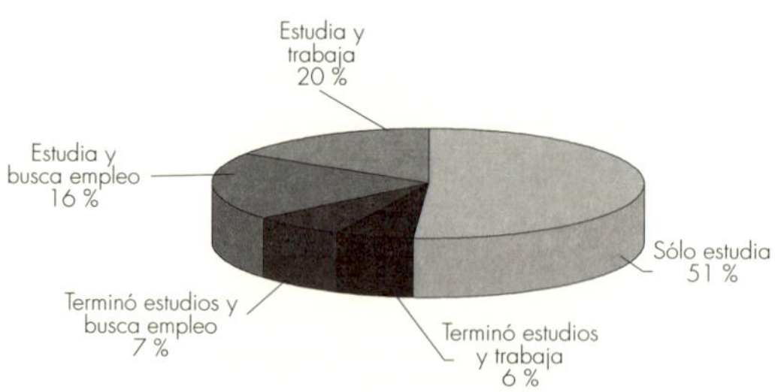

Entre los recién titulados, aproximadamente la mitad busca empleo, y la otra mitad ya trabaja, lo que no quiere decir que lo hagan en un puesto acorde con su formación.

Aquellos estudiantes y recién titulados que sí trabajan representan el 25,7% de la muestra total de 2.489 sujetos. La gran mayoría lo hace con carácter temporal (64%), mientras que el 36% lo hace con carácter fijo. Según los resultados del mismo estudio, estas dos circunstancias (actividad y carácter fijo/temporal en caso de trabajar), inciden de manera significativa en las necesidades, tanto en la dimensión profesional, como en los aspectos de orientación académica específica. La extensión de la necesidad significativa en esta última dimensión, probablemente sea debida a que la falta de resolución de la situación profesional-laboral, obliga a llevar a cabo una actividad formativa ajustada a cada circunstancia, para lo que a menudo se requiere orientación específica.

7.4. LOS SERVICIOS DE ORIENTACIÓN EN LAS UNIVERSIDADES: EVOLUCIÓN, ALCANCE Y LÍNEAS DE ACTUACIÓN

En el contexto anteriormente descrito de necesidades crecientes de los universitarios y de las extensas y cambiantes demandas del mundo laboral, es donde tiene lugar la tarea de los servicios de orientación universitaria.

Frente a la complejidad de necesidades de orientación constatadas en los diversos estudios (Hernández Fernández, 1989; Díaz Allué, 1989; Pérez Juste, De Lara y Sebastián, 1990; De la Torre, 1991; Lobato y Muñoz, 1994; Castellano, 1995; Sebastián, Ballesteros y Sánchez, 1996; Ausín y otros, 1997; Sánchez, 1999), la experiencia de funcionamiento de estos centros a lo largo de los últimos años, arroja una actuación muy variable de unos a otros en cuanto a la novedad de las formas y técnicas de actuación, a la eficacia de la gestión de los servicios y al nivel de integración de sus acciones en las estructuras de las universidades. Pero en cualquier caso, también es destacable su creciente desarrollo, como herramienta útil para proporcionar un nexo de unión entre los últimos años de carrera y el primer empleo; además, como sensible receptor que trata de dar respuesta a toda una serie de necesidades de orientación y de información, tales como el desarrollo de habilidades para el trabajo intelectual, de habilidades para la empleabilidad o para la toma de decisiones académicas y vocacionales.

7.4.1. Surgimiento y desarrollo de los servicios de orientación universitaria en España

En España, desde hace ya varias décadas, se venía reclamando el establecimiento de servicios de orientación profesional dentro de las instituciones universitarias. Pero hubo de esperarse hasta finales de los años 70 para asistir a las primeras experiencias en este sentido, hasta la actualidad, en que prácticamente todas las Universidades públicas cuentan ya con servicios de esta naturaleza.

Fue a partir de la Ley General de Educación de 1970 cuando por primera vez, en la legislación, se menciona la orientación en la Universidad (Alvarez, 1995). Concretamente los artículos 32, 37 y 127.2 hacían referencia explícita al régimen de tutorías, a la prestación de Servicios de Orientación Profesional. En 1972 se establecieron, además, los servicios de orientación en todos los centros que impartían el COU [1], pero éstos no llegaron a ponerse en funcionamiento de forma generalizada, quedándose en algo experimental y sin una continuidad posterior.

Como consecuencia de la reforma educativa de 1990 (LOGSE), y tras largos años de experiencia limitada a servicios externos de carácter más bien remedial [2], estamos asistiendo en la actualidad al desarrollo generalizado de los mecanismos de orientación, tanto en los centros de educación primaria como en los de secundaria, y comienza a resultar *normal* en el vocabulario de la sociedad, hablar del *orientador* o del *departamento de orientación*. En cuanto a la figura *del profesor tutor*, aunque existía ya desde la reforma de 1970, es ahora cuando está comenzando a asumir funciones orientadoras, frente a las meramente coordinadoras y administrativas que desempeñaba anteriormente.

Esta evolución, sin embargo, no ha tenido el mismo empuje, en el nivel universitario, y los servicios de orientación no comienzan a extenderse entre las universidades hasta la década de los 80; pero aún en la actualidad, cuando su presencia está consolidada y generalizada, continúa sin una presencia o mención explícita en la legislación universitaria, al contrario de lo que sucede en los niveles primario y secundario.

En nuestro entorno europeo, se vienen desarrollando desde hace años, múltiples experiencias de orientación universitaria. Si bien cada vez más se concibe la orientación como *proceso continuo* que debiera prolongarse hasta la vida adulta y profesional, en la mayor parte de los países no se ha contemplado como parte integrante del proceso educativo, sino que la orientación aparece como una función complementaria y en pocos casos se inserta en los programas de estudio (Watts, Dartois y Plant, 1988; Rodríguez Espinar, 1990; Burnet, Van Der Mersch-Michaud y Fonck, 1991; Watts y cols., 1994; Álvarez, 1995; Ballesteros, 1996; Malik, 1997; Van Esbroeck, 1997; Watts y Van Esbroeck, 1998). Esta misma tendencia es la que caracteriza la orientación universitaria en nuestro país, encontrándose los servicios de orientación, en general, bastante desconectados de los planteamientos docentes, a no ser en los casos en que existe *sistema tutorial*. No obstante, en el contexto europeo y en el resto de los países industrializados, se produce, cada vez más, una tendencia a la especialización en la atención a grupos diversos (personas con discapacidad, pertenecientes a minorías culturales, etc.) que contribuya a la reducción de desigualdades (Broonen y Wahlström, 2000; Deslile-Laberge, 2000), así como a la actuación de carácter preventivo frente a la de tipo remedial (Watts y Van Esbroeck, 1998).

En el surgimiento de los primeros *Centros de Orientación e Información de Empleo* (COIE) hubo un hecho que vino a ser determinante: fue la creación en di-

[1] Orden de 31 de julio de 1972; Orden 22 de marzo de 1975.

[2] Nos referimos a los Servicios Provinciales de Orientación Escolar y Vocacional (SOEV), creados en 1977, que atendían a los alumnos que presentaban algún tipo de dificultad en su adaptación escolar, y que son el antecedente de los actuales Equipos de Orientación Educativa y Psicopedagógica (EOEP); también a los Equipos Multiprofesionales, creados en 1982, destinados al diagnóstico y al seguimiento de los alumnos con discapacidad.

ciembre de 1973 de la *Fundación Universidad-Empresa*, por iniciativa de la Cámara Oficial de Comercio e Industria de Madrid, en colaboración con cuatro Universidades madrileñas: Complutense, Autónoma, Politécnica y UNED (Benavent, 1991). El propósito de esta fundación era crear un espacio de acercamiento entre la Universidad y la empresa, fortalecer sus relaciones y facilitar el logro de proyectos compartidos. Los objetivos relacionados con el empleo de los universitarios fueron adquiriendo una importancia creciente, ante la alarmante cifra de desempleo de los universitarios, así como por la inexistencia de cauces que sirvieran para canalizar ofertas de trabajo para recién titulados.

Por iniciativa de la Fundación Universidad-Empresa, se comenzó el proceso de implantación de los llamados COIE a partir de un estudio sobre los *Placement Office* de las principales Universidades norteamericanas. A tal fin se firmó un acuerdo de colaboración con la Universidad de Indiana para permitir que dos profesores se trasladaran a Estados Unidos en 1974 y se documentaran sobre el funcionamiento de estas Oficinas (Sáenz de Miera, 1983). Como resultado, estos profesionales elaboraron una memoria-proyecto de COIE que sirvió de documento base para poner en marcha en 1975, con carácter piloto, el primer *Centro de Orientación e Información de Empleo* en la Universidad Politécnica de Madrid. En 1976 abren también los COIE de las Universidades Autónoma y Complutense de Madrid.

Será a partir de este momento cuando los centros comiencen a divulgarse y a extenderse a otras Universidades españolas. En los años siguientes les seguirían las Universidades de Alcalá de Henares, Murcia, Córdoba, Sevilla, Granada, Málaga y Politécnica de Valencia, existiendo en 1982, diez de estos centros. Los primeros COIE fueron producto de unos *Convenios de Colaboración* suscritos entre el INEM y los Rectores de las Universidades. El primero de ellos se firmó el 15 de julio de 1977, entre el Servicio de Empleo y Acción - Promoción Profesional Obrera (actual INEM) y las Universidades Complutense, Autónoma y Politécnica. Este sirvió de marco de referencia para convenios posteriores con otras Universidades, con una vigencia de dos años.

Así pues, los COIE nacen integrados en la estructura universitaria (Rodríguez Docavo, 1990), con el objetivo de servir de puente entre el licenciado y el mundo profesional, es decir, surgen con una vocación de orientar fundamentalmente en el campo profesional y laboral, con el fin de paliar el desajuste entre la formación universitaria recibida y las exigencias del mundo del trabajo.

Alonso Rivas y López Quero definían en 1983 el Centro de Orientación e Información de Empleo (COIE) como *un departamento especializado de la Universidad, cuya misión consiste en orientar, informar, prospeccionar y ayudar a los graduados universitarios, de primer empleo, a conseguir su inserción en el mundo del trabajo posibilitando el ejercicio de los conocimientos y educación recibidos acorde con las capacidades y preferencias personales.* Por tanto estaba dirigido a un colectivo muy específico, los graduados universitarios de primer empleo y tenía una finalidad igualmente concreta: conseguir su inserción laboral.

Los mismos autores recogían las funciones básicas de los primeros COIE:

— Orientar individualmente sobre becas, oposiciones, cursos de especialización y sobre búsqueda de empleo.

— Informar sobre características de los distintos puestos de trabajo, empresas y organismos relacionados con su titulación, mediante conferencias informativas y coloquios entre la Universidad y la Empresa.

— Prospeccionar a través de visitas a empresas para promocionar los servicios del COIE, establecer relaciones y recoger datos relativos a la demanda de preparación profesional.

— Colocar, actuando como Oficina Delegada del INEM.

Como balance de los primeros años de funcionamiento de estos COIE, puede decirse que:

La actuación ha sido muy heterogénea de unos COIE a otros, en lo que se refiere a formas y técnicas de actuación.

También ha sido dispar la eficacia de gestión de los servicios y el nivel de integración de sus acciones en las estructuras, tanto de las Universidades como del INEM.

Esta heterogeneidad se ha dado no solamente entre distintos COIE, sino también dentro de los mismos, presentando altibajos y variaciones en su actuación.

Hubo una escasa integración de las acciones de los COIE en las estructuras de las Universidades como del INEM, así como una falta de normativa específica suficiente.

También se produjo un monopolio de la gestión de la colocación por parte del INEM (debido a la normativa legal en materia de empleo).

Consideraba Guerreiro (1991) que los Convenios entre la Universidades y el INEM eran insuficientes. Así, por ejemplo, la Universidad Complutense, en 1989 acordó con el INEM dejar de lado la gestión directa de la colocación para centrarse en aspectos de documentación e información profesional, reintegrándose en el INEM su personal con destino en el COIE. Según este autor, dicha experiencia fue satisfactoria, aunque habría merecido una evaluación más profunda.

En lo que se refiere al marco legal universitario, en la *Ley Orgánica de Reforma Universitaria* promulgada el 25 de agosto de 1983 (Ley 11/1983) se habla en su preámbulo del reto del desarrollo científico y técnico que supone para la Universidad el ingreso en la dinámica europea. La LRU trata de favorecer el que la Universidad sea un *auténtico servicio público referido a los intereses generales de toda la comunidad nacional y de sus respectivas Comunidades Autónomas*. En el Artículo 1.b) se determina como función de la Universidad: *La preparación para el ejercicio de actividades profesionales que exijan la aplicación de conocimientos y métodos científicos* de los estudiantes. Sin embargo, la ley no hacía ninguna referencia explícita a la función orientadora ni a los servicios de orientación [3].

[3] En el momento de redactar estas líneas, se inicia en el Parlamento español el debate sobre el anteproyecto de ley aprobado por el Gobierno, en sustitución de la LRU, que tan sólo cita la orientación en el apartado de derechos y deberes de los estudiantes, pero que no establece recomendaciones ni mecanismos comunes de orientación para las universidades.

En definitiva los servicios de orientación, en esa primera etapa, se han caracterizado por concentrar sus funciones en la inserción laboral, siendo atendidos por técnicos de empleo; no abordaban la orientación académica y personal y menos aún la orientación para la carrera profesional, desarrollándose como una actividad al margen de lo académico.

Tras el nacimiento de estos primeros servicios de orientación, se abrió una cierta expectación en torno a las posibilidades de estos servicios y surgieron distintas propuestas para estructurar servicios concretos de distintas universidades (Rodríguez Moreno y De la Torre, 1989; Echeverría y Rodríguez Espinar, 1989; Pérez Juste, Sebastián y De Lara, 1990; Repetto y Anaya, 1992), algunos de los cuales eran bastante ambiciosos, aunque en pocos casos pudieron ser llevados a la práctica. La figura del *orientador*, sin embargo, no era todavía objeto de debate y preocupación en los servicios y sistemas de orientación que estaban naciendo, y menos aún su cualificación profesional. Lo cual, en cierto modo, es comprensible, dado que estos modelos surgieron en un momento en el que lo importante era lograr crear, consolidar y legitimar servicios de orientación en cada Universidad, y cuyo propósito y utilidad eran, cuando menos, poco conocidos.

7.4.2. Los Servicios de Orientación Universitaria en la actualidad: Estudios, tendencias y problemática

En los últimos años, los servicios de orientación de las Universidades han experimentado una gran expansión, pues en la actualidad ya existen en casi todas las Universidades españolas. Tras esos primeros años de andadura, las transformaciones sufridas afectan tanto a su naturaleza institucional, como a sus objetivos, sus actividades y sus estrategias. Estos servicios siguen teniendo un importante componente que se relaciona directamente con el empleo, pero no tienen ya dependencia administrativa con el INEM, sino únicamente de cada Universidad. Ahora tienden a desarrollar, no tanto acciones de colocación directa, como otras dirigidas a la inserción, información y orientación profesional que permitan un futuro acceso al empleo.

En el programa informático denominado *Programa de Información al Universitario* (Círculo de Progreso, 1997), se define el COIE como *un servicio especializado dentro de cada Universidad, cuya misión fundamental es ayudar y aconsejar a los graduados universitarios a la hora de buscar empleo. Asimismo el COIE es una interfase donde universitarios y empresas pueden estudiar formas de colaboración en temas referidos fundamentalmente a los problemas de empleo,* y añade que *los COIE no son oficinas de colaboración, sino centros orientadores y coordinadores entre la Universidad y la Empresa en materia de empleo.* Esta definición sigue otorgando a los servicios de orientación, una función fundamentalmente dirigida al empleo, pero asume un componente de orientación y ayuda, que puede ser indirecta, y que va más allá de un simple servicio administrativo de colocación. Remarca además, su papel de relación con el mundo empresarial y con la propia Universidad.

7.4.2.1. *Antigüedad y denominación*

El servicio con año de creación más antiguo data de 1975, caso de la Universidad Politécnica de Madrid, siendo los más recientes los de las Universidades privadas, todos ellos posteriores a 1991, contando por ello con menor tradición en este ámbito.

La mayor parte de los servicios estudiados de carácter público responden a las siglas *COIE*, aunque éstas no indican exactamente la misma denominación: la más antigua, *Centro de Orientación e Información de Empleo*, pone de manifiesto su objetivo centrado en el empleo, mientras que la otra denominación, *Centro de Orientación, Información y Empleo*, equipara la finalidad de información y orientación con la del empleo. Sin embargo, otros servicios surgidos, también con las siglas COIE, significan Centro de Orientación e Información al Estudiante. En la actualidad existen además de las anteriores, otras muchas denominaciones que tratan de expresar con mayor o menor concreción de los fines del servicio (ver Anexo I).

Los servicios de orientación privados, tienden a estar disgregados en varios servicios dentro de la Universidad, con diferentes denominaciones y especializaciones.

7.4.2.2. *Objetivos y modelo de actuación*

El objetivo central que persiguen estos servicios es la *inserción laboral*, que en la práctica se traducen en actividades de *gestión* (bolsa de trabajo y prácticas) y en menor medida, de *información*, siendo la orientación, en la práctica, una finalidad secundaria anexa o dependiente de las anteriores. Para ello, estos servicios están dotados de organizaciones bastante simples y estructuradas generalmente en dos o, como máximo, tres niveles.

El *modelo de actuación* más frecuente es el *mixto*, que combina el modelo de servicios con el de programas[4]. Esos programas podrían clasificarse en la mayor parte de los casos como de dos clases: *Programas de cursos de formación*, casi siempre enfocados a la adquisición de habilidades para la *búsqueda de empleo* (aunque también de carácter profesional-ocupacional); y programas de *prácticas en empresas*.

7.4.2.3. *Actividades y funciones*

De un estudio realizado a través de encuesta sobre 29 Universidades españolas (Malik, Ballesteros y Sánchez, 1997), se desprende que la gran mayoría de servicios de orientación tienen como objetivo el asesoramiento profesional y el apoyo a los alumnos para su inserción en el mercado laboral. De nuestro estudio entre

[4] Se considera *modelo de servicios* aquél que atiende las consultas y solicitudes de información / orientación en la medida en que éstas se producen; por *modelo de programas* aquél que se anticipa a las necesidades y demandas, ofreciendo de forma programada y planificada algún tipo de actividad; y por último, como *modelo mixto*, se considera el que trabaja a través de los dos anteriores.

las universidades madrileñas (Sánchez, 1999), se han podido clasificar las siguientes facetas fundamentales de actividad:

La actividad de *información* y de *orientación* es de carácter predominantemente profesional, aunque algunas Universidades privadas, la Universidad Carlos III y la UNED abarcan también otras modalidades de orientación, ya sea el aspecto académico, la toma de decisiones, la orientación personal o la atención psicológica. Pero una de las actividades centrales de estos servicios es la de *preselección* de candidatos, *gestión y promoción* de empleo (*bolsa de trabajo* y *prácticas* en empresas).

Las distintas *bolsas de trabajo*, presentan un modo de funcionamiento bastante similar, y consisten básicamente en disponer de una base de datos actualizada con los «curriculum vitae» de universitarios y titulados inscritos, para ofrecer a las empresas un servicio de preselección gratuita de candidatos a puestos de trabajo y a programas de prácticas. Globalmente, la muestra de universitarios que afirma estar inscrita, supone el 63% de los que podrían estarlo (titulados y alumnos de últimos cursos), lo que significa que los servicios de *bolsa de trabajo* están llegando a la mayor parte de los recién titulados y alumnos de últimos cursos. No obstante, no hay cifras fiables sobre colocación, debido a que la mayor parte de las empresas no informan sobre resultados de los procesos de selección (aunque esto no se produce en las *bolsas de trabajo* de las Universidades privadas). En la muestra encuestada, un 2,8% manifiesta haber logrado algún empleo a través del servicio de orientación.

La selección de candidatos para realizar *prácticas en empresas*, se lleva a cabo con los mismos mecanismos que la bolsa de trabajo. Estas prácticas están amparadas por la legislación reguladora de los llamados *Programas de Cooperación Educativa*[5], que determinan las condiciones y el seguimiento que deben darse para su realización. Aunque tampoco existen cifras muy exactas en cuanto al número de alumnos que anualmente realizan prácticas, según cálculos aproximados deben acercarse a los 5.000 anuales en la Comunidad de Madrid. La duración diaria de las prácticas suele ser de 4 horas, y la retribución mensual media gira en torno a las 50.000 ó 60.000 pesetas (unos 350 euros), aunque con muchas variaciones según los casos.

La *actividad formativa* está focalizada en aquellos cursos de contenido orientador, como son los de búsqueda de empleo, que pueden considerarse también *orientación grupal*; y aquellos otros de carácter más ocupacional y profesionalizante. Consultada la muestra de universitarios, sólo el 7% había realizado algún curso organizado por el servicio de orientación.

Todos los centros consultados disponen de *herramientas informáticas* de tipo informativo, que se utilizan como apoyo a la tarea de orientación / información y también para la *auto consulta*. El más utilizado es el llamado *Infoempleo* (ver Anexo I).

Para el desarrollo de sus actividades, mantienen estos servicios una serie de *relaciones institucionales* que están dirigidas principalmente a *las empresas* para las que realizan *preselecciones gratuitas* y cesión de locales para la realización de *pre-*

---

[5] Real Decreto 1497/1981, de 19 de junio y Real Decreto 1845/1994 de 9 de septiembre.

sentaciones de empresa, además de la firma de *convenios de cooperación educativa*. Pero estas relaciones institucionales se extienden también a *organismos sin ánimo de lucro*, tanto nacionales (Instituto Nacional de Empleo, Comunidad de Madrid, Fundación Universidad-Empresa, etc.) como internacionales (Fondo Social Europeo, diversos Programas Comunitarios, Instituto de Cooperación Iberoamericana). Las relaciones con el INEM están consistiendo en conversaciones para la posible puesta en marcha de *Servicios Integrados para el Empleo* (SIPEs) y *Agencias de Colocación*, gestionadas por los servicios de orientación universitarios.

Otras actividades, menos desarrolladas, son la realización (o colaboración) en investigaciones y las publicaciones. Estas últimas consisten frecuentemente en *boletines informativos internos*, y en el caso de la U. Antonio de Nebrija y Pontificia de Comillas, en la edición de un *Libro de»Curriculum Vitae»* de cada promoción de titulados. También afirman asistir habitualmente a los diversos foros de debate, ferias y congresos, cuya temática está relacionada con sus tareas.

En el caso de la UNED, al abarcar el COIE todo el territorio nacional y tener una red de COIEs en varios de sus Centros Asociados, desarrolla además una labor de *coordinación* que ocupa un espacio importante en el conjunto de su actividad: selección y envío periódico de información a cada Centro Asociado con COIE, organización de encuentros y asistencia técnica, entre otras actividades.

La mayor parte de los proyectos de actividad futura se dirigen fundamentalmente a *informatizar las bases de datos* de alumnos y titulados para automatizar los procesos de selección y mejorar el funcionamiento de las bolsas de trabajo. La puesta en marcha de SIPEs y/o Agencias de Colocación, es también un proyecto frecuente en las Universidades públicas. Otras expectativas, se centran en la mejora de los medios humanos y materiales, y en menor medida, en los aspectos organizativos y en iniciar estudios e investigaciones.

7.4.2.4. *Utilidad de las consultas para los/las estudiantes*

Preguntados los universitarios que hicieron uso de estos servicios en torno a la utilidad que atribuyen a su respectivo servicio de orientación, los resultados se reflejan en la tabla 3.

Globalmente consideradas, casi el 30% de las consultas han sido *bastante* o *muy útiles*, pero a la vez, el 42% las juzga como *nada* o *poco útiles*, quedando en una valoración intermedia el 28% restante.

Las diferencias observadas de unas universidades a otras en cuanto a la utilidad no son excesivamente marcadas, sino que se observan, por el contrario, tendencias similares. Son pocos los que consideran *muy útiles* las consultas, pero proporcionalmente algo más altas en las Universidades Pontificia de Comillas, Alfonso X, Alcalá de Henares y UNED. En la categoría de *bastante útiles*, la U. Alfonso X, la Europea y la Pontificia de Comillas se sitúan en los porcentajes más altos. En el extremo opuesto, la mayor insatisfacción en cuanto a la utilidad de la consulta (*nada útiles*), la presentan las universidades públicas, generalmente más masificadas.

TABLA 3. Resultados por universidades sobre la utilidad del servicio de orientación

¿En qué medida te resultaron útiles las orientaciones o informaciones obtenidas?						
UNIVERSIDAD	Nada útiles %	Algo útiles %	Moderadamente %	Bastante %	Muy útiles %	Valoración media*
Autónoma	22.9	33.3	20.8	20.8	1.1	2.41
Alcalá	10.5	29.5	27.5	24.5	8.0	2.90
Carlos III	19.2	31.7	28.8	20.2	1.9	2.59
Complutense	18.2	27.3	18.2	18.2	9.1	2.45
UNED	11.4	28.6	25.7	28.6	2.9	2.74
Politécnica	19.7	29.9	25.8	18.3	8.2	2.63
Alfonso X	10.0	25.0	20.0	35.0	10.0	3.10
Nebrija	–	–	–	–	–	–
Europea	–	33.3	33.3	30.0	–	2.81
Comillas	9.9	19.7	26.8	28.2	11.3	2.99
San Pablo-CEU	3.2	32.3	38.7	25.8	–	2.87

Valoración sobre una escala de 1 a 5 (donde 1=nada y 5=mucho).

7.4.2.5. *Recursos humanos y roles profesionales*

No son abundantes los estudios relacionados con los recursos humanos en los servicios de orientación universitaria, pero no obstante, y como dato de referencia previo a tener en cuenta, en los niveles de educación primaria y secundaria (Sobrado, Porto y Filgueira, 1994), los servicios de orientación se componen de: 27% Psicólogos; 29% Pedagogos; 14,5% Psicopedagogos; 18% Logopedas; y 2,5% Asistentes sociales. El 71% con formación de nivel superior y el 29% diplomados. Los orientadores, en estos niveles educativos, deben poseer una formación amplia y variada en diversasdestrezas y competencias para desarrollar programas de intervención orientadora, sistemas de consulta para profesores y alumnos, acciones de prevención, de asesoramiento intercultural y de orientación personal y grupal. Se valora, entre otras, su capacidad para satisfacer las demandas sociales y pedagógicas; su conocimiento de las relaciones personales y de las necesidades del desarrollo humano; su dominio de las destrezas interpersonales y sus habilidades en el ámbito de la orientación profesional.

Un estudio mediante encuesta (Malik, Sánchez y Ballesteros, 1997) en el nivel universitario ponía de manifiesto que el número medio de profesionales con que contaban los servicios de orientación de las universidades era de 7 personas, aunque se detectaban grandes diferencias de unos centros a otros (la Universidad de Baleares tenía 3 y la de Salamanca 18).

En la investigación de Rodríguez Moreno y De la Torre (1989), se observaba que, como promedio, los servicios disponían de 1,06 titulados superiores y 2,6 auxiliares administrativos y en algunos centros actuaban estos últimos como orientadores, no apreciándose proporcionalidad entre el número de técnicos y personal de apoyo: centros que no contaban con técnico superior llegaban a tener hasta 8 personas de apoyo, en tanto que en otros centros disponían de orientadores y carecían de personal administrativo.

Éstos y otros trabajos ponen de manifiesto que se mantienen situaciones de insuficiente cualificación del personal que atiende los servicios de orientación, siendo frecuente encontrar personal administrativo en tareas de información directa al estudiante y de profesionales de otros ámbitos —a menudo becarios estudiantes o titulados— no relacionados con la educación ni con la orientación.

En nuestro estudio (Sánchez, 1999), hemos encontrado datos similares que, en síntesis, se concretan en que:

Los *recursos humanos y materiales* resultan claramente insuficientes si nos atenemos a las opiniones de los profesionales de la orientación, para responder a los objetivos marcados. En este sentido, los servicios de orientación de las Universidades públicas están peor dotados, si tenemos en cuenta la gran población de destinatarios. La insuficiente dotación de recursos humanos, queda más patente en las Universidades públicas (con una media de 8 personas por servicio, y un 42% de becarios) frente a las privadas (con media de 9 personas por servicio, y un 29% de becarios), si consideramos el número de destinatarios potenciales.

Se ha podido identificar una serie de *roles profesionales* que desempeñan labores en los servicios de orientación universitarios y que, sin embargo, están aún lejos de poderse considerar como «bien definidos». Son los siguientes: *director/a, orientador/a, informador/a, administrativo/a, informático* y *documentalista/especialista en información.* Otro rol, más o menos presente, es el de *profesor-tutor.* La formación y cualificación de cada uno de estos roles, no está —como decimos— en absoluto definida, ya que los profesionales que los desarrollan poseen muy distintas titulaciones realizando tareas similares. Se observa en todo caso, una falta de especialización académica, que sólo viene dada por el ejercicio práctico de la profesión. Tampoco existe, en ninguno de los servicios estudiados, plan o modelo alguno de formación continua específica de su personal, sino que cuentan únicamente con los planes generales de formación de cada Universidad (en los que no intervienen directamente los servicios de orientación).

A partir del análisis de las funciones desempeñadas, hemos podido identificar una serie de roles o perfiles profesionales que están presentes entre los recursos humanos de los servicios de orientación: *director/a, orientador/a, informador/a, administrativo/a, informático* y *documentalista/especialista en información.* No obstante, estos perfiles se encuentran todavía lejos de estar bien definidos en lo que se refiere a formación inicial (generalmente de nivel superior), dedicación en horas, y situación contractual o laboral. De hecho, sólo entre los orientadores, se encontró que el 32% eran becarios titulados.

7.4.2.6. *Modalidad de atención al alumnado y necesidad de atención personalizada*

La orientación grupal, *aunque aparece con frecuencia bajo la denominación de* cursos, *presentaciones o conferencias, por su temática orientadora nos hace considerarla de ese modo. Los contenidos más frecuentes se relacionan con la* búsqueda de empleo *(sobre todo, elaboración del CV y desarrollo de una entrevista de trabajo).*

Por otro lado, una modalidad de atención que tiende a extenderse es la *autoconsulta* en los fondos documentales, como sucede en la Universidad de Alcalá, la Politécnica o la UNED.

Respecto a la *modalidad de consulta,* generalmente se atiende *en mostrador,* aunque la tendencia actual va desarrollando, poco a poco, la atención *personalizada.* Los horarios de atención varían de unos servicios a otros, desde las 20 horas hasta las 40 horas semanales.

La muestra del alumnado consultada a en torno a la conveniencia de que la atención sea personalizada (¿Qué importancia concedes a una atención personalizada al acudir al COIE o Servicio de Orientación de tu Universidad? —Nos referimos a ser atendido/a de forma individual y personal, en un ambiente cómodo, por un profesional preparado—) *aportó una valoración mayoritariamente muy alta.*

En relación con este tema, afirmaban Pérez Juste, Sebastián y De Lara (1990: 28) que *la relevancia y entidad de las metas educativas de los sistemas de calidad exige la máxima personalización posible, entendida tanto como preocupación por la formación integral de los estudiantes cuanto por la adecuación a sus características diferenciales. La personalización en cuanto formación integral va más allá de lo académico, como lo personal y lo profesional, y el cultivo de todo aquello que favorezca en última instancia la autonomía de los estudiantes como manifestación suma de formación. La preocupación por el estudiante como persona, como unidad, tiene, además, una dimensión clave: las mutuas interrelaciones entre los diferentes estratos de la personalidad por lo que, por ejemplo, los problemas académicos pueden repercutir en la autoestima o los conflictos familiares y profesionales en el rendimiento académico.*

En este sentido, el asesoramiento, el *counseling,* sigue siendo un instrumento de orientación y diagnóstico útil y eficaz, aunque requiera mayor esfuerzo y dedicación, no siempre sustituible por otros medios.

Para atender a un fin de educación integral, del que todavía estamos lejos, debería tenderse a modelos holísticos y sistémicos (Watts, 1990; Oakesthott, 1990; Echevarría, 1997; Van Esbroeck, 1997) que contemplen la orientación en conexión con los distintos elementos sociales e institucionales que conviven en la universidad; que integren la práctica docente y la orientación en sus diversas modalidades. Sin embargo, y como posibilidad inmediata para incorporar a la situación real y actual en la que nos encontramos, una forma de acercarse a la persona como totalidad, es la atención personalizada, esto es, la atención por un profesional cualificado en orientación, que sepa escuchar y comprender las inquietudes y expectativas de la persona —globales o parciales—, como punto de partida fundamental.

En la investigación de Sebastián y cols. (1996), se pedía a los alumnos de la UNED su opinión acerca de la necesidad de atención personalizada; la opinión generalizada demandaba este tipo de atención.

Esta respuesta unánime se debe, a nuestro entender, a que toda persona prefiere ser atendida desde su individualidad, desde su propia situación o circunstancia, con toda la importancia que merece como persona; y no desde la despersonalización de una ventanilla o mostrador público, desde el anonimato o la atención descuidada y fría que a menudo se practica en muchos centros administrativos. Cuando se trata de hablar de cuestiones académicas o profesionales, que a su vez están relacionadas con otras de carácter personal, se requiere establecer un clima, una comunicación profesional, de confianza y confidencial. La atención personalizada es necesaria como práctica habitual para que la persona se sienta acogida como individuo único e importante y para determinar cuáles son sus necesidades con cierta precisión. Estamos hablando de un modelo básicamente preventivo dirigido a la persona como tal; lo que no es óbice para desarrollar otras acciones informativas, formativas y orientadoras, grupales o no.

Incorporar la atención personalizada en la Universidad supone, como advierte González-Simancas (1996: 358), un enfoque de la docencia universitaria que rompe con el modo habitual de concebirla, pues *el asesoramiento académico universitario no es tan sólo una actividad más, un complemento de la docencia acostumbrada: es el núcleo de una tarea de formación centrada en cada estudiante, a pesar de la masificación impuesta por la coyuntura actual de la Universidad.*

Para terminar este punto diremos tan sólo que, del mismo modo que la personalización de la enseñanza se ha revelado como predictor de un buen rendimiento académico y como elemento de calidad de la educación universitaria (Tourón, 1985), consideramos que la orientación personalizada debe ineludiblemente formar parte de la aspiración a una educación integral y de calidad.

7.4.3. La función tutorial en la Universidad

Muy ligado a esta necesidad de atención personalizada y a los servicios de orientación, se encontraría la figura del profesor como consejero-tutor, la *función tutorial* en la universidad.

Según Gallego (1996: 68), *la figura del tutor puede definirse como aquel profesor que tiene la responsabilidad de supervisar el desarrollo cognitivo, personal y profesional de un número determinado de estudiantes, los cuales pueden o deben tomarlo como referente* y además está en una posición óptima para dar soporte al estudiante y conseguir de él que desarrolle sus máximas potencialidades. Esta autora otorga gran importancia a la cualificación del tutor, cuyo perfil, a su juicio, debería abarcar competencias cognitivas, técnicas, afectivas y sociales.

La función de la orientación en la Universidad, para los profesores, debe consistir en una ayuda para realizar mejor su labor educativa, pues, ciertamente, cada asignatura contiene oportunidades de proporcionar una *educación integral* (Gordillo, 1985). En países como el Reino Unido, en Francia, en Alemania, los profesores en general o una parte de ellos, intervienen en la tarea de orientar y son asesorados por los servicios de orientación de las Universidades, actuando en común, en un intento de responder mejor a las distintas necesidades de orientación y de romper con la despersonalización que a menudo se produce en los establecimientos universitarios (Bireaud, 1990; Kinnel, 1990; Nathan y Hill, 1990; Watts, 1990; Oomen, 1996; Gilles, 2001).

Sin embargo, como señala Gordillo (1985), en España tenemos aún pendiente el reto lanzado por la Ley General de Educación de 1970 donde se preveía la función tutorial en la Universidad. Considera la autora que docencia y orientación son los dos cauces naturales de la propia acción del profesor, las dos caras de una misma moneda, la educación, que no pueden ni deben separarse. Por tanto, abogar por la orientación en la Universidad no contradice, sino que reafirma, la premisa de que gran parte de esta tarea debe recaer en los profesores —oportunamente asesorados y formados—, pues son esa «fuente natural de ayuda» a la que los alumnos acuden.

Fernández y Sanz (1997: 95) argumentaban que *sin caer en optimismos fáciles, la potención de la acción tutorial podría mejorar la asistencia y participación en clase de los alumnos, los porcentajes de presentados en las convocatorias de exámenes, las relaciones interpersonales y profesionales entre profesores y estudiantes y estimular el rendimiento académico de éstos. Podría además rebajar el nivel de estrés de las aulas facilitando un mejor clima social de las mismas y, lo que es sin duda primordial: dar salida, orientación e impulso a los intereses intelectuales y profesionales de los alumnos.*

Asociando la atención personalizada con las funciones del profesor universitario, González-Simancas (1996: 255) considera que *el asesoramiento académico personalizado no es otra cosa que esa dimensión orientadora y, por tanto, formativa, del buen profesor universitario, ese maestro por excelencia que puede llegar a ser, en diálogo con sus estudiantes.* Para este autor, la profesionalidad del profesor universitario, exige sentirse llamado a serlo y no ver en la Universidad tan sólo un puesto de trabajo; por ello considera la formación pedagógica como parte esencial de la preparación para la docencia universitaria.

En opinión de Rodríguez Espinar (1990: 108), lo que se está reclamando es una atención integral del alumno, y eso significaría una transformación del *profesor instructor* en *profesor educador* con funciones orientadoras y, por tanto, una práctica docente que iría mucho más allá de la enseñanza de una materia. Esto exigirá del profesor unos conocimientos científicos acerca del sujeto que aprende y del proceso de enseñanza-aprendizaje y un cambio en el modelo educativo universitario.

En este sentido, Lázaro (1997) realizaba un análisis histórico y funcional de la figura del tutor, planteando que su necesidad es diferente según el nivel de lo que se ha de aprender y de la edad del tutelado. Establecía una conexión entre los fines de la Universidad (como unidad de enseñanza, de investigación, de máxima libertad, ya que la investigación no parte de prejuicios o de supuestos conocidos, ni de limitaciones, para indagar en la búsqueda de la verdad desde cualquier perspectiva) y el tipo de profesor que necesita; *un profesor que provoque y motive en los alumnos el entusiasmo de la búsqueda de la verdad y que colabore, desinteresadamente, generosamente, en un trabajo conjunto en esa búsqueda* (pág. 78). Este autor (1997: 87) presentaba también los resultados de una encuesta aplicada a 514 estudiantes de algunas Universidades madrileñas (Complutense, Autónoma, Universidad Europea y S.Pablo-CEU), en la que se concluía que en todas las carreras se valora la importancia de la *afectividad* como condición indispensable para el ejercicio de la tutoría, la capacidad de comunicación empática y la competencia en el establecimiento de la relación interpersonal.

En España, se está comenzando a establecer el sistema tutorial en algunas Universidades, especialmente en las privadas, por encontrarse menos masificadas. Es el caso de la Universidad de Deusto, desde el curso 1995/96 dispone del Servicio de Orientación Universitaria, que funciona con este sistema de modo descentralizado, por Facultades, y en cada una de las cuales hay un Coordinador de tutores. Según Marroquín, Montero y Pallarés (1997), los dos ejes que animan esta estructura del servicio son, por un lado, que los procesos de información y orientación estén lo más integrados que sea posible, y por otro, que la orientación se produzca de una forma natural, de tal modo que se minimice la intervención directa de especialistas en orientación.

Todo esto nos hace pensar que no es posible hablar de un *modelo integral y de calidad* en la enseñanza universitaria, sin considerar que los actuales profesores universitarios tienen que ampliar sus funciones de las puramente docentes a las orientadoras.

Estamos de acuerdo, en suma, con la afirmación de Pérez Juste (1996: 517) en cuanto a que *una educación de calidad exige del profesorado planteamientos más ambiciosos y completos, y asumir preocupaciones que van más allá de los estrechos límites de la docencia en el aula e, incluso, de la investigación al servicio de la ciencia.*

Pero a la vez, la mayoría de los alumnos considera que el tutor debe tener responsabilidades docentes y «dar clases», rechazando la figura de un docente que sólo se dedica a «tutelar» a sus alumnos. También opinaban que debe ser el alumno quien elija a los tutores y no el centro.

Creemos que, lo que quizá se está poniendo en cuestión es el *modelo tutorial* existente que, a nuestro modo de ver, debería tener un carácter muy flexible, profundamente respetuoso, no paternalista y adaptado al alumnado. Tendría que suponer una vía de ayuda y comunicación interpersonal (individual y grupal), de carácter voluntario (en lo que respecta al alumno), permanente y fluida. Creemos que cuando el estudiante no utiliza la tutoría cuando dispone de ella, es porque no encuentra en ella una utilidad ni una respuesta a sus expectativas o a sus necesidades. Esto implica considerar que la función tutorial no es una función docente (aunque esté muy ligada a ella), sino que su carácter es esencialmente *orientador*, y requiere una formación efectiva del docente que vaya a desempeñar esta función.

7.4.4. Síntesis y recomendaciones para la utilización de estos servicios

Existe bastante coincidencia sobre la importancia de las diversas funciones que deben desempeñar los servicios de orientación universitaria, siendo las más altamente valoradas: *ejercer de nexo de unión con el mundo laboral, orientar e informar sobre aspectos profesionales, formar a los alumnos en aspectos específicos, investigar sobre las necesidades de orientación de los universitarios* y *elaborar materiales de apoyo a la orientación.*

Disponer de un ágil sistema de información, formación y asesoramiento que facilite entre otros aspectos, la posterior inserción o promoción en el mundo laboral es algo de lo que, sin duda, todo estudiante desea disponer porque toca de lleno en un problema sobre el que está muy sensibilizado. Pero potenciar el éxito académico, la elección satisfactoria de estudios, la toma de decisiones ocupacionales, el conocimiento de las exigencias de las distintas ocupaciones, las posibilidades de cualificación puntual, la construcción del propio proyecto profesional y, en suma, la planificación y el desarrollo de la carrera, son objetivos que, creemos, están insuficientemente abordados por las universidades.

Sin embargo, a pesar de las limitaciones e insuficiencias que sufren estos servicios, están suponiendo un factor de mejora de la calidad en las universidades y su desarrollo se ha producido a partir de una necesidad realmente sentida por los estudiantes y titulados, anticipándose incluso a una regulación legislativa. La tendencia actual va dirigida no sólo a mejorar los medios humanos y materiales de los servicios de orientación y, en consecuencia, a mejorar también su alcance y sus funciones, sino que también se están desarrollando, cada vez más, sistemas tutoriales que permiten una orientación académica más ligada al proceso de aprendizaje o, dicho de otro modo, la introducción de la función orientadora en el proceso educativo. En esa línea, está cobrando cada vez más relevancia la utilización, por parte del profesorado universitario, de métodos pedagógicos más innovadores y adaptados a las necesidades del alumnado, y más personalizados y cercanos a las inquietudes relacionadas con su futuro profesional.

La incorporación del *prácticum* en los nuevos planes de estudio, con la necesidad de contactar con el mundo laboral, está representando igualmente una mayor cooperación entre los departamentos docentes y los servicios de orientación, ya que estos últimos ya llevan años gestionando la realización de prácticas en empresas para los estudiantes.

Aunque estos servicios han estado principalmente dirigidos a *alumnos de últimos cursos* y *titulados* de la respectiva universidad, se tiende, cada vez más a ampliar la atención a toda la comunidad universitaria y, naturalmente, también al alumnado de cursos iniciales e intermedios.

Como se ha comentado, la *forma de acceder* a los servicios de orientación suele ser *presencial*, a excepción de la UNED, donde también se atienden consultas *a distancia* (e-mail, Internet, teléfono, carta, fax). No obstante, las universidades van incorporando nuevas formas de acceder a determinados servicios, sobre todo a través de sus respectivas páginas web.

No debe confundirse la facilitación o ayuda para la inserción laboral (inscribirse en una bolsa de trabajo) y la ayuda para aprender estrategias de búsqueda de empleo (redactar el curriculum vitae, la carta de presentación o las técnicas para superar entrevistas de trabajo), con la orientación profesional propiamente dicha. Aunque esta última incluye las anteriores actividades, no se reduce a éstas, sino que va mucho más allá, porque ayuda a la persona a planificar sus metas, a desarrollar su carrera profesional a través de la planificación, el autoconocimiento y el conocimiento del entorno profesional y del mercado laboral. Un verdadero proceso de orientación posibilita que la persona organice todos estos elementos de forma coherente dentro de su proyecto profesional y, en consecuencia, supone un esfuerzo mucho mayor, y se distingue de todas aquellas tareas que, aún siendo útiles, son actividades aisladas, utilizadas a discreción por parte de los usuarios, y no siempre aprovechadas convenientemente.

Al utilizar los servicios de orientación universitaria, conviene tener en cuenta...

Que cada universidad tiene su propio servicio de orientación y, aunque a veces su denominación coincide con el de otra universidad, éstos son independientes entre sí y sólo atienden al alumnado y a los titulados vinculados a su universidad. Por tanto, no podemos acudir al servicio de orientación de una universidad que no es la nuestra. Si hemos tenido vinculación académica con más de una universidad (por ejemplo, si tenemos más de una titulación y en diferentes universidades; si estamos realizando un posgrado, o bien, hemos realizado el doctorado en una universidad distinta a la de nuestra licenciatura), es posible que podamos utilizar los servicios de orientación de todas ellas.

No todos los servicios de orientación se denominan con las siglas COIE, sino que hay muchas otras denominaciones. Si no hemos acudido nunca al servicio de orientación de nuestra universidad, deberemos preguntar en el servicio de Información General, o bien consultar el organigrama en la guía de la universidad. En algunas universidades, disponen de más de un organismo especializado y no hay un solo servicio de orientación. Esto es más frecuente en las universidades privadas, aunque también en las públicas hay una tendencia a separar los servicios de empleo del resto de las prestaciones. Por ejemplo, en la Universidad de Valencia, existe el *COIE* y el *Servicio Integrado de Empleo.*

Aunque la mayor parte de estos servicios presentan actividades muy dirigidas al alumnado de últimos cursos y a recién titulados, generalmente pueden ofrecer muchas informaciones a estudiantes de cualquier curso y también a titulados en esa universidad, aunque se graduaran hace años. Para aquellos titulados que, aún estando trabajando, no tienen un puesto acorde con su formación y aspiren a conseguirlo, es conveniente mantener un contacto regular con el servicio de orientación de su universidad, inscribiéndose en su bolsa de trabajo, actualizando el CV, consultando el fondo documental, participando en cursos organizados por el servicio, etc.

Al acudir por primera vez al servicio de orientación de nuestra universidad debemos solicitar información lo más precisa posible sobre las prestaciones y actividades que ofrece. Como hemos visto, aunque en general suelen tener bolsas de trabajo y organizar prácticas en empresas, también suelen disponer de fondos documentales en soporte escrito o informatizado, que es posible consultar y del que podemos obtener a veces informaciones gratuitas y valiosas: desde ofertas formativas especializadas en España y en el extranjero, ofertas de empleo público y privado, hasta posibilidades de obtener becas, premios, subvenciones, viajes de estudios, etc. Una herramienta informatizada particularmente útil es la denominada *Infoempleo*[6]. Desarrollada por iniciativa privada, bastantes servicios de orientación tienen suscrito un contrato para la utilización gratuita por parte de su alumnado. En el caso del COIE la UNED, las consultas pueden realizarse vía Internet con la correspondiente contraseña.

Aunque las anteriores son las actividades más comunes, hay universidades que ofrecen también servicios de atención psicológica, orientación para la gestión y desarrollo de la carrera profesional, u otras ayudas de carácter más personalizado. En algunas, se ofrecen también programas formativos dirigidos al desarrollo de competencias específicas: búsqueda de empleo (para la elaboración de CV, para afrontar entrevistas de selección, estrategias de búsqueda...), habilidades sociales, utilización de nuevas tecnologías, etc. E igualmente, ciertos centros organizan *foros y debates* sobre empleo, y *presentaciones de empresas.*

Aunque los servicios de orientación de las universidades son las principales entidades que facilitan orientación a los estudiantes y titulados universitarios, existen también otros organismos y fuentes a los que acudir, normalmente vinculados a organismos autonómicos y locales, así como a asociaciones profesionales, fundaciones y entidades de diversa índole, que podemos localizar a través del propio servicio de orientación universitario. En el Anexo I de este capítulo se proporcionan algunas referencias útiles.

---

[6] Elaborada por la firma Circulo de Progreso, se trata de una base de datos actualizada semanalmente que reúne gran cantidad de ofertas de empleo ya publicadas en distintos medios de comunicación y prensa, con un sistema que permite la búsqueda selectiva según diversos criterios (por profesión o puesto, por fecha de publicación, por requisitos, etc.).

ANEXO I
INFORMACIONES DE INTERÉS

BASES DE DATOS INFORMATIZADAS

Círculo de Progreso (2000): *Programa de Información al Universitario - PIU* (base de datos sobre formación), Madrid.

Círculo de Progreso (2001): *Bancoempleo* (base de datos sobre empleo), Madrid.

DICODI, S.A. (2000): *DICODI.* Base de datos de 50.000 Sociedades, Consejeros y Directivos.

Fomento de la Producción (2000): *España 30.000 '99.* Barcelona.

DISPOSICIONES LEGALES

Real Decreto 1701/1991 de 29 de noviembre (Creación de la especialidad de Psicología y Pedagogía en la Educación Secundaria).

Orden de 5 de mayo de 1992 (regulación de los requisitos para la especialidad de Psicología y Pedagogía en la Educación Secundaria).

Ley 51/1980, Básica de Empleo.

Real Decreto 1497/1981, de 19 de junio, sobre Programas de Cooperación Educativa.

Real Decreto 1845/1994, de 9 de septiembre, que actualiza el R.D.1497/1981

SERVICIOS DE INFORMACIÓN, ORIENTACIÓN Y BOLSAS DE EMPLEO EN LAS UNIVERSIDADES ESPAÑOLAS

U. Alfonso X El Sabio
www.uax.es/general/infouax/ser_acad#GABINETE
Gabinete de Atención y Asistencia al Estudiante
www.uax.es/general/infouax/ser_acad#GABINETE
Oficina de Empleo (Grupo de Apoyo a la Orientación Profesional)

U. Antonio de Nebrija
www.nebrija.com/vida_universitaria/ofertas/introducción.htm
Servicio de Empleo
www.nebrija.com/fundacion/index.htm
Fundación Antonio de Nebrija

U. Autónoma de Barcelona
www.uab.es/suport/dosframes.htm
Servei Treball Campus
www.uab.es/suport/dosframes.htm
Pràctiques en empresas

U. Autónoma de Madrid
www.uam.es/otroscentros/coie/default.htm
Centro de Orientación, Información y Empleo

U. Camilo José Cela
www.ucjc.edu/sgnrales.htm
Gabinete Psicopedagógico
www.ucjc.edu/sgnrales.htm
Servicio de Orientación Laboral

U. Carlos III de Madrid
www.fundacion.uc3m.es/sopp/
Servicio de Orientación y Planificación Profesional

U. Complutense de Madrid
www.coie.ucm.es/
Centro de Orientación, Información y Empleo (COIE)

U. de Alcalá de Henares
www.uah.es
Centro de Orientación, Información y Empleo (COIE)

U. de Alicante
www.ua.es/es/servicios/alumnos/centro_apoyo.htm
Centro de Apoyo al Estudiante
www.gipe.ua.es/
Gabinete de Iniciativas para el Empleo (GIPE)

U. de Almería
www.ual.es
Gabinete Psicopedagógico
www.ual.es/frame.shtml?html2/estudiante.htm
Centro de Información y Documentación Universitaria

U. de Barcelona
www.ub.es/acad/
http://ntserver.ub.edu/ub_estudiants/fitxers/campus_serecer.htm
Gabinet d'Orientació Universitària

U. de Burgos
www.ubu.es/servicios/coie.htm
Centro de Orientación e Información al Estudiante (COIE)

U. da Coruña
www.udc.es/cap3c
Servicio de Asesoramiento y Promoción del Estudiante (SAPE)

U.de Deusto
www.deusto.es/castellano/alumnos/servicioorientacion.asp?apdo=6&menu=3&submen=0
Servicio de Orientación

U. de Extremadura
www.unex.es/siaa/
Servicio de Información y Atención Administrativa

U. Granada
http://cidu.ugr.es/asistencia.html
Servicio de Asistencia al Estudiante
http://cidu.ugr.es/gabinete.html
Gabinete de Atención Social al Estudiante
http://empleo.ugr.es/univerte.htm
Unidad de Orientación Laboral para Universitarias

U. de Girona
www.udg.edu/gacad/primer/ocupacio.htm
Oficina de Serveis a l'Empresa
www.universia.net
Universia

U. de Huelva
http://www2.uhu.es/soipea
Servicio de Orientación e Información para el Empleo y el Autoempleo

U. de Jaén
www.ujaen.es/serv/index.html#adm_generales
Servicio de Atención y Ayuda al Estudiante
www.ujaen.es/serv/vicrel/univertecna/index.html
Unidad de Orientación para el Empleo de Universitarias

U. de La Laguna
www.ull.es/alumnado/indexsopa.htm
Servicio de Orientación para el Alumnado (SOPA)

U. de La Rioja
www.unirioja.es/fur/frames_practicas.htm
Oficina de Orientación Profesional y Empleo (OPE)

U. de las Islas Baleares
www.uib.es/borsa_uib/index.html
Borsa de Treball (BT)
www.uib.es/secc6/informacio.index.html
Oficina d'Informació

U. de las Palmas de Gran Canaria
www.ulpgc.es/servicios/uga/general/soa/index.html
Servicio de Información al Estudiante (SIE)
www.fulp.ulpgc.es/ucefe
Unidad de Cooperación, Educación y Fomento de Empleo (UCEFE)

U. de León
www.unileon.es/servicios/coie.htm
Centro de Orientación, Información y Empleo (COIE)

U. de Murcia
www.um.es/estructura/servicios/coie.htm
Centro de Orientación e Información de Empleo (COIE)

U. de Málaga
www.uma.es
Empleo y Formación

U. de Navarra
www.unav.es/feun/formacion/
Formación para el Empleo
www.feun.unav.es
Fundación Empresa-Universidad de Navarra (FEUN)

U. de Oviedo
www.uniovi.es/˜ocype
www.uniovi.es/%7Eocype/7Eocype/
Agencia de Colocación y Promoción al Empleo

U. de Salamanca
www.websou.usal.es/
Servicio de Orientación al Universitario (SOU)
http://www3.usal.es/gerencia/servicios/servicios.htm#Primero
Servicio de Asistencia a la Comunidad Universitaria (SACU)

U. de San Pablo-CEU
www.ceu.es/srv/mece/Presenta.htm
Antiguos Alumnos

U. de Santiago de Compostela
www.usc.es/coies/benvidag.htm
Centro de Orientación e Información Estudiantil (COIE)

U. de Sevilla
www.us.es/
Centro de Orientación e Información para el Empleo (COIE)
www.us.es/
Servicio de Asistencia a la Comunidad Universitaria (SACU)

U. de Valencia
www.uv.es/cade
Centre d'Assessorament i Dinamització de l'Estudiant (CADE)
http://acceso.psievo.uv.es/centro/
Centro de Asesoramiento a Estudiantes con Discapacidad

U. de Valladolid
www.uva.es/coie
Centro de Orientación e Información al Estudiante (COIE)

U. de Vigo
www.uvigo.es/webs/servicios/webext/siope/
Servicio de Información, Orientación e Promoción do Estudiante (SIOPE)

U. de Vic
www.uvic.es/serveis/s_estudiants.html
Servei d'Estudiants
www.universia.es
Universia

U. de Zaragoza
www.unizar.es/universa/inicio.htm
Servicio de Orientación Universitaria e Inserción Laboral
http://wzar.unizar.es/servicios/acerca/
Centro de Información Universitaria y Reclamaciones

U. del País Vasco
www.lg.ehu.es/castellano/paginas/prin_c.htm
Servicio de Orientación Universitaria (SOU)
www.lg.ehu.es/castellano/paginas/prin_c.htm
Oficina de Información Juvenil

U. Europea de Madrid
www.uem.es/alumnos/alumnos.html
Gabinete Psicopedagógico
www.uem.es/alumnos/alumnos.html
Gabinete de Orientación al Empleo

U. Internacional SEK
www.usek.es
Servicio de Asistencia e Información Laboral

U. Miguel Hernández
www.umh.es
Bolsa de Prácticas

U. Nacional de Educación a Distancia (UNED)
ww.unes.es/coie/
Centro de Orientación, Información y Empleo (COIE)

U. Oberta de Catalunya
http://us.uoc.es/web/serveis/borsa_treball/borsatreball1esp.html
Bolsa de Trabajo

U. Politécnica de Catalunya
www.upc.es/ooil/home2.html
Oficina d'Orientació i Inserció Laboral
www.upc.es/catala/vidauniv/vidauniv.htm
Servei d'Orientació a l'Estudiant
www.upc.es/catala/servempr/servempr.htm
Borses de treball dels centres docents

U. Politécnica de Cartagena
www.upct.es/servicios/coie.htm
Centro de Orientación e Información al Estudiante

U. Politécnica de Madrid
http://193.127.102.53/
Centro de Orientación e Información de Empleo (COIE)
www.career-space.com/
Proyecto Career-Space

U. Politécnica de Valencia
www.sie.upv.es/
Servicio Integrado de Empleo
www.sie.upv.es/
Centro de Orientación e Información para el Empleo (COIE)

U. Pompeu Fabra
www.upf.es/sacu/serveis/goap/pral.htm
Gabinete d'Orientació Académico-Professional
www.upf.es/cout.htm?a=/sacu/serveis/sacu.htm&c=/sacu/serveis/barra2.htm
Serveis d'Atenció a la Comunitat Universitària (SACU)
www.upf.es/empresas/index.htm
Servicio a las Empresas

U. Pontificia de Comillas de Madrid
www.upco.es/pagnew/servicios/oip/index.htm
Orientación e Inserción Profesional (OIP)
www.upco.es/pagnew/servicios/psicologia/default.htm
Servicio General de Atención Psicológica

U. Pontificia de Salamanca
www.upsa.es/%7E/alumnos.html
Servicio de Atención al Alumno

U. Rey Juan Carlos
www.urjc.es/alumnos/atencion/FrameAtencion.html
Servicio de Atención al Alumno

U. Ramón Llull
www.url.es/cas/se003.htm
Servicio de Información y Orientación al Estudiante

U. Rovira i Virgili
www.urv.es/sgenerals/estruc-sg.html
Oficina d'Atenció als Estudiants: Captació, Orientació i Informació
www.urv.es/sgenerals/estruc-sg.html
Oficina d'Atenció als Estudiants: Dinamització o Inserció Laboral

SERVICIOS DE INFORMACIÓN, ORIENTACIÓN Y BOLSAS DE EMPLEO EN ESPAÑA

www.mec.es/univ.html
www.Rediris.es/recursos/centros/univ.es.html
Estos sitios web dan acceso a las distintas universidades y a sus respectivos servicios o centros de orientación.

www.el-mundo.es/sudinero/

El Mundo Su Dinero. Una de sus secciones, *empleo, ofertas y demandas,* es uno de las más completos sitios web en España sobre mercado laboral. Pone en contacto trabajadores y empresas a través de un sistema de búsqueda electrónica en su base de datos. Es una herramienta ágil que permite difundir en un mínimo tiempo ofertas y demandas de empleo

www.trabajos.com

Trabajos on line. Se puede insertar el propio curriculum, que sólo podrán ver las empresas realmente interesadas, durante cuatro meses.

www.aui.es

Asociación de Usuarios de Internet. Facilita información de empresas, estadísticas y un listado de ofertas y demandas de empleo a la vez que permite la publicación y consulta de curriculos.

www.langre.com/cvitae/index.htm

En este sitio web se puede poner el curriculum y consultar sus ofertas de trabajo.

www.Infoempleo

Dependiente de la firma Círculo de Progreso, presenta una variada gama de productos relacionados con el mundo laboral, pudiendo ser adquiridos on line. Permite a los candidatos consultar una amplia recopilación de ofertas de empleo en el sector público, privado y voluntario. Ofrece la posibilidad de introducir el curriculum. También proporciona un servicio a las empresas ayudándoles en la selección de personal e informándoles de las ayudas y subvenciones a las que pueden optar. Incluye también un apartado sobre creación de empresas.

www.segundamano.es

Periódico Segundamano. En la sección de trabajo se pueden encontrarofertas y demandas de empleo

http://mercaempleo.es

Ofrece un servicio tanto a empresas como a demandantes de empleo, permitiendo de una parte la difusión de ofertas de trabajo y, de otra, la introducción del curriculum. También proporciona consejos prácticos, entre otros, sobre elaboración del CV, búsqueda de empleo, entrevista y red de contactos.

www.inem.es

Informa de los aspectos siguientes: Oferta de empleo público / Empleo: búsqueda, información al empresario, entidades sin ánimo de lucro y legislación / Plan Nacional de Formación Ocupacional / Datos estadísticos sobre empleo / Prestaciones por desempleo. Puede consultarse la red EURES que dispone de una base de datos sobre empleos vacantes en Europa, así como la red de Euroconsejeros.

www.readysoft.es/cysempleo

Consta de dos bloques de información: Promoción de empleo, con posibilidad de hacer mailling a las empresas; y Asesoría Laboral, con información sobre creación de empresas, cotización a la Seguridad Social, imposición fiscal, gestión laboral, etc.

www.Ciudadfutura.com/empleo

Reúne las principales ofertas de empleo en Internet: JASP Renault (actualización semanal) / Su Dinero (El País) / Trabajos.com (de ámbito hispanoamericano) / OZU (ofertas y demandas) / Spain Word Forum (con programa de búsqueda) / IRANON (50 ofertas, renovación mensual) / Segundamano (ofertas principalmente en Madrid) / El Pregonero / Empleo Público en España (MAP) / Ofertas de Empleo (TAI, 20-30 ofertas) / Bolsa de Trabajo Ceta (200-300 ofertas, renovación semanal) / Bolsa de Trabajo Global Net (ámbito hispanoamericano) / Búsqueda de oposiciones Interbook / Dejanews / OZUCOM (incluye convocatoria de oposiciones).

www.trabajos.com

Servicio Online que informa sobre ofertas de empleo y difunde currículos a las empresas que buscan candidatos. El programa de búsqueda permite distinguir entre las siguientes variables: preparación educativa, experiencia profesional, nivel de trabajo actual, áreas geográficas deseadas, palabras clave.

http://www.mtas.es/mujer

El *Instituto de la Mujer*, ofrece en este sitio distintos recursos para la formación y empleo, dirigido a mujeres.

www.adi.uam.es/˜agaa/red_AAA/red_aaa_der.html

Red de Antiguos Alumnos y Amigos de Universidades

www.universia.es/

Universia,

www.aet.es.org/info/index.htm

Asociación Española de Teletrabajo

SERVICIOS DE INFORMACIÓN, ORIENTACIÓN Y BOLSAS DE EMPLEO EN EL ÁMBITO INTERNACIONAL

www.ceweekly.wa.com

Weekly Contract Employment es uno de los sititos web de empleo con mayor antigüedad. Cada 60 minutos muestra nuevas ofertas laborales a nivel internacional.

www.emds.com

EMDS, Asociación Internacional de Seleccionadores.

www.cweb.com

Career Web. Empresas que ofrecen empleo en Estados Unidos.

www.career-space.com/

Proyecto Career-Space

http://europe.osha.eu.int

Agencia Europea para la Seguridad y la Salud en el Trabajo

http://europa.eu.int/comm/dg05/esf/en/index.htm

Este sitio web permite obtener información sobre el Fondo Social Europeo y las acciones emprendidas por la UE en la lucha contra el desempleo, el desarrollo de recursos humanos y la integración de las personas en el mercado de trabajo.

http://europa.eu.int/comm/employement_social/equ_opp/index_fr.htm
Puede aquí consultarse información sobre le programa marco para la Igualdad entre Mujeres y Hombres 2001-2005.

www.eicspain.net
Euro Info Centres. Ventanilla de acceso a la información comunitaria para PYMES.

www.ebn.be
Ofrece información sobre los Centros Europeos de Empresa e Innovación (CEEI) o Bussiness and Innovation Center (BIC), cuyo objetivo es la creación de empresas innovadoras y la modernización de las PYMES existentes.

http://europa.eu.int/en/comm/dg09/concours/en/707.htm
http://europa.eu.int/en/comm/dg09/career/es/cover.htm
Oposiciones y concursos de méritos convocados por instituciones europeas y publicadas en la serie C del *Diario Oficial de las Comunidades Europeas*, para cubrir plazas vacantes en la función pública europea.

www.cedefop.eu.int
Centro Europeo para el Desarrollo de la Formación Profesional.

www.eurofound.eu.int
Fundación Europea para la Mejora de las Condiciones de Vida y de Trabajo.

TEMA 8

DESARROLLO LOCAL Y AUTOEMPLEO

Juan José Bonilla Martínez
Licenciado en Ciencias de la Educación
Director de la Escuela de Empresas «Florentino Castañeda»
de Laujar de Andarax (Almería)

Índice

8.1. MARCO TEÓRICO

8.1.1. Conceptualización del desarrollo local

El Desarrollo Local es un término que ha ido evolucionando en las últimas décadas, que ha ido generando otros términos afines, que ha abierto un hueco entre las teorías del desarrollo económico y ha despertado el interés de otras especialidades que intervienen en cualquier proceso de desarrollo local.

Comenzó en España, en palabras de V. Álvarez Areces, Alcalde de Gijón, uno de los municipios pioneros en desarrollo local, en F. Rodríguez (1999), casi como una aventura, como una muestra más del voluntarismo de algunos responsables municipales, y envuelto en una atmósfera de incredulidad o incluso de descrédito, aquellos años, a principios de la década de los ochenta, en la que los ayuntamientos comenzaban a salir de un letargo político y tanteaban como resolver integralmente los problemas de sus poblaciones y de sus ciudadanos.

Para situarnos y tener una idea global y clara de lo que es el Desarrollo Local es interesante la definición que nos aportan B. Pérez y E. Carrillo (2000), los cambios tecnológicos, económicos, sociales y culturales han supuesto un nuevo impulso al desarrollo económico caracterizado por el creciente papel que juegan los entes locales en el mismo. Esto ha supuesto la incursión de políticas microeconómicas en el espacio físico más cercano al ciudadano, su territorio. Así desde hace algunos años ha aparecido como complemento de las políticas tradicionales de desarrollo, que estaban más centradas en el capital externo y en las acciones de las distintas administraciones alejadas del marco local. Es un nuevo enfoque basado y fundamentado principalmente en el aprovechamiento de los recursos endógenos (recursos del territorio, humanos, naturales e infraestructuras), entendidos siempre como punto de partida y nunca de llegada para un nuevo tipo de desarrollo centrado en lo local y que ya hoy se conoce con el nombre de Modelo de Desarrollo Local.

Con lo que la definición que nos aportan, creo es bastante clarificadora, B. Pérez y E. Carrillo (2000), es aquel proceso reactivador de la economía y dinamizador de la sociedad local que mediante el aprovechamiento de los recursos endógenos existentes en una determinada zona o espacio físico es capaz de estimular y fomentar su crecimiento económico, crear empleo, renta y riqueza y sobre todo, mejorar la calidad de vida y el bienestar social de la comunidad local.

Intentando clarificar en estas líneas la conceptualización del desarrollo local, creo interesante hacer mención a las características que mejor lo definen, siguiendo a C. Giménez Romero (1993). Tantos términos han ido apareciendo, desarrollo endógeno, comunitario, comarcal, regional, rural, rural integrado, sostenible,... que es interesante su aportación resumiendo la bibliografía sobre el tema, enumerando algunas de las principales características del desarrollo local:

Carácter descentralizado. El espíritu del desarrollo local responde a una planificación descentralizada. Como señala Sánchez Pérez-Moneo (1990): lo que sí es unánime a todas las acepciones es su contraposición a la idea de desarrollo central, de las formas de organización, estrategias y posibles consecuencias derivadas de las grandes políticas económicas. No obstante, esta contraposición no se utiliza jamás en el sentido de exclusión, sino en el de complemento y alternativa.

Protagonismo local. Para Gódar y otros (1987), una de las dimensiones en las que se inscribe el desarrollo local es la de permitir a las poblaciones locales asumir más su papel de actores de su desarrollo, por la selección de sus objetivos y medios.

Autonomía. Indudablemente la aplicación de estrategias de desarrollo local supone un reconocimiento de la autonomía local y un funcionamiento autónomo de hecho, sin que ello signifique un aislamiento o desconexión con la sociedad mayor.

Incorporación de nuevos recursos y de nuevos actores sociales. Estas incorporaciones a la actividad económica han recuperado el espacio local para el crecimiento, haciéndolo relevante, cuando no ineludible, para el desarrollo, Mayoral (1991).

Relevancia estratégica de la dimensión espacial. La dimensión espacial y la articulación territorio/economía/sociedad, desempeñan una función clave en los modelos de desarrollo local; como ha señalado Vázquez Barquero (1991) es esencial el carácter espacial del proceso de reestructuración productiva, uno de cuyos mecanismos es la estrategia de desarrollo local.

Varianza territorial de los espacios locales de desarrollo. La relatividad de la noción de autonomía prohibe la identificación de un nivel único de desarrollo local. Según las situaciones y los problemas considerados, el espacio de desarrollo local puede ser un poblado, el barrio, un pueblo, una pequeña región rural, una cuenca o una región económica, Gódar, Cerón, Vinater y Passaria (1987).

Para añadir algo más al concepto de desarrollo local, se plasma la definición que da E. Carrillo en apfe (2000), nos dice que es un conjunto de actuaciones públicas y privadas, de tipología muy diversa y alcance muy variado, dirigidas a dinamizar la economía y la actividad productiva y empresarial en la esfera territorial específica de que se trate favoreciendo una actitud social activa frente al paro, impulsando la cultura emprendedora y la innovación y contribuyendo a generar empleo y renta a través del aprovechamiento, con base en la participación ciudadana, la concertación entre los agentes sociales y la coordinación interadministrativa, de los recursos endógenos, las ventajas comparativas y competitivas y los empleos de futuro que en cada lugar se detecten. Todo ello buscando la interdependencia y las oportunas sinergias entre economía, medioambiente, tecnología y territorio.

Así a través de estas definiciones se observa lo que el modelo de desarrollo local pretende, que no es otra cosa que el desarrollo en armonía con el medio de zonas que están deprimidas económicamente o bien necesitan dar un giro a sus políticas, por situaciones de cambios de actividad, paro, falta de espíritu emprendedor, carencias formativas, etc.

Dentro de esta introducción al marco teórico del desarrollo local, que va construyéndose en las últimas décadas, es preciso apuntar algunos datos sobre como han ido surgiendo estas ideas en el transcurso del tiempo.

E. Carrillo en apfe (2000) págs. 42-48, nos hace esa semblanza histórica para comprender mejor como ha nacido el desarrollo local:

En el comienzo del siglo XX regía una forma de hacer y entender la economía, asumiendo los postulados fundamentales desarrollados por la Escuela Clásica a partir del último cuarto del siglo XVIII, habiendo tomado cuerpo en la segunda mitad del XIX, tal forma de entender la economía ha quedado inscrita en lo que se llama Escuela Neoclásica. Es un modelo macroeconómico sencillo en el que el estado le correspondía jugar un papel neutral y donde el impulso de la oferta, la moderación salarial y contención de la oferta monetaria asegurarían, el crecimiento económico. El pleno empleo y el control de los precios.

Sin embargo, la realidad socioeconómica de la tercera década del siglo XX se empeñó en refutar una visión tan simplista de la política económica. Surgieron nuevas propuestas, a partir de la segunda gran guerra, un nuevo modelo que surgió de la mano de Keynes, conocido como keynesianismo. Modelo orientado hacia la demanda y propulsor de las instancias públicas que daría lugar en el transcurso del tiempo a la paulatina consolidación de dos grandes cimientos de la socioeconomía contemporánea: la Sociedad del Consumo y el estado del Bienestar.

Esta política aumentó el grado de burocratización y rigidez de las economías europeas y los últimos años sesenta se vieron conmovidos por movilizaciones colectivas, todo lo cual condujo a la ruptura del clima que había marcado los tiempos precedentes.

La crisis del petróleo hizo caer la economía internacional, subidas de precios, inflación, en definitiva un estancamiento de la economía que da origen al desempleo, ante esto el modelo keynesiano carece de recetas válidas.

De ahí pasamos a una política económica de fases, un modelo de transición, que aplicó por un lado ideas anteriores ante la falta de soluciones y por otro lado fasear las actuaciones en economía, no luchar contra todo a la vez.

Esto nos lleva a la división entre las políticas macro y micro económicas. Destacan ideas en torno a conceptos microeconómicos donde destaca el desarrollo local y acciones directamente relacionadas con él como las políticas activas de empleo, la economía social, los empleos del futuro y nuevos yacimientos de empleo, y la economía alternativa.

8.1.2. El desarrollo local en Europa

Sin ánimo de hacer un análisis histórico exhaustivo, donde el lector se remonte a experiencias antiguas, que se pueden asociar a lo que hoy entendemos por desarrollo local, haré un breve recorrido histórico, por la evolución que este modelo ha ido siguiendo en las últimas décadas.

En España a finales de los setenta, con el cambio político, la constitución democrática, la elección de los representantes en el ámbito local, sin duda unos años de euforia, de cambios importantes, pero también de una época de una gran crisis, donde el modelo de la economía española y de las occidentales en su conjunto estaban en una auténtica decadencia, cierre de empresas, aumento del paro, inflación... Según A. Vázquez (1999) el futuro se veía con una gran incertidumbre y los primeros alcaldes democráticos se encontraron con esa situación. En España y en los países europeos de nuestro entorno, comenzaron a realizar su tarea, tratando de utilizar el potencial de desarrollo que pudiera aportar el territorio, los recursos humanos, los recursos naturales, las externalidades potenciales y con ello lanzar iniciativas de desarrollo local.

Los rasgos que caracterizan el desarrollo local en España según G. Valcárcel-Resalt (1990) son:

La dimensión territorial de los procesos de desarrollo. Más de la mitad de experiencias detectadas se circunscriben al municipio. Hay algunas experiencias de ámbito submunicipal, barriadas, pedanías,... otras de ámbito zonal, como zonas de agricultura de montaña, de carácter supramunicipal.

Las experiencias se localizan de una forma irregular en el territorio las que ofrecen más experiencias son: Cataluña, País Vasco, Andalucía, Castilla-León y Castilla-La Mancha.

Normalmente se denomina a las experiencias por el nombre del municipio, mancomunidad, comarca y en algunas ocasiones por el nombre del proyecto o plan correspondiente.

Suele intervenir alguna Administración, se trabaja a través de alguna Agencia o equipo de expertos.

Los promotores suelen ser las entidades locales y el resto suele provenir de Consejerías, Organismos del estado o Diputaciones.

La financiación suele proceder de diversos organismos dependiendo del tipo de ayudas: INEM, FSE, FEOGA- Orientación, Incentivos regionales, Consejerías, Ministerios,...

En Francia experiencias de territorio en desarrollo aparecen en 1965 dentro de las zonas rurales desfavorecidas. Son el resultado de una toma de conciencia y de una voluntad local que quiere luchar contra ciertas formas de subdesarrollo y de caída de la actividad. En el plano teórico, también fue alentado por el movimiento comunitario que comenzó a desarrollarse en Quebec y por todo el ambiente contestatario que culminará en el mes de mayo de 1968, G. Dalla Rosa (1999).

Asimismo, a partir de los setenta el estado francés se implica en estos procesos a través del Plan de Fomento Rural de 1970, Contrato de país de 1975, Carta Intercomunitaria de 1983, etc. G. Dalla Rosa (1999). Si bien el desarrollo local, en Francia, nace en un contexto rural, en los años ochenta han aparecido procesos similares de rehabilitación urbana o de intervención en zonas de barrios conflictivos, sobre todo a través de los llamados Contratos de Ciudad. En los años 90 con la Iniciativa Comunitaria Leader I se rescató un procedimiento ampliamente prefigurado por los Contratos de País de finales de los 70, G. Dalla Rosa (1999).

En 1986 la Comisión Europea puso en marcha el programa LEDA (Local Employment Development Action» – Acciones para el Desarrollo Local del Empleo). El programa está centrado en el desarrollo del «know-how» sobre el desarrollo local del empleo y su utilización por parte de todos los agentes socioeconómicos involucrados en dicho proceso. Se desarrollan cuatro tipos de actividades: acciones en áreas piloto; intercambio de información y experiencias; desarrollo e investigación de políticas; actividades de divulgación, R. Cotorruelo (1992).

Ni siquiera el fracaso de las políticas nacionales de lucha contra el paro y la exclusión consiguen dar a la iniciativa local el lugar, que en situaciones normales, le correspondería. El tratamiento de los problemas sociales y económicos a una escala territorial mejor adaptada no siempre logra imponerse como una solución más eficaz. La ley de 1995 sobre el desarrollo del territorio, que crea la figura de país dentro de la reflexión sobre la ciudad y el campo, alienta esta vuelta hacia un enfoque más territorializado de los problemas del desarrollo, G. Dalla Rosa (1999).

8.1.3. El desarrollo sostenible

Ante la problemática de diversas zonas y sectores siempre se hablaba de crecimiento, llegando a veces a realizar un desarrollo que se convertía en desarrollismo, sin contar con el medio, con los recursos que son escasos y agotables, con lo cual la problemática se agudizaba después de un primer momento de mejoría.

Ante esto surgen, E. Carrillo (2000) los límites éticos que desde diversos sectores siempre se han puesto al crecimiento, a estos límites se han unido recientemente otros, como los límites ecológicos, en la consciencia de que producir también puede conllevar destruir, y de que ningún sistema económico franquea la frontera ecológica sin provocar el deterioro de la calidad de vida y el riesgo serio de autodestrucción; los límites estructurales que hacen del crecimiento, necesario, pero insuficiente para resolver determinados problemas, como el desempleo.

Así entramos en el desarrollo integral que supone una concepción que contempla la necesidad del crecimiento económico, pero no a cualquier precio. A partir de lo cual favorece la interrelación economía-medioambiente-tecnología-territorio, apuesta con rotundidad por el desarrollo sostenido, pondera la importancia del desarrollo social en la convicción de que no hay eficacia económica sin eficacia social e instrumenta mecanismos de descentralización, participación y concertación, aumentando el peso de los entes públicos y de la sociedad civil E. Carrillo (2000).

J.M. González en B. Pérez y E. Carrillo (2000) nos aporta algunas ideas acerca de la sostenibilidad. Este concepto aparece a partir de la expresión inglesa sustainable development que ha sido traducido por crecimiento sostenido o desarrollo sostenido. Según J.M. González este término parece formulado por primera vez por Maurice Strong, Director del Programa de la Naciones Unidas para el Medio Ambiente (PNUMA), en su primera reunión de 1973, como un desarrollo socialmente justo, ecológicamente compatible y económicamente viable, o también el triángulo compuesto por los tres conceptos: necesidades básicas, desarrollo autocentrado y compatibilidad ecológica.

El desarrollo sostenible sería un desarrollo más igualitario y menos dependiente, más racional desde el punto de vista socioambiental para la gestión de los recursos y el espacio, utilizando diseños ecológicamente viables y buscando un mayor control democrático y participación popular en las decisiones sobre el medio ambiente físico y social de los más directamente afectados.

Según Brundtland (1988) el desarrollo sostenible, gira en torno a la idea de la satisfacción de las necesidades de la generación presente sin comprometer la capacidad de las generaciones futuras para satisfacer las propias necesidades.

Así el desarrollo sostenible va en la línea del mantenimiento del medio ambiente, a través del principio de precaución J. M. González (2000) y el de estándar mínimo de seguridad.

Creo que para dar una visión general de lo que es el desarrollo sostenible es interesante contar con las aportaciones de Riechmann (1995) que nos da una serie de criterios operativos para el desarrollo sostenible:

— Principio de irreversibilidad cero.
— Principio de extracción sostenible de Recursos Renovables.
— Principio de extracción sostenible de Recursos no Renovables.
— Principio de emisión sostenible.
— Principio de selección sostenible de tecnologías.
— Principio de precaución.

8.1.4. El territorio, campo del desarrollo local

En el desarrollo local una de las características más definitorias sería su dimensión territorial. Para A. Vázquez en B. Pérez y E. Carrillo (200) el territorio tiene esta importancia, no sólo debido al efecto espacial de los procesos organizativos y tecnológicos, sino por el hecho de que cada localidad, cada región es el resultado de una historia en la que se ha ido configurando el entorno institucional, económico y organizativo.

El territorio visto así es un todo que se ha ido forjando a través de la historia, dejando huella el paso de las comunidades, sus acciones, por tanto el territorio será un elemento clave a estudiar a la hora de ponernos a trabajar en un proceso de desarrollo local. Realizando aquellas acciones que nos garantizan un desarrollo sostenible con el medio en que nos movemos.

Para A. Vázquez, el territorio puede entenderse como un entramado de intereses de una comunidad territorial, lo que permite percibirlo como un agente de desarrollo local, siempre interesado en mantener y defender la integridad y los intereses territoriales en los procesos de desarrollo y cambio estructural.

J. Muñoz en F. Rodríguez (1999) págs. 133-139, nos propone un método para el análisis y diagnóstico del medio físico, basado en el análisis integrado de paisajes. Un análisis desde una perspectiva integradora orientado a detectar las claves de la organización y la dinámica de dicho territorio, identificar y evaluar sus recursos. Dentro de este análisis una parte se dedica a los componentes naturales del sistema territorial, el medio físico. Al igual que otras partes del estudio del territorio, el análisis del subsistema natural se estructura en tres fases. Una fase de información o inventario, una fase de reconocimiento y una fase de diagnóstico o valoración J. Muñoz (1999).

Para finalizar este capítulo, antes de entrar en las cuestiones prácticas del desarrollo local, es el momento de hacer una reflexión sobre los obstáculos más frecuentes que surgen en la aplicaciones de este tipo de programas. Para ello tomaremos los mencionados por Gódar, Cerón, Vinater y Passaria (1987), que hacen que, a menudo, el desarrollo local sea frenado:

— La falta de hombres y de recursos.
— Un bajo nivel de formación general y profesional.
— El acostumbramiento a la dependencia.

La existencia de mecanismos de transferencia de recursos al exterior (mediante la imposición fiscal, el monopolio sobre la comercialización local, o por medio de términos desfavorables de intercambio, etc.)

La centralización de los recursos y de las decisiones políticas en las instancias centrales del aparato del estado.

El peso dominante de una gran empresa cuyas estrategias estén definidas en función de los espacios económicos nacionales o internacionales, pero que trastornen las redes locales.

Las barreras sectoriales impuestas como consecuencia de la especialización económica o de la organización vertical de la administración pública.

8.2. LA PLANIFICACIÓN

8.2.1. Proceso de planificación

La nueva concepción del desarrollo local definida por las tendencias más recientes no representa una ruptura con la antes vigente, sino una cierta reorientación y complementariedad dentro del enfoque tradicional E. Carrillo (2000). Para una análisis de la zona de actuación es preciso que nos centremos en toda la información que se ha ido acumulando en las últimas décadas, que sin duda nos va a ayudar a clarificar el proceso.

Es preciso partir un desarrollo local en progreso continuo y en el que se van sumando nuevas políticas y programas. En E. Carrillo (2000) habla de la construcción de un edificio, que se viene haciendo desde comienzo de los ochenta, y que lo llama «el edificio del desarrollo local»:

1982-1988. Primera Generación.

Planta 1.ª Recursos endógenos: diagnóstico, potenciación y rentabilización.
Planta 2.ª Concertación social: empresarios, sindicatos y otros actores sociales.

1988.1994. Segunda Generación.

Planta 3.ª Espíritu innovador, creatividad y capacidad inventiva.
Planta 4.ª Tecnologías: aplicación al desarrollo del territorio.
Planta 5.ª Coordinación administrativa.
Planta 6.ª Acceso e integración en Programas Europeos.

1994-1998. Tercera generación.

Planta 7.ª Participación ciudadana: intensiva y extensiva.
Planta 8.ª Cultura emprendedora y actitud activa contra el paro.
Planta 9.ª Recursos exógenos: en el marco de una perspectiva estratégica del territorio.
Planta 10.ª Impulso e institucionalización de los empleos de futuro.

A este edificio hay que ir añadiendo más acciones y variables para, según avanzamos, ir perfeccionando el modelo, E. Carrillo (2000):

Partir de las necesidades no satisfechas de la población como fuente de generación de empleo y de desarrollo.

Mayor énfasis en los servicios que en la industria como fuente de nuevas iniciativas empresariales y nuevos empleos.

«Continuum» de las esferas doméstica y profesional, lo que implica una nueva gestión del tiempo y la reconciliación con el territorio.

El proceso de planificación, P. Cantero y F. Figueras en B. Pérez y E. Carrillo (2000), consiste en el diseño de un conjunto de acciones que se orientan de manera consciente hacia la transformación de un sistema. Esta transformación tiene que estar basada en la definición de una idea o imagen que refleja el objetivo deseado, teniéndose que llegar a él de la forma más eficiente posible.

P. Cantero nos muestra un modelo de planificación de Pérez A. Que constaría de los siguientes pasos:

Diagnóstico. Es un instrumento de análisis que permite la sistematización, presentación, interpretación y evaluación de la información. Debe explicar el funcionamiento del sistema económico vigente y la evolución que experimentaría. Habrá que determinar los problemas y las causas que los originan.

Análisis de los objetivos. Al principio deben fijarse de manera provisional, para después ir centrando más las metas a alcanzar.

Análisis de las estrategias alternativas. Hay que elegir la estrategia más adecuada para la consecución de los objetivos, a los cuáles se puede llegar por diferentes caminos, en función de las alternativas existentes.

Programa y ejecución de la política económica.

Seguimiento y control de la política económica.

Evaluación y reformulación.

Para darle consistencia al programa no basta con la redacción de un conjunto de medidas sino que se precisa disponer de infraestructura e instrumentos y recursos necesarios. Todo lo que este autor expone en relación con la planificación, se puede plasmar y ordenar en el Marco Lógico ya que sólo se trata de un método que organiza la información necesaria para mejorar la eficacia, P. Cantero y F. Figueras (2000).

El Enfoque del Marco Lógico EML es un instrumento al servicio de la planificación, que trata de establecer una secuencia temporal lógica entre los medios y fines de un proyecto, así como la fijación de unos indicadores que reflejan cuando se alcanza el éxito en cada uno de los niveles, así como los medios de verificación que permiten la medición de los mismos. De esta manera se establece una estructura que cierra todo el proceso de planificación.

8.2.2. Recursos y empleo

Es preciso a partir del análisis de los recursos estudiar qué empleos son los que van a poder surgir o reactivarse a partir del plan de desarrollo, eso nos permitirá elaborar dentro del diseño los planes de formación necesarios. Está claro que si pretendemos un desarrollo local con aprovechamiento de los recursos existentes, el empleo estará en relación con estos recursos y los objetivos que pretendemos dentro de cada área.

J.M. González en B. Pérez y E. Carrillo (2000) hace un análisis de los aspectos a tener en cuenta dentro del inventario y reconocimiento de los recursos del entorno. Este autor menciona una serie de tareas en las que debe basarse el reconocimiento de los recursos ambientales para la definición de una estrategia de desarrollo, tomadas de D. Gómez (1997):

- — Información o inventario integrado del entorno.
- — Definición de las unidades de integración.
- — Valoración de las unidades de integración.
- — Relación de actividades actuales y potenciales a considerar:
- — Estimación de la fragilidad del entorno.
- — Estimación de la potencialidad del entorno.
- — Determinación de la capacidad de acogida del entorno.

Se trataría de determinar la valoración del territorio en términos de méritos de conservación y comportamiento frente a una serie de actividades a ordenar por el plan. Las actividades pueden clasificarse en J.M. González (2000):

— Derivadas de los recursos del medio físico.
— Derivadas de las aptitudes y actitudes de la población.
— Derivadas del patrimonio construido.
— Derivadas de aspectos políticos.

Todas esta información se vierte en un modelo de análisis DAFO (Debilidades, Amenazas, Fortalezas y Oportunidades) para poder a partir de aquí iniciar las estrategias a seguir, las acciones a desarrollar y en que líneas.

Una matriz trata de buscar relaciones entre las variables que se manejan, pues eso pretende la matriz DAFO identificar, clasificar y estudiar una serie de variables que intervienen en las zonas rurales, para poder articular soluciones.

Esta matriz pretende elaborar el análisis interno mediante la identificación de debilidades y fortalezas, el análisis externo lo construye a partir de las amenazas y oportunidades. Para no detenernos demasiado, pues este análisis DAFO sólo pretendo mostrarlo como una herramienta útil para iniciar cualquier tipo de estudio sobre una zona determinada, pues nos va a rebelar los elementos más destacados, positivos y negativos, de la zona donde vamos a aplicar estrategias de desarrollo, sin más extensión, sólo me detendré en describir los cuatro grupos que lo componen.

En cuanto al análisis externo:

Oportunidad. Es una circunstancia o situación, normalmente del entorno, que es favorable para nuestro proyecto. Por ejemplo una necesidad del mercado no cubierta.

Amenaza. Una circunstancia o situación, normalmente del entorno, que nos es desfavorable, para nuestras intenciones. Por ejemplo abandono de la actividad agraria o desertización.

En cuanto al análisis interno:

Fortaleza. Es un elemento favorable interno a nuestra zona o comarca. Por ejemplo espacios naturales protegidos, potencial para turismo rural y natural.

Debilidad. Es una limitación que constituye un obstáculo para la consecución de nuestros objetivos. Por ejemplo falta de cultura empresarial o envejecimiento de la población.

Con todos los factores identificados se procede a elaborar estrategias y determinar las acciones que debemos tomar para:

Corregir	nuestras	Debilidades
Afrontar	nuestras	Amenazas
Mantener	nuestras	Fortalezas
Explotar	nuestras	Oportunidades

Lo que se conoce como método CAME.

Dentro del estudio de este apartado es preciso contar con los nuevos yacimientos de empleo, como posibilidad de dirigir acciones en esa línea. Según E. Carrillo (2000) sería necesario abordar tres ámbitos de actuación:

Diagnóstico y evaluación de los empleos de futuro que específicamente se den en el territorio concreto.

Formación para que tales empleos se profesionalicen y se asienten en el mercado laboral.

Financiación para que los nuevos puestos de trabajo, encuentren en una primera fase una masa crítica de demanda, y se consoliden en una fase posterior en el mercado laboral.

Sobre los nuevos yacimientos de empleo no es preciso extenderse, puesto el Libro Blanco sobre «Crecimiento, competitividad y empleo» se refiere a ellos con todo detalle, analizando los distintos sectores, dividiéndolos en 17 ámbitos de nuevos trabajos, agrupándolos en cuatro bloques:

— Servicios de la vida diaria.
— Servicios a domicilio.
— Cuidado de niños.
— Nuevas tecnologías de la información y de la comunicación.
— Ayuda a jóvenes en dificultad ya su inserción.
— Servicios de mejora del marco de vida.
— Mejora de la vivienda.
— Seguridad.
— Transportes colectivos locales.
— Revalorización de los espacios públicos locales.
— Comercios de proximidad.
— Servicios culturales y de ocio.
— Turismo.
— Sector audiovisual.
— Valorización del patrimonio cultural.
— Desarrollo cultural local.
— Servicios de medio ambiente.
— Gestión de los residuos.
— Gestión del agua.
— Protección y mantenimiento de las zonas naturales.
— Normativa, control de la contaminación e instalaciones correspondientes.

8.2.3. La formación en el desarrollo local

En la inmensa mayoría de todos los proyectos de desarrollo local, aparece la formación, como un elemento indispensable para poder hacer que la población entre en nuevas profesiones o mejore las existentes en todos los sentidos.

M. García en B. Pérez y E. Carrillo (2000) nos define el término Empleabilidad como el conjunto de competencias del trabajador, necesarias y suficientes, que permitan en todo momento encontrar empleo, en el interior o fuera de la empresa, en plazo y condiciones favorables. Esta empleabilidad se consigue permanentemente con la consecución de una serie de objetivos:

— Los saber hacer válidos y ejercidos.
— El aprendizaje del cambio.
— La capacidad para identificar y anticipar un proyecto profesional.

Bien, pues una de las acciones clave para aumentar la empleabilidad en las personas es la formación. Por lo tanto es muy importante analizar los planteamientos referidos al diseño de la formación M. García (2000):

Qué tipos de formación se orientan directamente al desarrollo de las competencias.

Qué valores permanecen como estables para servir de referentes en entornos tremendamente cambiantes donde no hay lugar al aprendizaje simultáneo de la práctica profesional.

Cómo se identifican las necesidades.

La formación debe apoyar y ayudar a los elementos generadores de riqueza en lo local, elevando los niveles de sensibilización en torno a la solución de problemas de todos los agentes implicados en el desarrollo del territorio M. García (2000).

Por tanto, en cualquier proceso de desarrollo local es preciso relacionar la formación con el territorio, con los recursos existentes, que son los que nos van a definir los empleos y las necesidades formativas de la población, una formación a la carta, posibilitando a las personas de ese territorio el afrontar la construcción de ese desarrollo local, de ese aumento de la calidad de vida.

G. Valcarcel en F. Rodríguez (1999) pág. 70 hace unos apuntes sobre la formación y la necesidad de abordarla en todas las modalidades posibles, como medio de llevar a buen fin un proceso de desarrollo local, así menciona que es necesaria una formación específica para los propios técnicos, agentes de desarrollo y otros responsables locales; formación a la carta de trabajadores y especialistas para la PYME; formación de emprendedores; formación de formadores; formación cooperativa y en general asociativa; formación de las capacidades humanas, de forma que puedan asumir nuevas competencias en el proceso de Desarrollo Local, ganando así mayor eficacia en sus funciones y proporcionando mejores resultados globales para su comunidad.

En esta misma línea se expresa B. Blasco en F. Rodríguez (1999) págs. 361-382, hablando sobre la planificación de la formación, decidiendo con anticipación lo que hay que hacer, como, con qué medios, cuando y por quién. Planificar es definir previamente una línea de acción a seguir para alcanzar determinados objetivos, dentro de ciertos plazos y con el empleo de determinados medios y recursos, para valorar constantemente si tales objetivos se alcanzan y si la acción planificada es adecuada para alcanzarla.

Ya que existe numerosa documentación sobre experiencias de desarrollo local, podemos comprobar que la formación ha jugado un papel fundamental en todos los procesos de desarrollo llevados a cabo, como forma de poder dar a la población una preparación de cara al nuevo horizonte que se pretende y como forma de sensibilizar sobre el modelo que se aplica.

8.2.4. Diseño y ejecución del plan

Para diseñar un buen plan de desarrollo local hay en nuestros días ya suficiente información para poder realizar un buen plan, que bien no podrá ser copiado, pues una de las premisas es la adaptación a cada zona en concreto, pero si podremos hacer que no se nos queden temas sin tratar. G. Valcárcel-Resalt (1990) da una serie de principios que deben guiar el diseño y ejecución de un plan de desarrollo local:

Debe orientarse a satisfacer las necesidades básicas de la población y en particular a los colectivos con especiales dificultades.

Por su interés social debe tener el rango de programa político de los gobiernos locales.

La calidad técnica del plan de desarrollo local, abre horizontes de progreso insospechados a cualquier área.

La instrumentación para la promoción y ejecución del plan, es decisiva para alcanzar importantes resultados.

La preservación del medio físico es compatible con el desarrollo, debe asegurar la sanidad ambiental.

La participación e incluso el protagonismo de la población o de ciertos colectivos, es algo que definirá el éxito del plan.

En la independencia del plan y de los proyectos, la estrategia debe establecerse para que el valor añadido generado en las actividades productivas quede en la zona.

En el proceso de desarrollo se deben armonizar los intereses económicos, políticos, ecológicos, sociales y culturales.

Con el fin de evitar el riesgo de los celos de competencia y posibilitar un proceso de desarrollo sostenido es necesario establecer un contrato o concertación entre las administraciones y los agentes sociales implicados.

En las zonas desfavorecidas los recursos y medios movilizables son escasos, por lo que requiere una planificación y gestión minuciosa.

El deterioro de esos recursos físicos y humanos es irreversible cuando sobrepasa ciertos límites.

Es fundamental poner en marcha alguna iniciativa reactivadora en la primera fase del proyecto, que sirva de ejemplo demostración.

La economía social puede jugar un papel importante, a través de cooperativas o sociedades laborales. La educación y formación cooperativa es fundamental.

El cooperativismo representa un mecanismo interno de resistencia a la marginación de zonas urbanas y rurales, que frena su degradación y propicia su revitalización.

Una vez se ha analizado el territorio, se han estudiado los recursos, las posibilidades de empleo, la formación necesaria y se ha diseñado el plan conduciendo las primeras acciones para su ejecución, es preciso tener en cuenta una serie de consideraciones que no nos hagan desanimar o que el plan se desvíe de las previsiones.

En esta línea R. Cotorruelo (1992) hace algunos apuntes dada la complejidad del entorno local de múltiples actores, la velocidad de la transición dependerá fundamentalmente de sí las agencias de desarrollo, del tipo que sean, pueden poner en movimiento o fortalecer localmente una serie de procesos, como:

— Animar a la gente de la localidad.
— Movilizar recursos.
— Aportar nuevos conocimientos y habilidades a la zona.
— Inyectar el pensamiento estratégico en el área.
— Actuar con flexibilidad y rapidez.
— Facilitar las asociaciones locales.

Asimismo este autor califica de gran ayuda para el desarrollo local el apoyo externo, para hacer efectivo un proceso de aprendizaje a largo plazo y el desarrollo de los recursos humanos locales.

8.3. LOS INSTRUMENTOS PARA EL DESARROLLO LOCAL

8.3.1. La gestión del desarrollo local

La estrategia para poner en marcha un plan de desarrollo local, pasa según G. Valcárcel-Resalt (1990) por establecer un contrato o concertación entre las Administraciones y los agentes sociales implicados, una vez hecho esto es preciso establecer una serie de medidas para propiciar el buen éxito del proceso de desarrollo:

El Gobierno local como único responsable del plan.

Encargar el proyecto de desarrollo local a un buen equipo investigador y técnico, que además de diseñar el plan y la estrategia de desarrollo, seleccione y asesore sobre los instrumentos de promoción y servicios técnicos.

Hacer participar a entidades auxiliares del desarrollo local, instituciones públicas o privadas y organizaciones de base.

Crear un Comité Mixto de Gestión que facilite el consenso de todas las fuerzas sociales y se responsabilice del plan.

Selección de un paquete de actividades innovadoras, tecnologías, productos, organización,...

Instrumentar adecuadamente la promoción y ejecución de desarrollo, como mínimo crear una Oficina o Agencia de Desarrollo Socioeconómico.

Si son municipios pequeños es aconsejable establecer mancomunidades o contratos intermunicipales.

Entonces se podrían emprender algunas de las siguientes tareas, en función de sus prioridades, presupuestos y apoyos conseguidos G. Valcárcel-Resalt (1990):

Puesta en marcha del plan de desarrollo local diseñado.

Asistencia técnica a la Administración local.

Animación sociocultural para el desarrollo.

Promoción y gestión de iniciativas locales para la creación de empleo estable.

Investigación de nuevas tecnologías adecuadas.

Ingeniería financiera.

Ingeniería del turismo para desarrollar convenientemente este sector en la zona.

Establecimiento de un programa de difusión e información mediante técnicas de comunicación e imagen.

Llevar acabo una campaña de información «hacia adentro» con objeto de afianzar la aceptación del proyecto por la población local, buscando su identificación con él. La participación de la población en general es, sin duda, la clave del éxito de un plan de desarrollo local.

Después del gran número de experiencias desarrolladas en España y Europa en temas de desarrollo local se pueden encontrar aquellos factores que más han incidido en el éxito de las acciones. Para R. Cotorruelo (1992) suponen el uso eficaz y eficiente de todos los factores de producción y, en consecuencia, mayores posibilidades de crecimiento económico. Además suponen otros muchos beneficios estas acciones con éxito, pues no sólo se trabaja en la creación de riqueza, sino también en la distribución. Es algo más que un modelo de desarrollo económico de corte tradicional, puesto que se extiende al campo del desarrollo socio-político y cultural.

Siguiendo a R. Cotorruelo (1992), dentro de este enfoque, cabe distinguir tres principios básicos:

Las acciones del desarrollo local del empleo deben prestar atención a la totalidad de la economía local.

Deben combinar medidas de «hardware» y de «software» para la consecución de los objetivos de desarrollo.

Deben conducirse y enfocarse a escala local pero diseñarse con u n profundo conocimiento y comprensión de la economía global y de las tendencias internacionales.

8.3.2. Las instituciones. Los instrumentos operativos

Las Administraciones locales que de algún modo se han implicado en procesos de desarrollo local han realizado una serie de acciones encaminadas a fomentar la Promoción Económica, B. Pérez (2000):

— Establecimiento de Infraestructuras de Transportes y Comunicaciones.
— Infraestructuras de Apoyo a la Actividad Económica.
— Potenciación de activos intangibles: Formación, Asistencia Técnica y la Información.
— Fomento de actividades que puedan generar empresas viables.
— Fomento de emprendedores.
— Apoyo a Organizaciones Empresariales.
— Facilitar recursos para el establecimiento de empresas.
— Apoyo a Empresas Locales.

La inmensa mayoría de los casos de desarrollo local han sido promocionados por las Administraciones o bien por instituciones dependientes de ellas. Para llevar a cabo procesos de desarrollo local lo más frecuente es instalar una Agencia de desarrollo local, que toma distintos nombres dependiendo de quien financia la acción, así tenemos: Oficina de Promoción Económica (OPE), Oficina de Desarrollo Económico (ODE), Unidad de Promoción de Empleo (UPE), Unidad de Promoción y Desarrollo (UPD), Agente de Desarrollo Local (ADL), Agente Local de Promoción de Empleo (ALPE). En otras ocasiones adoptan nombres que provienen de la propia constitución del organismo, como ejemplo Sociedad para el Desarrollo de Antequera y su Comarca, Organismo Autónomo Local (OAL)...

Con la puesta en marcha de los Lider y los Proder en la década de los noventa, o con motivo del Lider + (Lider plus) en estos primeros años del nuevo milenio, surgen las Asociaciones de Desarrollo Rural que integran a todos los agentes del territorio, superando anteriores conflictos. En el período Proder y Lider + es condición de la Comisión que estén formadas las asociaciones de desarrollo y que integren a todos los actores del territorio para poder acceder a los fondos para esos grupos.

Como instrumentos para el desarrollo Local destacar tres grupos de instrumentos dependiendo si son de formación, apoyo y financiación a emprendedores o experiencias mixtas de empleo y formación:

Formación: las Escuelas Taller y Casas de Oficio financiadas por el INEM, que son aprendizajes de oficio con prácticas reales. Cursos de formación.

Apoyo a emprendedores: Líneas de ayudas de las administraciones, a través de las Consejerías o de los distintos Ministerios, ayudas de múltiples programas de la UE, como Lider +, Proder, Urban II, Equal, Incentivos regionales,... Unidades de Promoción económica, Agentes de Desarrollo,... Instrumentos de creación y gestión de suelo, como polígonos industriales, de servicios. Instrumentos de financiación, como Sociedades de garantía recíproca, convocatorias de subvenciones, capital-riesgo,... Asociaciones, fundaciones,...

Experiencias mixtas de formación empleo: Semilleros de empresas, incubadoras, viveros de empresas, centros de promoción empresarial, centros de innovación empresarial, centros de innovación y tecnología, centros de nuevas empresas, hoteles de empresas,... Diferentes acepciones que se les da a una serie de programas de ayudas fomentados principalmente por las CCAA (Comunidades Autónomas) y por Ayuntamientos, su misión es albergar proyectos empresariales nuevos y cuya estancia en los centros va seguida de un proceso de formación y tutorías.

Otra experiencia interesante en este apartado son los Centros Europeos de Empresas e Innovación (CEEI), algo similar a los viveros, incubadoras, escuelas de empresas, etc. siempre con algunas características diferenciadoras, más centrados en lo urbano, se apoyan proyecto de empresas innovadoras que incorporen tecnologías avanzadas. Los CEEI forman parte del proyecto lanzado por la Dirección General de Políticas Regionales (DG XVI) de la Unión Europea.

8.3.3. Los programas. Las acciones

El desarrollo local tiene que afrontar una serie de programas que son básicos y que E. Carrillo (2000) los define dentro de dos grupos Horizontales y Verticales:

— Programas Horizontales:

- Programa para detectar y evaluar los recursos endógenos y las ventajas comparativas y competitivas del territorio.
- Programa de incentivación de la cultura empresarial y de una actitud activa contra el paro, en el tejido social de referencia.
- Programa de apoyo administrativo.
- Programa de financiación.
- Programa de equipamiento tecnológico.
- Programa de formación.
- Programa de coordinación interadministrativa.
- Programa de coordinación social.
- Programa de institucionalización de los nuevos yacimientos de empleo.

— Programas Verticales:

- Promoción industrial.
- Fomento de la agricultura.
- Impulso del medioambiente.
- Incentivo de servicios tecnológicos avanzados.
- Apoyo bienestar social y calidad de vida.

R. Cotorruelo (1992) menciona una serie de nuevas formas de acción que desde finales de la década de los setenta, han venido a dominar la escena local, en respuesta a la naturaleza de los nuevos problemas y desafíos que enfrentan la mayoría de las regiones europeas:

— La necesidad de desarrollar nuevas habilidades y adoptar actitudes emprendedoras.
— La necesidad de adquirir un nuevo «know-how» y de innovar.
— La necesidad de crear nuevas empresas y desarrollar nuevos productos y mercados.
— La necesidad de apoyar a los grupos con más difícil acceso al mercado de trabajo: desempleados de larga duración, las mujeres y los jóvenes.

— La necesidad de hacer frente a nuevos escenarios configurados por múltiples problemas, desafíos y objetivos.

Así siguiendo con lo expuesto por R. Cotorruelo (1992) destaca tres tipos de acciones fundamentales:

La formación de recursos humanos. Las zonas tienen que confiar cada vez más en sus recursos endógenos, y para ello la valorización de sus propios recursos humanos es fundamental para cualquier estrategia o iniciativa de desarrollo local.

La creación y desarrollo de empresas. No podemos quedarnos exclusivamente en atraer inversiones externas. Las pequeñas empresas son el foco principal del desarrollo local. Esto requiere: creación de un clima favorable, información y apoyo a emprendedores, infraestructuras, financiación,...

El fomento de la innovación. Es algo básico para mejorar la productividad y competitividad local.

Las zonas que se iniciaron dentro del programa LEDA han pasado en diez años de unas estrategias defensivas a otras de desarrollo. Las formas de acción han pasado de buscar influir sobre las decisiones de los actores supra-locales en el desarrollo de los puntos fuertes del área, a movilizar los recursos locales y externos y promover nuevas actividades económicas y el empleo.

8.3.4. Los Agentes de Desarrollo

Por Agente de Desarrollo se puede entender a un gran número de profesionales que tienen unos objetivos similares, pero que reciben distintos nombres dependiendo del programa para el que trabajen o la Administración que subvenciona. Así tenemos un gran número de personas que trabajan en esas Agencias, enumeradas en el apartado de instrumentos operativos y que por tanto no es preciso repetir. Su función sería la de llevar a cabo tareas de desarrollo, promoción y asesoramiento, interesando sobre las potenciales oportunidades detectadas a los agentes emprendedores, individuos e instituciones públicas locales, intermediando entre ellos y procurando su participación en la creación de pequeñas empresas de interés comunitario.

El mercado de trabajo de los profesionales del Desarrollo Local, es relativamente nuevo, pero ya existen campos definidos en los que se necesitan estos profesionales, B. Pérez (2000) realiza una tipificación de algunas de las profesiones relacionadas:

— Agentes de Desarrollo Local.
— Técnicos de Estructuras relacionadas con el Desarrollo Local.
— Técnicos de Proyectos Comunitarios.
— Técnicos de Empleo.
— Técnicos de Asesoramiento a Empresas.
— Técnicos de consultoras especializadas en Desarrollo Local.

Además menciona que sería importante la Formación técnica de los responsables políticos en el Desarrollo Local.

J.L.Raña (2000) agrega otra vía de empleo para estos profesionales, lo que llama los Tutores de Inserción. Su finalidad es favorecer el empleo de los alumnos/as de Escuelas Taller y Casas de Oficios.

I. Vicente en F. Rodríguez (1999), págs. 476-480, nos hace un perfil bastante completo sobre el Agente de Desarrollo Local, tomando como áreas fundamentales de conocimiento: análisis territorial, promoción de proyectos, animación, comunicación, y gestión, subdividiéndolas a su vez en columnas donde indica lo que debe conocer, lo que debe saber hacer y la actitud que ha de tomar, el saber ser. La definición por exhaustiva, es de máximos y seguro que en la realidad pocos pueden responder al perfil, pero si puede servir como una guía de autoformación, aspecto que según este autor a veces descuidamos, los que tanto lo promovemos.

8.4. LA ACCIÓN Y EL APOYO A EMPRENDEDORES

8.4.1. Creación y desarrollo de empresas. Apoyo y acompañamiento

Las metas que se establezcan dentro del territorio en el plan que se aplique pasará por favorecer la puesta en marcha de iniciativas, fomentando su creación y propiciar un clima favorable. Si bien asumir el riesgo de formar la propia empresa es un paso decisivo que es preciso medir y analizar muy bien. Normalmente en los procesos de desarrollo el ejemplo demostración es algo que ayuda a que otros pongan en marcha ideas, pero asimismo cuando un proyecto fracasa en un entorno que suele ser reducido, el efecto también es multiplicador, por lo que es necesario apoyar a los emprendedores, pero desde el análisis de su idea de negocio, de las posibilidades de éxito que tiene, acercándonos en el estudio a la realidad todo lo posible.

A. Muñoz en B. Pérez y E. Carrillo (2000) nos hace una relación de una serie de puntos a tener en cuenta desde las estructuras locales de desarrollo local además de informar, canalizar y orientar a los emprendedores y empresarios existentes de una zona determinada, deben entrar en otras cuestiones:

- Tolerar el fracaso de los emprendedores que lo hayan intentado, incluso considerar lo bueno que haya tenido la experiencia.
- Propiciar que las ideas circulen libremente en la zona de actuación respecto a las oportunidades de negocio que se hayan detectado y sobre todo el conjunto de ayudas oficiales y posibilidades que existan.
- Aceptar una media de éxitos relativamente baja de los proyectos nuevos que se inician, así como ayudar a no desanimarse y sobretodo a que se vuelva a intentar a pesar de los posibles fracasos.
- Insistir de diversas formas en la necesidad de renovar instalaciones y formación del personal.
- Generar un clima propicio para la continua innovación en los productos de los emprendedores de la zona, para no caer en la obsolescencia.
- Apoyar la cooperación empresarial en todo lo que se pueda y favorecer la aparición de economías de escala cuando se pueda o la ocasión lo exija.

— Lanzar mensajes de que cualquiera puede intentar la aventura empresarial y convertirse en un emprendedor.
— Llamar la atención sobre la conveniencia de reinvertir gran parte de los beneficios generados en mejoras de la propia empresa.
— Propiciar la variedad de empresas en cuanto a productos y sectores económicos, es la mejor garantía de amortiguar posibles crisis sectoriales en el futuro.
— Ayudar y propiciar un clima favorable a correr riesgos empresariales.
— Iniciar estudios estratégicos que sirvan a las empresa existentes y a las futuras, estudios sobre potencialidades adormecidas en la zona o sobre la desintermediación o creación de empresas.
— Convertir una parte de los proyectos en curso en un campo de pruebas de I+D.
— Formar en la creación de proyectos, resolución de problemas y en la puesta en marcha de empresas.
— Mantener una actitud de desafío a la población en general y hacia los posibles emprendedores en particular, que desemboque en crear un consenso respecto al binomio «creación de empresas-bienestar social de la población».

De una gran ayuda para estas acciones son los Agentes de Desarrollo, cuyos objetivos serían el apoyo a los emprendedores, asumiendo funciones de acompañamiento técnico a promotores de proyectos empresariales antes y después de su puesta en marcha, a través de acciones como:

— Dinamización del tejido productivo de la zona.
— Establecer contactos con empresarios.
— Favorecer la inserción en el medio, a través del empleo autónomo y en forma cooperativa u otro tipo de sociedad, potenciando principalmente el aprovechamiento de recursos endógenos.
— Promover la formación empresarial.
— Facilitar la participación activa de la sociedad.

B. Pérez en APFE (2000) págs. 130-132, nos habla de las vías de financiación para el desarrollo local, como una de las mayores dificultades con las que se encuentran la mayor parte de la iniciativas locales de promoción económica. Actualmente apostando por el desarrollo local todas las administraciones tienen líneas de subvenciones para apoyar estos nuevos proyectos, aunque según este autor, estas ayudas jugarán una papel de complementariedad y de adicionalidad. Según su aportación los pilares donde se asientan estas fuentes de financiación son:

Los propios presupuestos municipales. En la política de las administraciones locales se están aumentando las partidas dirigidas al Desarrollo Local, a través de subvenciones, ayudas, programas de formación, asesoramiento, apoyo.

La administración autonómica también dedica gran cantidad de recursos para el Desarrollo Local, a través de convocatorias de las distintas Consejerías de las Comunidades Autónomas, bien para que se puedan acoger los propios Ayuntamientos o bien para que las empresas y emprendedores acudan directamente a la administración a solicitar esas ayudas.

La administración central tiene asimismo varias líneas de ayuda entre las que podemos destacar: las ayudas del ICO (Instituto de Crédito Oficial), se financian tipos de interés de préstamos; las ayudas que se conceden a través del ICEX (Instituto de Comercio Exterior) para realizar acciones comerciales, prospección de mercados, con el fin de ampliar los mercados exteriores para las empresas españolas; las concedidas por el INEM (Instituto Nacional de Empleo), principalmente dirigidas a la formación, ayudas a colectivos con especiales dificultades, ayudas a la contratación y subvenciones a emprendedores; la financiación Comunitaria a través de los distintos Fondos Estructurales y los Programas e Iniciativas Comunitarias.

Respecto a los fondos que proceden a la comunidad creo que por su mayor complejidad, necesitan algunas aclaraciones, para su mejor comprensión:

Los Fondos Estructurales proceden de: él FEDER (Fondo Europeo de Desarrollo Regional; el FSE (Fondo Social Europeo); el FEOGA (Fondo Europeo de Orientación y Garantía Agrícola) y el IFOP (Instrumento Financiero de Orientación Pesquera). Estos fondos financian las políticas de inversiones en Infraestructuras, Transportes y Comunicaciones, Desarrollo Económico Local, Políticas de Empleo, Formación, etc.

Las Iniciativas Comunitarias las lanza la propia comunidad a los estados miembros, las más importantes de cara al Desarrollo Local son: Leader, ya han pasado dos iniciativas Lider I y II y ahora se está esperando la puesta en marcha de Lider + que se aplicará hasta el 2006, este programa se aplica a comarcas rurales situadas en Objetivo 1; Adapt (Adaptación de los Trabajadores y Empresarios a los Cambios Industriales y a las Innovaciones Tecnológicas; Now, para fomentar la igualdad de oportunidades de empleo para las mujeres; Horizon, mejorar las posibilidades de empleo de las personas marginadas y de otros grupos con especiales dificultades de acceso al mercado de trabajo; Youthstart, favorecer la integración en el mercado de trabajo de jóvenes menores de 20 años, sobre todo incidiendo en aquellos que carecen de cualificación o de formación.

8.4.2. Asociacionismo y participación. La Economía Social

En desarrollo local se habla de poner a las personas siempre en primer lugar y es cierto que en los proyectos suele aparecer como el elemento clave del desarrollo los recursos humanos del territorio, pero con frecuencia según C. Giménez (1993) esa población no participa real y directamente, cuando lo hace, es a través de sus representantes y no es tenida en cuenta ni en el diseño ni en la ejecución ni en la evaluación.

Siguiendo a C. Giménez (1993) poner a la gente en primer plano supone afrontar la planificación del desarrollo desde una óptica profundamente participativa. Para ello es preciso establecer desde el principio cuál va a ser el grado de participación de los beneficiarios y hacerlo de modo que sea aceptable por todas las partes. Algo que en las ADR de los nuevos Lider + de la UE ya se está haciendo, sentar en la mesa a representantes de todos los sectores y poder participar en la Asamblea cualquier persona a título personal.

En los procesos de desarrollo local está teniendo un peso importante las acciones desarrolladas a través de la Economía Social, que F. Toscano (2000) en B. Pérez u E. Carrillo nos define como una serie de organizaciones o entidades que, con independencia del sector en el que desarrollen su actividad o de la forma jurídica adoptada, si bien es la cooperativa la más extendida, nacen como respuesta a alguna carencia social ya sea de empleo, vivienda, calidad de vida, consumo, etc. persiguiendo un interés de servicio a sus miembros o a una colectividad, y colaborando de esta forma al bienestar social. El germen de la Economía Social radica por tanto, en la solidaridad.

La filosofía de estas entidades parte de los principios cooperativos que rigieron las primeras asociaciones de trabajadores que surgen como respuesta al capitalismo industrial. Aunque la situación actual es distinta pude decirse que los valores de libertad, igualdad, solidaridad y participación, continúan siendo la esencia de la actuación de estas entidades.

Los objetivos de la economía social están estrechamente vinculados al desarrollo local. Como menciona F. Toscano (2000) la integración en el medio es una necesidad compartida; en el mundo rural ha venido desarrollando un papel muy importante en zonas especialmente deprimidas, se están potenciando aquellas iniciativas que no se limitan a producciones tradicionales para conseguir la diversificación económica, es una alternativa al desempleo juvenil y se está contribuyendo a la fijación de población en los territorios.

Asimismo se están apoyando a las empresas de economía social que se dedican a actividades relacionadas con el medio ambiente y con la recuperación de recursos.

En la línea de la formación estas entidades han sido pioneras, destinando parte de sus recursos a la formación de los socios, en el caso de las cooperativas a través del Fondo de Educación y promoción Cooperativa, permitiendo la actualización de socios y trabajadores, facilitando el acceso al mercado laboral a personas que se encontraban. En situación de exclusión social, parados de larga duración, jóvenes sin experiencia con escasa cualificación y demás colectivos con especiales dificultades de acceso al mercado de trabajo, F. Toscano (2000).

8.5. CONSIDERACIONES FINALES

En este apartado quiero hacer mención a varios punto que creo no se deben echar en olvido cuando hablamos de desarrollo local:

— El equilibrio con el entorno.
— La perspectiva de género.
— La flexibilidad en los procesos.
— Estrategia cultural.
— Interacción y retroalimentación permanente.

El equilibrio con el entorno en cualquier proceso de desarrollo local es una variable fundamental si queremos que signifique éxito, calidad de vida y perdurar, de nada servirá aplicar un desarrollo que elimine una serie de ventajas y de cualidades de una zona que la degraden y la hagan perder el atractivo turístico o bien la conviertan en un sitio sin calidad ambiental para poder vivir.

La perspectiva de género es algo que hay que integrar en todas las políticas de desarrollo local. El colectivo de las zonas rurales que sufren la discriminación de una forma más marcada a la hora de acceder al mercado laboral son los jóvenes y la mujer, asociados a problemas culturales que llevan a la desvalorización del trabajo de la mujer y desconfianza del trabajo que realiza, no siendo así en el caso del hombre, la asunción de las tareas domésticas, a cargo de la mujer, impide también el acceso en igualdad al empleo. Además de una falta de independencia económica, pues suele haber escasez de trabajo para la mujer, pues las actividades principales están muy ligadas al hombre, lo que secundariza el papel de la mujer, quedando para tareas de apoyo. El abandono del territorio es otro gran problema. Es preciso el acceso en igualdad de hombres y mujeres al mercado de trabajo y a cualquier movimiento social, económico o cultural, para ello habrá que integrar esta perspectiva en todos los programas de desarrollo y en las escuelas, institutos, en los que tienen alguna capacidad de decisión, sino estaremos haciendo un desarrollo local que reproduzca situaciones injustas.

La flexibilidad en los procesos es asimismo un factor a tener en cuenta, no podemos construir instrumentos rígidos, que hagan difícil su uso, hay que poder cambiar de dirección si fuese necesario para el éxito del proyecto.

La estrategia cultural es otro punto que no puede faltar en un proceso de desarrollo local para una zona, debe existir una estrategia que tenga en cuenta lo cultural y lo económico, para poder integrar todos los valores de esa sociedad local, de modo que no sea sólo un planteamiento económico, debe trabajarse desde un planteamiento global e integrador.

Por supuesto debe existir la interacción entre todas las partes y agentes integrantes del proceso que permitan una retroalimentación permanente.

Creo también interesante, en estas consideraciones finales, recoger unas conclusiones que nos aporta B. Pérez en B. Pérez y E. Carrillo (2000), sobre las líneas básicas que definen la manera de institucionalizar las políticas de desarrollo local por parte de las administraciones, con el fin de crear empleo, renta y riqueza en las comunidades locales:

El modelo de desarrollo debe tener por una parte un carácter integral, donde aparezcan todas las variables precisas para incidir en la mejora de la calidad de vida de la comunidad y por otra parte un carácter pluridimensional que relacione a los distintos agentes.

En el contexto europeo las políticas macroeconómicas han dejado de ser una competencia nacional. Respecto a las políticas monetarias es el Banco Central Europeo y las fiscales están condicionadas por los planes acordados por todos los países. Por todo ello, el papel del Estado actualmente está centrado en políticas microeconómicas.

Las políticas relacionadas con el desarrollo local deben de estar integradas en las actuaciones estatales.

La descentralización administrativa por parte del estado a las administraciones autonómicas y locales es condición necesaria para el desarrollo local.

Los mecanismos de descentralización son diferentes en los distintos países de la unión, en España el modelo autonómico.

Las Comunidades Autónomas deben tener un papel primordial en la potenciación de los recursos endógenos y el desarrollo local, así como en la coordinación entre las distintas estrategias territoriales.

España al estar entre los países más desarrollados de la UE debe converger nominalmente (tipos de interés, inflación, déficit publico y deuda pública) y converger realmente (infraestructuras, educación, I+D, tasa de paro y PIB/HAB). La primera administración que apostó por el modelo fue la Comunitaria y si hay que converger realmente esto pasa también porque las Administraciones Públicas apuesten por el desarrollo local.

Los entes locales juegan un papel decisivo.

Asimismo, tienen un protagonismo principal y decisivo los recursos humanos, naturales, infraestructuras, etc. de la zona.

En el s. XXI las administraciones deben incorporar como factor económico del nuevo modelo de desarrollo local, el Medio Ambiente, como límite y como nuevas actividades.

Existen importante ayudas financieras y existen unos nuevos yacimientos de empleo, que se deben potenciar desde las distintas medidas de desarrollo local.

El papel de los recursos humanos es fundamental, por lo que la formación y la cualificación son dos variables fundamentales para la competitividad de la zona.

Es asimismo importante la presencia de PYMES (Pequeñas y Medianas Empresas) en este modelo de desarrollo, tienen como cualidad ser intensivas en generación de empleo y extensivas pues necesitan pocos recursos para su puesta en funcionamiento, además se adaptan con más facilidad a los cambios de la oferta y la demanda.

Es una planificación económica a largo plazo, por lo tanto los resultados no se obtienen a corto plazo.

Creo que ya tenemos algunos datos para poder comprender el desarrollo local, que a la vista de lo estudiado trata del desarrollo de una zona utilizando todos sus recursos, en una armonía con el medio y siempre buscando la mejora de la calidad de vida de las personas que están en la zona de actuación.

Para finalizar creo interesante hacer mención a algunas ideas que nos transmite E. Carrillo en apfe (2000) págs. 49-50 sobre aspectos que la política económica ha de tener presentes y que deben ir ganando peso: la estabilidad social como condición de crecimiento sostenido; la profundización en un modelo global de desarrollo que elimine incertidumbres y redistribuya la renta; la reconducción de la globalización en beneficio de todos; y la mayor eficacia del entramado público.

Dentro de estos apartados que menciona me parece especialmente interesante lo relativo a la reordenación de la globalización, todos estamos viendo los problemas que se están ocasionando alrededor de este tema, según E. Carrillo en apfe (2000), la meta debe ser impedir que siga aumentando la brecha entre la lógica financiera y las demandas sociales, una brecha que está amenazando seriamente el funcionamiento de la economía misma. Es preciso controlar alas grandes corporaciones empresariales y financieras que persiguiendo la mayor rentabilidad posible ponen en jaque permanentemente la estabilidad monetaria y abren peligrosos interrogantes en torno a la capacidad real de acción de los gobiernos democráticos. La eliminación de los paraísos fiscales y el establecimiento de tasas sobre las transacciones de capitales, son piezas básicas al respecto. No se trata de poner en cuestión la apertura mundial de las economías, pero hay que hallar la fórmula para establecer un cierto control social y político del proceso de globalización, evitando que quede en manos de grandes financieras, preocupados sólo de sus mayores ganancias, y que no dudan en alimentar la especulación y en pasar por encima de la dignidad humana o del futuro ecológico del planeta.

8.6. GUÍA PARA LA REALIZACIÓN DE UN PROYECTO DE DESARROLLO LOCAL

Este Anexo trata de servir de guía orientativa en el proceso a seguir en un proyecto de desarrollo local, para un municipio o grupo de municipios que pertenecen a una comarca y comparten una serie de intereses y problemáticas comunes, o bien asociados en Consorcios, Mancomunidades, etc.

El trabajo de cada alumno/a consistirá en documentar e informar los distintos apartados con el fin de llegar a diseñar una serie de acciones que vengan a solucionar la problemática que se plantee.

Este índice, sin pretender ser exhaustivo, podría ser:

1. Una breve descripción de la zona sobre la que pretendemos desarrollar el proyecto.

2. Descripción del plan general que se pretende desarrollar, ¿por qué, qué problemática se pretende mejorar, resolver? ¿qué objetivos pretendemos conseguir? ¿de qué modo creemos que esto incidirá en la vida loca, en las personas, en el empleo, en la calidad de vida?

3. Análisis del territorio de actuación. Con que recursos contamos, naturales, patrimonio, culturales,... Situación del medio, fragilidad, ¿existen figuras de protección, (Parque Nacional, Parque Natural,...), Planes regionales o nacionales, Proyectos europeos,...? Recursos humanos, necesidades, problemática, formación, implicación, mercado laboral, situación de los jóvenes y las mujeres en ese mercado. Recursos ociosos. En definitiva un amplio estudio socioeconómico de la zona, que nos ayude a trazar las líneas a seguir.

4. Estos datos se pueden verter, por ejemplo, en una matriz DAFO donde analizaremos las Oportunidades y Amenazas y las Fortalezas y Debilidades propias de la zona de actuación. Esto nos permitirá elaborar estrategias de desarrollo para aprovechando las Fortalezas y las Oportunidades mejorar o resolver las Amenazas y Debilidades.
5. Importante contar, además de las acciones que se pueden llevar acabo por las características del territorio, con el estudio de empleos de futuro que pueden introducirse en la zona de actuación.
6. Pormenorizar, partiendo de los objetivos que a escala general nos planteamos, las acciones concretas que pretendemos poner en marcha para conseguir el fin que perseguimos, áreas a desarrollar, implicación de la población, sensibilización, apoyo a emprendedores, asistencia técnica,... ¿qué y cómo vamos a hacer?
7. Necesidades de foramción, es muy importante, pues cualquier proceso de desarrollo va a llevar implícito un reciclaje de la población para hacer frente a nuevos escenarios.
8. Estudio de las infraestructuras y recursos necesarios.
9. Propuestas de organismos y entidades participantes en el Plan, que van a posibilitar su puesta en marcha y su financiación. Captación de recursos, subvenciones, aportaciones de los promotores...
10. Sentar las bases para la puesta en funcionamiento del Plan, diseñar un tipo de organización para gestión y control, delimitación temporal, de personal de apoyo, de ayudas, condiciones de acceso,...
11. Medidas de control en el desarrollo del plan de desarrollo local.
12. Sistemas de evaluación del plan en su preparación, durante la ejecución y a su término, esta evaluación nos tiene que proporcionar una retroalimentación permanente y un posterior análisis de los resultados.
13. A partir de ahí se obtienen orientaciones útiles para una siguiente fase temporal de posibles actuaciones, en función de lo conseguido, de la demanda o de nuevas ideas.

Importante recordar que a las personas no se las puede desarrollar
podemos facilitar mecanismos,
pero es cada persona la que tiene que desarrollarse.

TEMA 9

CÓMO CREAR TU PROPIA EMPRESA

Juan José Bonilla Martínez
Licenciado en Ciencias de la Educación
Director de la Escuela de Empresas «Florentino Castañeda»
de Laujar de Andarax (Almería)

Índice

9.1. MARCO TEÓRICO

9.1.1. La empresa

Si estamos interesados en el tema de cómo crear nuestra propia empresa, parece interesante comenzar con centrar algunos conocimientos teóricos sobre la empresa y su naturaleza.

En A. Alchian y H. Demsetz en Putterman (1994) se da una definición de la empresa capitalista clásica, según sus aportaciones hay dos condiciones necesarias para que surja la empresa, sobre la base de que la función de utilidad se compone de algo más que riqueza monetaria: Es posible incrementar la productividad a través de la producción en equipo y estimar la productividad observando o especificando la conducta de los factores que intervienen. Estas dos condiciones conducen a la organización contractual de los factores, conocida como empresa capitalista que cuenta con:

— Producción conjunta de los factores.

— Varios propietarios de los factores.

— Una parte común a todos los contratos de los factores que entran.

— Que tiene derecho a renegociar el contrato de cualquier factor.

— Que tiene derechos sobre el producto residual.

— Que tiene el derecho de vender su posición central-contractual-residual.

M. Jensen y W. Meckling en Putterman (1994) nos hacen otra definición que creo puede ir centrándonos en el tema, la corporación o empresa privada es simplemente una forma de ficción legal que sirve de marco para relaciones contractuales y que también se caracteriza por la existencia de derechos residuales divisibles sobre los activos y cash-flows de la organización que pueden ser vendidas, generalmente, sin el permiso de otros contratados.

En la misma línea D. Teece en Putterman (1994) señala la definición de Winter, 1982, que dice se acepta la práctica de representar la empresa en abstracto por la transformación productiva de la que es capaz, y caracterizar esa transformación productiva por una función de producción o entramado productivo que se toma como dato.

Todas estas definiciones nos muestran la empresa como una entidad de carácter contractual, que opera con distintos entes y que transforma u ofrece servicios dentro de una relación de intercambio.

Para nosotros en nuestra idea de acercarnos a la idea de crear nuestra propia empresa es preciso que estudiemos la empresa, los factores que intervienen, como se relacionan,... y todo eso se verá más adelante, pero es igual de importante que nos fijemos en la idea del empresario, pues es el que organiza, gestiona y asume el riesgo que comporta la puesta en marcha de un proceso empresarial.

En Manuales técnicos (1997) se da una definición del acto emprendedor que puede venir muy bien para esta toma de contacto inicial con la idea de empresa y su recorrido hasta ponerla en marcha y convertirse en un negocio, dejando de ser algo que estaba en nuestras cabezas, esta definición dice que el acto emprendedor es la creación de valor a través del desarrollo de una oportunidad de negocio y su conversión en una empresa, que, con un proyecto a largo plazo, centre su actividad en la producción de bienes o la prestación de servicios, y genere riqueza colectiva en búsqueda del beneficio empresarial.

Sobre la empresa sería imposible, en este capítulo introductorio, dar una idea amplia, pues existen multitud de publicaciones al respecto, se trata de dar una idea global que nos sea de utilidad para introducirnos en el tema. Con esa visión voy a hacer referencia a las ideas plasmadas en el libro «Economía y gestión de la empresa» de J. M. Fernández Pirla (1967), que puede venir a centrarnos en como se ve la empresa desde una conceptualización teórica.

J. M. Fernández (1967) nos dice que la empresa es ante todo la unidad económica de producción. Que implica un conjunto ordenado de factores de producción bajo la dirección y control del empresario. La problemática de la empresa va más allá de lo económico, entra en cuestiones sociales, psicológicas, alborales, tecnológicas, jurídicas, etc.

Las empresas se pueden clasificar desde distintos puntos de vista, J. M. Fernández Pirla (1967): en función de su dimensión, en función del grado de mecanización que se da en las mismas (empresas artesanas, mecanizadas), en función de la forma de trabajo (empresas que producen para el mercado —producción para almacén— y empresas que producen por encargo), etc.

Vamos a ver aquí una clasificación en función de la actividad económica que desarrollan. Desde este punto de vista y siguiendo a J. M. Fernández Pirla (1967), las empresas se pueden clasificar en los cinco grupos siguientes:

Empresas extractivas. Su denominación indica claramente la naturaleza de su actividad y que crean utilidad al encauzar el aprovechamiento de la naturaleza y de las fuerzas naturales, para la obtención de bienes. A este grupo pertenecen las empresas agrícolas, ganaderas, pesqueras, de aprovechamiento de aguas, etc.

Empresas transformadoras. Aumentan la utilidad de los bienes al darles una forma más apta para su utilización que la primitiva en que los ofrece la naturaleza.

Empresas de transporte. Aumentan la utilidad de los bienes al desplazar a éstos en el espacio y situarlos más cerca de donde han de ser utilizados.

Empresas comerciales. Aumentan también la utilidad del bien, al ofrecer éste a quien lo desee, en el tiempo y medida en que lo necesite.

Empresas de prestación de servicios. Facilitan todas las anteriores actividades, dando origen también a un importante proceso de creación de utilidad. Se incluyen en tal grupo las Empresas de Seguros, Bancarias,...

Es importante fijarnos en la empresa como realidad humana, para Pérez López, José A. (1984) Toda empresa es un conjunto de hombres que constituyen una organización. Atender los factores tecnológicos, financieros, administrativos, etc., es tarea del directivo, pero nunca debe olvidar que aquello que está dirigiendo es una organización humana, y que de las personas que la forman depende el éxito de su gestión.

Comprender las motivaciones y los resortes psicológicos, saber definir con claridad y precisión los objetivos de la empresa y crear los canales de comunicación para que los propósitos definidos lleguen a todos los niveles de la organización es un aspecto fundamental del trabajo del directivo. Asumir el liderazgo de un equipo humano no es tarea fácil.

Vamos a entrar en los diferentes apartados que nos ayudarán a clarificar como poner en marcha nuestra propia empresa, no es tan importante la dimensión de nuestra idea, como tener claro que podemos ser empresarios, el crecimiento puede llegar más adelante.

9.1.2. La forma jurídica

Esta es una de las primeras cosas que debemos conocer para poder decidir que conviene más a nuestro proyecto empresarial. Una vez tengamos la información suficiente, podremos pasar a ver que forma jurídica se ajusta más a nuestra empresa, es una decisión muy importante pues intervienen múltiples factores que van a marcar el funcionamiento de la misma, además de nuestras relaciones con la administración tributaria y la seguridad social entre otros. Este paso se debe dar una vez que hemos comprobado que la idea es viable desde el punto de vista técnico y financiero.

C. Cano en A. Carretero y otros (1999) nos apunta que debemos determinar la estructura empresarial con el conocimiento suficiente de la realidad jurídica que se pretende poner en marcha, a fin de no poner frenos en el desenvolvimiento de la actividad, esto es, conocer los aspectos procedimentales de creación de la empresa y sus consecuencias formales, fiscales, laborales, organizativas y de responsabilidad de cuantos forman parte de la empresa; para elegir la forma jurídica que más se ajuste al desarrollo eficiente de la actividad y las necesidades de los promotores.

Lo primero que tenemos que decidir es entre dos grandes posibilidades, ser empresario individual donde gestión, riesgo y beneficio nos corresponden, o entrar en una estructura societaria, donde las decisiones y riesgos se comparten, y los beneficios también, en proporción a la participación de cada socio.

En este apartado trataré de, brevemente, hacer un recorrido por las formas jurídicas más utilizadas en España, hay gran cantidad de guías que nos hablan de estas fórmulas y nos hacen las aclaraciones pertinentes, C. Cano en A. Carretero y otros (1999) nos relaciona las principales formas jurídicas que puede adoptar una empresa para el ejercicio de su actividad:

— Empresario individual.
— Sociedades:
— Sociedad Anónima (S.A.)
— Sociedad de Responsabilidad Limitada (S.L. o S.R.L.)
— Sociedades Laborales: Anónima (S.A.L.) o Limitada (S.L.L.)
— Sociedad Colectiva (S.C.) o S.R.C.)
— Sociedades Cooperativas (S.C.)

En otras guías aparecen más modalidades, como en «Guía para la creación de empresas» (1993), que no se incluyen por ser de escasa utilización, pero que fácilmente se puede acceder a la información, estas formas jurídicas son Sociedad Comanditaria, Sociedades de Inversión Mobiliaria, Sociedades Civiles, Comunidades de Bienes, etc.

Antes de entrar a definir cada una de esas fórmulas jurídicas, es preciso tener en cuenta una serie de aspectos en el momento de efectuar la elección, C. Cano en A. Carretero y otros (1999) nos hace la siguiente relación:

Tipo de actividad a ejercer. La actividad que vaya a desarrollar la empresa puede condicionar la elección de forma jurídica en aquellos casos en que la normativa aplicable establezca una forma concreta.

Número de socios. Esto también puede condicionar la elección, puesto que determinadas modalidades exigen un número mínimo, en general, las sociedades.

Responsabilidad de los socios. La dimensión económica del proyecto y la participación de varias personas hay que considerarlo, pues en algunas modalidades se exige un capital mínimo y desembolsado.

Aspectos fiscales. Es importante contar con este aspecto, pues en los beneficios las sociedades tributan a un 35%, aunque existen excepciones y los empresarios individuales lo hacen a través del I.R.P.F.

Dirección y toma de decisiones. En función de la forma jurídica seleccionada, las decisiones habrán de ser consensuadas por los socios, por mayorías, por participación o por el principio de un hombre un voto.

Aspectos comerciales. La forma jurídica puede influir sobre la imagen de la empresa. Aunque eso no tiene porque ser real.

Aspectos formales. Determinadas formas jurídicas, en general, las sociedades, obligan a cumplir con mayor número de obligaciones registrales, tributarias, contables, etc. en el normal desarrollo de la actividad.

Una vez visto esto pasaremos a conocer los detalles más importantes de estas formas jurídicas obtenidas de IMADE (1998):

9.1.3. El empresario individual

Es una persona física que realiza una actividad industrial, comercial o profesional. Es el propietario único de la empresa que gestiona y por lo que percibe todos sus beneficios, ya que es el que aporta todo el capital necesario para el desarrollo de la actividad, que dirige bajo un nombre comercial y bajo su responsabilidad personal e ilimitada frente a terceros.

Para el legal desarrollo de su actividad empresarial debe cumplir con la exigencia de determinadas obligaciones y trámites en materia laboral y fiscal:

— Declaración censal de inicio de actividad.
— Alta en el Impuesto de Actividades Económicas (I.A.E.).
— Alta en el Régimen Especial de Trabajadores Autónomos (R.E.T.A.).
— Inscripción en la Seguridad Social, sólo si va a contratar trabajadores.
— Afiliación y alta de Trabajadores al Régimen General de la Seguridad Social.
— Contratación de trabajadores.

Y periódicamente presentar ante las distintas administraciones:

— Cotización a la Seguridad Social.
— Declaración-Liquidación del Impuesto sobre el Valor Añadido (I.V.A.).
— Declaración-Liquidación del Impuesto sobre la Renta de las Personas Físicas (I.R.P.F.)

9.1.4. Las Sociedades

Estas se conciben, C. Cano en A. Carretero y otros (1999), como una asociación voluntaria de personas que bajo una misma denominación o razón social, constituyen un patrimonio común integrado por aportaciones de los socios, que podrán consistir en capital, bienes y/o industria. De forma excepcional, el Ordenamiento Jurídico vigente posibilita la existencia de sociedades mercantiles, en concreto Sociedades Limitadas y Sociedades Anónimas, de carácter unipersonal.

El Código de Comercio obliga a las empresas que adopten la forma societaria a cumplir una serie de obligaciones mercantiles. Salvo la que hace referencia a la contabilidad, el resto no le afectan al empresario individual. Algunas de estas obligaciones son:

Reunir a la Juntas General de accionistas en los 6 primeros meses del año para aprobar la labor de los administradores y el Balance y Cuenta de Resultados del ejercicio económico anterior.

Llevar un libro de Actas del Consejo de Administración y de la Junta General de Accionistas, donde se recojan las actas por orden de fechas y debidamente legalizadas, libro de registro de socios. En el caso de las cooperativas hay que llevar libros de actas para: Asamblea General, Consejo Rector e Interventores de Cuentas.

Elevar a escritura pública los acuerdos societarios fundamentales estipulados en la ley o en los estatutos.

Llevar un libro de acciones, cuando estas sean nominativas.

Llevar una contabilidad ordenada, real y transparente.

Vamos a definir algunas de las características más importantes de las formas jurídicas más utilizadas en España:

Sociedad Anónima (S.A.)

La Sociedad Anónima (S.A.), IRMASA (1993), es una sociedad de tipo capitalista en la que el capital social se encuentra dividido en acciones que pueden ser transmitidas libremente, y en la que los socios no responden directamente frente a las deudas sociales.

La normativa por la que se rige es el texto refundido Real Decreto Legislativo 1546/89 de 22 de diciembre.

La constitución se hace mediante escritura pública donde se incluyen los pactos estatutarios y se inscribe en el Registro Mercantil. El nombre no puede coincidir con el de otra sociedad. El capital mínimo suscrito es de diez millones de pesetas, desembolsado al menos en un 25 %. El número de socios mínimo es de 3. Las decisiones se adoptan por mayoría, cada socio está representado por su participación en el capital social. Los socios se encuadran en el Régimen General de la Seguridad Social; el impuesto sobre los beneficios es del 35%.

Sociedad de Responsabilidad Limitada (S.L. o S.R.L.)

También se llama Sociedad Limitada, es una sociedad de capital, el capital social se encuentra dividido en participaciones acumulables e indivisibles y en la que la responsabilidad de los socios se encuentra limitada al capital aportado.

La normativa por la que se rige es la Ley de 17 de julio de 1953 y Ley 19/1989 de 25 de julio de Reforma Parcial y adaptación de la Legislación Mercantil a las directivas de la C.E. en materia de Sociedades.

En los apartados de constitución, responsabilidad y acuerdos es similar a la S.A. La diferencia principal esté en el capital social mínimo, que son 500.000 ptas.

Sociedades Laborales: Anónima (S.A.L.) o Limitada (S.L.L.)

Las Sociedades Laborales, son en su constitución y demás aspectos de su funcionamiento, similares a las sociedades Anónimas o Limitadas según el caso. La diferencia fundamental estriba en que al menos el 51% del capital social pertenece a los trabajadores que prestan en ella sus servicios retribuidos de forma directa, personal, por tiempo indefinido y a jornada completa.

Por esta característica existen dos tipos de socios: socios trabajadores y socios no trabajadores o capitalistas. Ningún socio podrá tener más del 25% del capital y existe una limitación en los contratos indefinidos para trabajadores no socios del 15% del total de los socios trabajadores, si la sociedad tiene más de 25 socios y del 25% si la sociedad tiene menos de 25 socios. Se rigen por la misma normativa que las sociedades Anónimas y Limitadas y por la ley 4/1997 de 24 de marzo de Sociedades Laborales.

Sociedades Cooperativas (S.C.)

La Sociedad Cooperativa de Trabajo Asociado, es una asociación de personas naturales con capacidad legal y física para desarrollar la actividad cooperativizada de prestación de su trabajo y tienen por objeto proporcionar a los socios puestos de trabajo para producir en común bienes y servicios para terceros.

La normativa legal por la que se rige es muy variada pues las CCAA con competencias han desarrollado sus propias leyes de cooperativas, como es el caso de Andalucía, Cataluña, Valencia, País Vasco, Galicia,etc.

En función de esa normativa se han producido cambios con respecto a la ley 3/1987 de 2 de abril de Sociedades Cooperativas. Eran cinco socios mínimo, ahora son tres, el capital no se establecía un mínimo, ahora se pone un mínimo de 500.000 ptas.

Existen algunas diferencias con respecto al resto de sociedades, los derechos de los socios: a la participación en la gestión social, en la actividad empresarial, a ser elector y elegible para los cargos sociales, derecho de información y derecho de voto, cada socio trabajador tiene derecho a un voto, siguiendo el principio un hombre un voto.

Los socios no responderán personalmente de las deudas sociales.

El tipo de gravamen es inferior a las demás formas societarias, para el impuesto sobre beneficios, es un 20% y la Ley fiscal 20/1990 de 19 de diciembre sobre Régimen Fiscal de las Cooperativas les concede además a estas cooperativas que se consideren protegidas o especialmente protegidas, un 50% de bonificación, con lo que este impuesto queda en un 10%, además de un 95% de bonificación en el Impuesto de Actividades Económicas (IAE) y exentas en el Impuesto sobre Transmisiones Patrimoniales y Actos Jurídicos Documentados.

9.2. QUIERO CREAR MI PROPIA EMPRESA

9.2.1. Qué nos conduce a esta idea

El hecho de crear una empresa, se ve acompañado por un alto grado de incertidumbre, en función de las características que presenta el mundo económico actual, y más específicamente la alta competencia existente en cada uno de los sectores de actividad.

Hoy en día, muchas personas que se han visto abocadas a una situación de desempleo, tratan de asegurar su continuidad en una actividad laboral, por medio de la creación de su propio empleo, lo que también ocurre en el caso de personas que acceden por primera vez al mundo laboral, tras finalizar sus estudios o haber pasado por un programa de formación determinado.

Además de esta motivación de autoempleo, existe otro origen de la idea, que consiste en la identificación de una oportunidad, bien por inexistencia de oferta, bien a causa de su identificación respecto a una demanda real.

Todo proyecto de empresa se desarrolla en torno a una idea, que surge como consecuencia de la detección de oportunidades de negocio, en la producción de bienes o servicios demandados por la sociedad. En definitiva, el punto de arranque de una empresa es la idea inicial que el emprendedor somete a un proceso de reflexión y evaluación.

En síntesis, se puede decir que la creación de una empresa debe ser entendida como un proceso en el que se suceden al menos, tres momentos esenciales:

— El surgimiento de la idea.
— La evaluación.
— La puesta en marcha.

9.2.2. Justificación de la elección

Es importante que trabajemos sobre la idea para justificar adecuadamente la elección. Trabajando inicialmente en dos direcciones, Manuales técnicos, vol. 3 (1997):

Requisitos básicos para la creación de una nueva empresa:

En el manual citado se enumeran seis requisitos básicos para la creación de una nueva empresa:

Liderazgo: Capaz de hacerse respetar y de una forma informal conseguir que los demás acepten opiniones y reconocerle un poder no establecido. Los líderes están acostumbrados a asumir responsabilidades y a dar ordenes para conseguir los objetivos del grupo.

Conocimientos: Sobre el tipo de negocio, el mercado de los productos, los clientes, los competidores y las características que deben reunir los productos.

Recursos: Recursos humanos necesarios, financieros, materiales y tecnológicos.

Organización: En cualquier empresa existen multitud de interrelaciones, deben ser canalizadas de manera que no interfieran en el normal desarrollo de la empresa, esto se consigue a través de un organigrama empresarial, donde se especifican las escalas jerárquicas y de orden.

Proceso: Se deben tener conocimientos sobre el proceso productivo de la empresa.

Posición competitiva del negocio: posición que se basa en las características distintivas, tanto a nivel de producto, como de proceso, etc.

Causas de fracaso en la creación de empresas:

En el manual citado se dan como factores que causan el fracaso de los nuevos negocios los siguientes:

— Conocimiento inadecuado del mercado.
— Acabado inadecuado de los productos.
— Esfuerzo ineficaz en Marketing y en ventas.
— Falta de previsión acerca de la reacción de la competencia.
— Obsolescencia rápida del producto.
— Capitalización inadecuada.
— No conseguir colaboración por parte de las Administraciones Públicas.
— Unión entre los emprendedores.
— Confianza externa.

Uno de los errores más frecuentes entre las personas que quieren establecer su propio negocio es el de enamorarse del producto o servicio sin saber cómo producirlo y sin saber sus posibilidades reales de ser vendido con éxito.

La orientación hacia el mercado es la primera condición necesaria para obtener el éxito.

El nuevo empresario debe trabajar desde el exterior hacia el interior en lugar de hacerlo del interior hacia fuera. Debe identificar con claridad las necesidades del consumidor y desarrollar un producto o servicio que le satisfaga.

9.2.3. Las aptitudes personales

Para tener éxito en la tarea de poner en marcha una idea empresarial no basta con el entusiasmo, el emprendedor sabe lo que quiere y intentará conseguirlo, para lo que debe en principio saber de donde parte y que bagaje necesita adquirir para no fracasar en el intento.

Es preciso hacer nuestra propia autodescripción, real y clara, para saber qué queremos y que debemos hacer para conseguirlo. Es importante que sea realista, de nada sirve engañarse a si mismo, ello no conduce a nada positivo y en la mayoría de los casos nos hará perder tiempo y dinero. Por otra parte debe ser exhaustivo y no olvidar nada, por insignificante que parezca, algunas indicaciones para hacernos este autorretrato de nuestras aptitudes pueden ser, Agenda para la búsqueda de empleo (1994):

— Formación.
— Habilidades.
— Experiencia previa.
— Estilo personal – intereses profesionales.
— Objetivos que persigo.

9.2.4. La creatividad

Cuando hablamos de creatividad hablamos del antónimo de la imitación, de la copia, de la actividad por un patrón, por un modelo, por una regla, por una fórmula establecida Consejería de Trabajo e Industria (1997), la creatividad depende básicamente de la habilidad para romper moldes de pensamientos, hallar el camino más corto, mejor y más económico. Es darse cuenta de que no siempre existe una solución típica para los problemas, que cada problema debe ser analizado globalmente, teniendo en cuenta causas, efectos e interrelaciones.

Imaginemos ver la actividad de nuestra empresa desde un helicóptero. Entonces nuestro campo de visión se ensancha, es posible observar las entradas al sistema, proveedores; sus salidas, clientes; los factores externos que influyen en él, económicos, demográficos, culturales, legales, tecnológicos; la manera en que interactúan los elementos internos del sistema ¿qué hace producción?, ¿en que medida ase conecta con marketing, investigación y desarrollo?, etc., ¿dónde está el origen del problema?, ¿cual es realmente la causa?, ¿quién es el responsable?

Cuando alguien tiene la facultad de encontrar, nuevas combinaciones y respuestas originales partiendo de informaciones ya conocidas, ese alguien es creativo, tiene disposición para desarrollar una capacidad intelectual independiente.

9.3. ANÁLISIS DE VIABILIDAD

9.3.1. Estudio de la idea

La primera fase, es un período de maduración de una idea inicial mediante una reflexión detallada. Finaliza cuando se es capaz de formular la idea de tal modo que, al menos, contenga claramente expresados las respuestas a las siguientes cuestiones:

- — Quiénes son los promotores.
- — Qué voy a producir/vender.
- — A quién se lo voy a vender.
- — Con qué recursos propios cuento.
- — Dónde me voy a localizar.

Una vez formulada completa y correctamente la idea, es necesario evaluar la misma, para ello se procederá a realizar de forma escrita el Plan de Empresa, cuyo objetivo es determinar la viabilidad técnica o teórica de nuestra idea, después de analizar detenidamente aspectos tales como el producto, el mercado y los aspectos económicos financieros de nuestro proyecto.

Este Plan de Viabilidad puede conducir a tres conclusiones:

- — Abandono del proyecto por falta de viabilidad de la idea.
- — Modificación de la idea inicial.

Viabilidad de la idea inicial. Estas dos últimas situaciones pueden conducirnos al inicio del proceso de puesta en marcha de la idea, es decir a la creación de la empresa.

El proceso de puesta en marcha se inicia con la elección de la forma jurídica y la constitución formal de la sociedad, tramitación necesaria en los organismos competentes y finalizará con el inicio de actividad. Este sería un resumen del proceso completo.

Antes de entrar con detalle en el análisis de viabilidad, vamos a entrar en una serie de ideas previas. Estamos en este punto si hemos definido con claridad suficiente la idea de negocio o empresa en el que pretendemos desarrollar nuestro trabajo. Incluso conocemos el tipo de empresa que queremos constituir, así como los socios que inicialmente creemos son los adecuados.

Pero todavía no podemos lanzarnos directamente a la aventura, antes de arriesgar nuestro tiempo y, sobre todo, nuestro dinero y nuestras ilusiones, debemos calcular si los resultados globales tienen indicios de resultar positivos, esto es el Plan de Viabilidad, realizar el conjunto de análisis que, para nosotros mismos, sin engañarnos, nos permita conocer si la actividad que pretendemos acometer presenta signos de que va a resultar positiva, J. J. Bonilla en CARRETERO, A.; VALENCIANO, J. de., y NAVAS, A. (Coords.) (1999).

Este Plan debe ser simple, pero además completo y sobre todo, debe ser sincero, no podemos arreglar los números para que nos ofrezca resultados positivos, no pretendemos engañar a nadie y menos a nosotros mismos. Muchas veces se realizan planes con el único objeto de que algún banco nos conceda un crédito o para una subvención de la Administración. Por este motivo a veces se suelen «apañar» los números para que ofrezcan mejores resultados de los que en realidad presentan, J.J. Bonilla en CARRETERO, A.; VALENCIANO, J. de.; y NAVAS, A. (Coords.).

No olvidemos que la única razón de un plan de viabilidad consiste en verificar, antes de empezar a gastar, si es previsible que la actividad que pretendemos desarrollar tenga éxito. Si empezamos maquillando los resultados, el trabajo habrá perdido todo su valor inicial. Y no parece muy inteligente engañarnos a nosotros mismos cuando lo que nos jugamos es nuestro propio esfuerzo y nuestro dinero.

Estos planes suelen tener algunos errores comunes que suelen inutilizarlos, por lo que tendremos que tenerlos en cuenta, J. J. Bonilla en CARRETERO, A.; VALENCIANO, J. de.; y NAVAS, A. (Coords.):

— Suele realizarse únicamente un proyecto numérico.

— Suele limitarse por tanto a los aspectos económicos de la empresa, sin tener en cuenta aspectos sociales, que pueden ser definitivos.

— Suele partirse sólo de los conocimientos aportados por el promotor.

— No se le concede excesiva atención y es algo que hay que hacer y cuanto antes mejor, acabando por no ser útil.

La primera característica que debe reunir todo Plan de Viabilidad es la de Globalidad, deben analizarse todos los aspectos de nuestro proyecto empresarial, económicos financieros, técnicos y sociales.

En los aspectos técnicos, es preciso concretar sobre el producto, el mercado, plan comercial, producción, recursos humanos y el plan de operaciones. Vamos a dar unas notas sobre cada uno de ellos.

9.3.2. Los promotores

Dentro de los aspectos sociales es preciso reflexionar sobre uno mismo, ya que no todas las personas tienen las mismas capacidades, cualidades y conocimientos, es necesario identificar estas, sobre todo de cara a crear una empresa en sociedad. Debemos tener en cuenta, IRMASA (1993):

1. Nuestras cualidades personales, valorando:
   — Capacidad para asumir riesgos y afrontarlos.
   — Capacidad organizativa.
   — Capacidad creativa e innovadora.
2. Nuestros conocimientos profesionales:
   — Experiencia en el trabajo que pensamos desarrollar.
   — Conocimiento de experiencias ajenas similares.
   — Evolución del entorno.
   — Conocimientos comerciales y técnicos.

Experiencia como empresario o gerente.

Es muy posible que no tengamos los conocimientos profesionales necesarios, deberemos complementarlos a través de formación o bien mediante la contratación de servicios externos.

En cualquier caso, si sentimos gran entusiasmo por nuestra idea, y nos encontramos dispuestos a asumir riesgos y a trabajar duro, podremos traducir nuestra idea al papel, desarrollando por escrito nuestro Plan, que aclare la presunta viabilidad de nuestra iniciativa, acercándonos a la realidad del sector donde pensamos introducirnos, IRMASA (1993).

9.3.3. El plan de empresa

Estas ideas sobre el plan de empresa proceden de IRMASA (1993), Guía de creación de empresas, bastante útil para clarificar el proceso a seguir desde que surge la idea, hasta que se pone en marcha.

9.3.4. El producto/servicio

Es fundamental determinar cuál es el producto o servicio que queremos producir o prestar y analizar sus características comerciales, económicas y técnicas.

Deberemos exponer qué necesidades pretendemos cubrir con nuestro producto o servicio y qué novedades o ventajas aportamos sobre otros similares ya existentes en el mercado. Sería interesante identificar nuestro producto o servicio con una marca comercial.

Se ha de pensar desde un principio en conseguir una cuota mínima de clientes, para rentabilizar nuestra empresa, y para ello, deberemos ofrecer un producto atractivo al potencial cliente, dándole lo que necesita y/o motivándole para que nos compre o contrate, de ahí la importancia de estas previsiones.

El estudio del proyecto conlleva, en numerosas ocasiones, acudir a ferias y exposiciones y observar que novedades se están presentando en el sector y por donde van los avances y la investigación.

9.3.5. El mercado

Al analizar el mercado, deberemos hacernos preguntas sobre tres cuestiones:

— El mercado económico general.
— Situación del sector.
— Análisis del mercado de nuestro producto.

El producto o servicio que oferta nuestra empresa tiene un mercado que conviene localizar, a fin de localizar nuestros potenciales clientes y los productos similares ya existentes, sus características, otras empresas, es decir, la oferta y la demanda.

Para estos trabajos se puede contratar una empresa externa, esto cuesta dinero y puede ocurrir que después no sepamos interpretar correctamente el informe o bien una vez finalizado no sirva en gran medida a nuestras necesidades.

Por todo ello, es recomendable que el promotor intente realizar personalmente la mayor parte del estudio, obteniendo así información de primera mano que le permita conocer empresas y personas del sector, los cuales pueden llegar a ser sus primeros clientes o proveedores.

No basta con saber lo que se va a producir o que servicio se va a prestar, sino que hay que tener previsto y casi asegurado a quien se le va a vender. Este es un tema tan vital para la futura empresa, que condicionar su viabilidad.

9.3.6. Plan comercial

Se trata de determinar como voy a vender, como voy a llegar al cliente-consumidor para que adquiera mi producto, es necesario estudiar:

Estrategia de producto: presentación, imagen, comercialización,...

Estrategia de precios: Consiste en determinar el precio de venta del producto.

Estrategia de distribución: vendiendo nosotros directamente o a través de intermediarios.

Estrategia de comunicación: Consiste en diseñar la forma en que vamos a dar a conocer nuestro producto o servicio para introducirlo en el mercado, deberemos definir la imagen del producto así como los soportes que vamos a utilizar.

9.3.7. Plan de producción

Después de lo que ya hemos visto, tenemos que definir los medios, tanto materiales como humanos, que necesitaremos para fabricar el producto o prestar el servicio. Hay que tener en cuenta:

Lugar donde vamos a desarrollar la actividad. Debe ser uno que cumpla los requisitos de dimensión y ubicación que precise nuestra empresa, además de poder cumplir todos los requisitos legales determinados por los distintos organismos con competencias en el tema.

Cuánto. Estará determinado por nuestra capacidad productiva en conjunción con las previsiones de ventas.

Cómo. Se diseñará un método en el que se especifican las distintas fases de producción, los materiales que se necesitan; todo esto servirá para hacer un cálculo de aprovisionamiento de materias primas y auxiliares así como necesidades de almacén.

Cuándo producir o prestar el servicio. Esto es evaluar y prevenir la estrategia de producción dependiendo de la demanda que tega, si es estacional o no, puede ser de dos tipos:

Estrategia pasiva: Establecer distintos ritmos dc producción adaptándonos a las distintas fases del ciclo productivo.

Estrategia activa: Búsqueda de productos complementarios para los períodos de baja producción.

Aprovisionamiento. Con los datos obtenidos de necesidades de materias primas, se podrá realizar un plan de compras, para ello habrá que entrar en contacto con los proveedores del sector y determinar los suministros que vamos a necesitar y condiciones de entrega y pago.

Almacenamiento. Es el cálculo del almacén, prever el espacio que vamos a necesitar y la rapidez en el suministro o prestación del servicio al cliente.

9.3.8. Recursos humanos

El equipo humano con que cuenta la empresa constituye uno de sus principales activos.

Disponer de personal capacitado y adaptado a los diferentes puestos de la empresa va a ser fundamental para la marcha de la misma. Por ello, la elección del as personas necesarias debe ser objeto de una especial atención.

Es necesario establecer las necesidades de personal que el ejercicio de la actividad proyectada va a requerir, definiendo las características de los puestos de trabajo.

Será preciso analizar la ofertas de mano de obra, ver donde encontrar posibles candidatos y establecer los mecanismos de selección adecuados, que podrán realizarse por la propia empresa o por empresas especializadas. Las oficinas de empleo y las empresas de búsqueda y selección de personal pueden ser de gran utiliadad.

Se debe decidir si es necesario llevar a cabo cursos de formación o perfeccionamiento.

9.3.9. Plan de operaciones

Adquisición o alquiler de nave, maquinaria, instalaciones, permisos... todo esto tendrá unas fechas y unos responsables, unos costes,...

El desarrollo del conjunto de operaciones y actuaciones a realizar para conseguir el arranque de la empresa presenta una cierta complejidad, fundamentalmente a causa del alto número de aquellas y de su concentración en un espacio de tiempo limitado.

El plan de operaciones debe de:

— Identificar todas las operaciones necesarias.
— Fijarles un plazo.
— Señalar las personas responsables.
— Estimar el coste.
— Definir como se van a desarrollar.

Esta planificación de todas las operaciones necesarias para el inicio de actividad, permitirá poder desarrollar esta con mayor eficiencia y servirá también para tener una mejor perspectiva de los tiempos.

9.3.10. Plan económico-financiero

Los aspectos económicos y financieros, son la parte del Plan que siempre vemos desarrollada cuando hablamos de proyectos empresariales. El estudio económico y financiero resume la totalidad de las otras partes. El objetivo de la realización de esta parte es doble J.J. Bonilla en CARRETERO, A.; VALENCIANO, J. de., y NAVAS, A. (Coords.):

Determinar si nuestro proyecto es rentable, si es capaz de obtener resultados positivos.

Determinar si nuestro proyecto es viable financieramente, si nuestros recursos económicos son suficientes.

Como decíamos anteriormente a partir de aquí y dependiendo de los resultados tenemos que decidir qué hacer. Si el resultado es negativo es mejor abandonar el proyecto, se puede resolver sobre el papel, como se comentaba antes el papel lo aguanta todo, pero la realidad no será tan comprensiva. Si el plan ha demostrado la viabilidad, eso sí, teniendo presente que el plan trata datos, por lo que el plan será viable si las condiciones que hemos marcado también se cumplen, J. J. Bonilla en CARRETERO, A.; VALENCIANO, J. de., y NAVAS, A. (Coords.).

Dentro del Plan económico-financiero debemos analizar los siguientes aspectos, IRMASA (1993):

— Inversiones necesarias.
— Capacidad financiera.
— Previsión de Gasto.
— Previsión de Ventas.
— Presupuesto de Tesorería.
— Previsión de Resultados.
— Balance.

Es interesante tener en cuenta el gran abanico de subvenciones que nuestra empresa podría recibir, descritas en el tema del desarrollo local y que sin duda facilitarán la puesta en marcha de nuestro negocio.

9.4. PUESTA EN MARCHA Y DESARROLLO

9.4.1. Elección de la forma jurídica. Proceso de constitución

Si decidimos llevar adelante el proyecto estudiado, debemos empezar por seleccionar la forma jurídica, que en nuestro caso consiste en una cooperativa. La primera de las actuaciones consiste en constituir la empresa, en definitiva realizar el conjunto de actuaciones de toda índole necesarias para obtener la capacidad legal de actuar como empresa. Estas actuaciones no son sólo de orden legal, sino también actuaciones formales y administrativas. Los principales de estos trámites son, J. J. Bonilla en A. Carretero y otros (1999):

Solicitar certificación negativa de denominación coincidente a la Dirección General de Cooperativas, las demás sociedades al Registro Mercantil Central. Es una solicitud firmada por uno de los promotores, en la que se aportan tres nombres para la sociedad.

Elaborar el Acta Fundacional y los Estatutos por los que se regirá la Sociedad. Aquí ya se tiene que decidir quiénes van a ser los que ocuparán los Órganos de Gobierno de la empresa, en el caso de la Cooperativa se nombra el Consejo Rector y en las otras sociedades los Administradores.

Solicitar calificación favorable del proyecto de Estatutos al Servicio de Cooperativas de la Delegación que corresponda en cada Comunidad Autónoma (CA). Se entregan dos copias, en caso de que sea favorable nos devuelven una de las copias con la calificación favorable. Si es desfavorable habrá que hacer los cambios que nos indiquen y volver a presentar. Este paso de la calificación no le realizan las demás sociedades. Sólo en el caso de que sean laborales, tienen que solicitar la calificación de laboral a la Dirección General de Cooperativas o similas en cada CA, pero ya con la escritura de constitución.

Otorgar la escritura pública de constitución de la Sociedad ante Notario.

Con una fotocopia de la escritura de constitución, solicitar el N.I.F. previo en Hacienda Estatal, con el impreso 037.

Autoliquidación del Impuesto sobre transmisiones Patrimoniales y Actos Jurídicos Documentados, en Hacienda de la CA o del Estado si no hay transferencias ene se sentido. Hay que acompañar al impreso 600 una fotocopia del N.I.F. y una copia de simple de la Escritura. Las cooperativas están exentas de este impuesto pero de igual modo hay que presentarlo.

Inscripción en el Registro de Cooperativas, hay que entregar primera copia y dos copias simples de la Escritura de constitución. Las demás Sociedades se inscriben en el Registro Mercantil.

Una vez inscrita, recogemos la primera copia con el certificado de inscripción.

Con una copia del certificado de inscripción, solicitamos en Hacienda el N.I.F. definitivo.

Adquisición y legalización de Libros Oficiales. Los libros obligatorios para las cooperativas son: tres Libros de Actas: Asamblea General, Consejo Rector e Interventores de Cuentas; Libro de Registro de Socios y Libro de Registro de Acciones; estos se llevarán a legalizar al Servicio de Cooperativas de la Delegación Provincial de Trabajo e Industria; los libros de Matrícula de personal y de Visitas hay que legalizarlos en la Inspección Provincial de Trabajo. Los Libros de Diario y las Cuentas Anuales, cada ejercicio se sacan por impresora, se encuadernan y se llevan a legalizar antes del 30 de abril si el ejercicio es el año natural, las Cooperativas en el Registro de su CA y las demás Sociedades en el Registro Mercantil.

Alta en el Impuesto de Actividades económicas IAE, correspondiente a la actividad de la empresa, en la Delegación o Administración de Hacienda Estatal que corresponda, con el impreso 037 que se presenta de nuevo, ahora marcando inicio de actividad y el 845 que es el IAE.

Solicitud de la Licencia de Apertura Municipal.

Solicitud de Apertura de Centro de Trabajo, en la Delegación Provincial de Trabajo o lugar que corresponda en cada CA.

Inscripción de la Empresa en Seguridad Social, solicitud del número de Patronal y altas de los trabajadores. Las cooperativas pueden decidir en estatutos si se acogen al Régimen General o al R.E.T.A. Hay que entregar la documentación de la empresa y las altas de los trabajadores y la alta con una Mutua de Accidentes de Trabajo.

Solicitar la inscripción en el Registro Industrial, si la empresa lo requiere.

9.4.2. Gestión y planificación

Estamos en unos apartados vitales para el futuro y la salud de nuestro negocio, la rentabilidad y la permanencia en el mercado de nuestra empresa depende mucho de la gestión, planificación, seguimiento y control.

Hay sobre este tema numerosa bibliografía, Equipo Promocions (1992) afirma que la empresa, ha de tener muy claro qué quiere, cómo lo quiere, de qué manera y cuándo cree que lo conseguirá. La información y la comunicación son elementos muy importantes para definir los objetivos empresariales.

El Equipo Promocions define la gestión como el conjunto de técnicas e instrumentos utilizados para conseguir los objetivos y los mecanismos de control y evaluación facilitando esas técnicas que facilitan el proceso de retroalimentación o feedback, que permite el perfeccionamiento del proceso y su mayor rentabilidad.

En la gestión de la empresa es generalmente aceptado un mecanismo de control, que no es otro que mediante técnicas contables. La información contable resulta esencial para el control, los informes contables deben presentarse de tal modo que quienes se vean afectados puedan entenderlos plenamente y puedan reaccionar ante ellos del modo más apropiado. Estos informes de control contables deben, Manuales técnicos (1997):

Indicar a sus receptores lo que se espera de ellos.

Mostrarles cual es su nivel de rendimiento real.

Proporcionar una base para investigar las desviaciones respecto al plan, con el fin de que puedan establecerse las causas y modificarse en consecuencia las acciones futuras.

Nuestra legislación mercantil contempla el régimen básico de la normativa contable. El Plan General de Contabilidad constituye el desarrollo en materia contable de la legislación mercantil. Se divide en cinco partes fundamentales:

1.ª Parte: Principios Contables.
2.ª Parte: Cuadro de Cuentas.
3.ª Parte: Definiciones y relaciones contables.
4.ª Parte: Cuentas Anuales.
5.ª Parte: Normas de Valoración.

El Presupuesto se podría definir como un plan escrito expresado en números. Se trata de un instrumento mediante el cual se puede precisar qué se va a hacer en términos numéricos para posteriormente comparar si los resultados obtenidos se corresponden con lo que se esperaba.

La planificación presupuestaria tiene como funciones, Manuales técnicos (1997):

Planificar: determinación previa de una forma de proceder.

Controlar: Comparación de los resultados con los estándares de actuación deseados, tomándose las medidas necesarias en relación a las desviaciones que se produzcan.

Los objetivos que se pretenden cubrir con la planificación presupuestaria, Manuales técnicos (1997):

— Motivar a programar en detalle a los responsables de cada área de una empresa.
— Crear sistemas de comunicación interna.
— Aumentar la eficacia del Control de costes y gastos.
— Proporcionar estándares de valoración de las actuaciones.
— Definir con claridad las responsabilidades.

La planificación siempre ha estado en presente en la dirección empresarial, aunque no sea mas que de modo intuitivo. La aparición de la planificación cómo sistema integrado se basa en las transformaciones que vienen teniendo lugar en el ámbito empresarial, Manuales técnicos (1997).

Estas transformaciones, Manuales técnicos (1997), se manifiestan en la acelerada evolución de los cambios tecnológicos, en la nueva dimensión de las estructuras competitivas, que ha dado lugar a incrementos de escala de las empresas y en la influencia temporal de muchas decisiones, cuyos efectos condicionan a un plazo largo la operatividad.

El proceso de planificación puede dividirse en las fases siguientes, Manuales técnicos (1997):

Planificación estratégica: En esta fase la empresa determina donde quiere ir y los caminos por donde puede alcanzar sus objetivos.

Planificación operativa: Partiendo de la planificación estratégica, trata de concretar dicha planificación al quehacer diario. Se denomina también planificación de corto plazo, ya que su horizonte suele ser generalmente de un año.

La planificación operativa o de corto plazo tiene por finalidad la maximización de la rentabilidad con los recursos existentes en el momento y para el periodo a que se refiere el plan a corto plazo, utilizando como límites de dicha maximización los objetivos del plan estratégico.

Por último, continuando con Manuales técnicos (1997), añadir que la confrontación entre las previsiones y los sucesos económicos de cierto período sirve para plantear una revisión o un nuevo plan de gestión más adecuado a la realidad.

Para desarrollar un proceso de planificación es necesario tener en cuenta una serie de conceptos que son los que siguen a continuación, Manuales técnicos (1997):

— Los estados contables.
— Los objetivos.
— El programa de ventas.
— El programa de producción y costes.
— El programa de compras y gestión de stocks.
— La cuenta de explotación.
— El programa de inversiones.
— El presupuesto de tesorería.
— El análisis económico financiero.

No quiero dar por finalizado este apartado sin hacer mención a una serie de nuevas técnicas de gestión, que según A. Muñoz en B. Pérez (2000) considera, que cualquier emprendedor con visión de futuro ha de conocer, por dos razones básicas, garantizar la supervivencia de la empresa a medio plazo en el sentido de no quedar descolgada de las exigencias innovadoras del sector donde se encuentre ubicada y por otra parte contribuir al progreso social y económico del entorno donde desarrolla su actividad. Estas técnicas son:

Benchmarking. Esto es, aprender de nuestros competidores, entendido como la identificación de las mejores prácticas y procesos de otras empresas que podrían asimilarse con la nuestra.

David T. Kearms lo define como el proceso continuo de medición de productos, servicios y actividades de una empresa en relación a los mejores competidores y/o compañías que están reconocidos como líderes en cada sector.

Outsourcing. Un análisis pormenorizado de los procesos de la empresa puede llevarnos a variar el orden de importancia en cuanto aquellas actividades y procesos que se vienen desarrollando con el objetivo de que la empresa se centre en aquellos verdaderamente estratégicos.

Hay dos cuestiones básicas que hay que plantearse ante un posible outsourcing: cómo y cuánto vamos a mejorar si el proceso en cuestión es gestionado por otra empresa y cómo afectará a mi posición competitiva la externalización de una determinada función.

La gestión de la calidad. La idea de tener más clientes satisfechos y al coste más bajo posible ha convertido a la calidad en un arma estratégica de las empresas y un claro paradigma hacia el que todos quieren caminar.

Hay veces que se hace desde la idea de controlar la calidad del producto terminado, otras veces el objetivo es garantizar que la gestión de la empresa ha seguido unos requisitos determinados por las normas ISO 900, o bien otros más ambiciosos como los sistemas de Calidad Total EFQM, que contemplan todos aquellos aspectos que afectan a la calidad en la organización.

El emprendedor que decida diseñar e implantar un sistema de gestión de calidad, deberá seguir los requisitos correspondientes de las normas en cuestión y tomar en consideración las características de la empresa y del sector. Pero sobre todo será primordial que la empresa establezca cuál es el objetivo a la hora de implantar el sistema que garantice la calidad. Porque si el único objetivo es conseguir la obtención del certificado correspondiente, el riesgo de fracaso será muy elevado.

Data Warehouse. Es una técnica de utilización creciente que podemos definir como una fuente de información única e integrada para el soporte de decisiones, alimentada por los diversos sistemas operacionales de la empresa. La esencia de este sistema es extraer datos y transformarlos en información que sirva para el mejor desempeño de la misión de la empresa. El acceso a una información relevante se convierte así en una ventaja competitiva para la empresa.

9.4.3. Seguimiento y control

El seguimiento y el control permanente de una forma global, de todo lo referido a la empresa, son vitales para el futuro y para la rentabilidad del negocio. Es realizar ese seguimiento a la gestión y a la planificación vistas en el apartado anterior, sólo así sabremos ir tomando aquellas decisiones que interesan y haciendo los cambios necesarios que la actividad de la empresa y su propio desarrollo vayan necesitando.

Se puede definir el Control Presupuestario, Manuales técnicos (1997), como el conjunto de normas, cuya finalidad sea el establecimiento de las pautas de comportamiento a seguir por las personas, departamentos o divisiones de una empresa, de manera que alcancen los objetivos o metas de la organización a la que pertenecen.

Un sistema de control puede ser desde muy abstracto hasta muy concreto, dependiendo del grado de precisión de las normas que lo integren. Desde el momento en el que haya dos o más personas reunidas con un objetivo común, deberán existir unas normas de juego para el logro de dicho objetivo, estas reglas de juego es lo que llamamos Sistema de Control.

Existen distintos objetivos dentro de cualquier organización, por lo que podríamos distinguir entre, Manuales técnicos (1997):

— Objetivo Global.
— Objetivo Individual.
— Objetivo Personal.

El Objetivo Global se considera al conjunto de cambios que la empresa pretenda introducir en el entorno en que se encuentra enclavada.

El Objetivo Individual será un reflejo parcial del Objetivo Global. Toda organización o empresa, se integra en lo que se denomina individuos o centros de decisión. Dentro de sus atribuciones, cada individuo tendrá que tomar decisiones, por lo que se supone que cada centro de decisión tendrá unos objetivos individuales.

Por último estarían los objetivos personales, los cuales no tienen por qué coincidir necesariamente con los objetivos que la empresa les haya asignado como individuales. Estos objetivos pueden ir desde la obtención de un salario hasta el desarrollo profesional y humano.

Un Sistema de Control deberá atender a los tres tipos de objetivos analizados anteriormente, por lo que deberá ser capaz de, Manuales técnicos (1997):

Indicar cual es la mejor alternativa de entre las posibles, para así conseguir el Objetivo Global.

Coordinar las decisiones de los distintos responsables de la organización, de tal forma que se consigan sus diferentes objetivos individuales.

Motivar a los individuos a conseguir sus objetivos personales, siempre y cuando hayan conseguido los objetivos individuales.

Hablábamos de establecer unos presupuestos, hacer una previsión de lo que va a ocurrir para a continuación establecer un programa de actuación que sirva para orientar la gestión hacia los objetivos a conseguir. Pasado un tiempo determinado, es necesario plantearse una serie de preguntas, Manuales técnicos (1997):

— ¿Eran válidas las previsiones realizadas?
— ¿El plan de actuación era correcto y coherente?
— ¿Se han cumplido los objetivos propuestos en los plazos señalados?

Es precisamente para poder responder a estas preguntas por lo que se hace necesario establecer un método de análisis, Manuales técnicos (1997), que denominamos «Control Presupuestario», el cuál consiste en:

Comparar de forma sistemática y ordenada las previsiones realizadas, descendiendo al nivel que se crea conveniente.

Analizar las desviaciones de lo realizado sobre lo previsto, examinando las causas que hayan podido motivar esas desviaciones.

Tomar las medidas oportunas para evitar nuevos errores, tanto en la previsión como en la realización.

Las características y objetivos de este sistema de control serían, Manuales técnicos (1997):

Activo. Un sistema de control ha de ser capaz de poner de manifiesto los errores para así poder actuar en consecuencia.

Frecuente. Debe realizarse de forma periódica, ya sea trimestral, mensual, quincenalmente,...

Descender hasta niveles útiles. Hay que saber hasta donde hay que llegar para así poder establecer prioridades en las medidas de actuación.

Definir las causas de desviación y quiénes son los responsables.

Establecer claramente cuales han de ser los elementos de control.

En resumen de este proceso consiste en, Manuales técnicos (1997):

Determinar las normas o bases de control, estableciendo las medidas oportunas.

Medir lo que se haya realizado, utilizando como medida de comparación las normas de control establecidas.

Comparar los hechos realizados con las previsiones hechas, definiendo las diferencias, si existieran.

Corregir las desviaciones, si existen, con la finalidad de poner el remedio oportuno.

9.5. CONCLUSIONES

Llegados hasta aquí y después de haber visto de un modo global como se pone en marcha una empresa, vamos a hacer unos breves apuntes que resuman de algún modo algunas ideas generales que es importante no perder de vista si tenemos en mente desarrollar una idea de negocio.

El emprendedor puede surgir por varios motivos, ante una misma situación económica, con las mismas ayudas públicas, no existe un mismo comportamiento emprendedor de un territorio a otro, hay territorios en los que se emprende más que en otros, puede hablarse de la idiosincrasia de las gentes o de un carácter innato, como comenta A. Muñoz en B. Pérez (2000). Pero también es cierto que aunque algunas personas sean emprendedoras por naturaleza otros lo han adquirido por el aprendizaje, sin olvidar a las que las circunstancias personales o familiares lo han llevado a ello, A. Muñoz en B. Pérez (2000).

Creo que en esta parte final del tema es interesante plasmar unas reflexiones que ha de realizar y tener en consideración el emprendedor antes de materializar su idea en una empresa, puesto que va a iniciar un proyecto importante para su vida y para su entorno, A. Muñoz en B. Pérez (2000):

En primer lugar el emprendedor ha de tener claro el objetivo de ganar dinero dentro de las consabidas reglas éticas.

Ser consciente de su creatividad, calidad y capacidad para llevar a cabo el proyecto.

Coraje y valentía para enfrentarse a los contratiempos que pudieran surgir a lo largo de la vida de la empresa.

Vocación de estar al día, en lo referente a la gestión en sentido amplio del proyecto empresarial.

Capacidad de trabajo para enfrentarse a los problemas que seguramente no vendrán de forma ordenada.

Ser capaz de transmitir seguridad en si mismo y en las convicciones que afecten a la empresa.

Tener capacidad para tomar decisiones y actuar de acuerdo con ellas.

Considerar los errores propios y ajenos como una oportunidad para aprender y mejorar.

Afrontar los conflictos con la intención de buscar soluciones y no culpables.

No atentar a la dignidad de los trabajadores con la actitud diaria de la empresa.

Estimular la comunicación horizontal y vertical en la organización empresarial.

Lograr el compromiso de sus empleados con los objetivos de la empresa.

Analizar conjuntamente con sus colaboradores y empleados las desviaciones respecto a los resultados conseguidos y posibles medidas correctoras.

Ser permeable a los aspectos de formación de recursos humanos e implantación de nuevas tecnologías.

Continuando con estas ideas a modo de conclusión repetir que la viabilidad ha de dirigirse hacia los tres campos mencionado en apartados anteriores, hay que garantizar el éxito del proyecto, desde el estudio de la viabilidad financiera, técnica y comercial.

Posteriormente una vez creada la empresa y siguiendo con las ideas de A. Muñoz en B. Pérez (2000), habrá que gestionar bien y esto significa entre otras cosas, rodearse de un equipo de colaboradores, aprender a delegar en vez de querer controlarlo todo, chequearse frecuentemente, de forma interna, revisando procesos, productos y hablando con los empleados sobre quejas y sugerencias.

Según un estudio del Centro Europeo de Empresas Innovadoras de Valencia (CEEI), cada emprendedor tarda entre seis y nueve meses en crear una empresa, y tiene que invertir un mínimo de un millón y medio de pesetas si se contrata a menos de nueve empleados.

Se puede sintetizar, para finalizar este tema, con ánimo sólo de servir de guía para buscar más información, que es abundante y continua en este tema en nuestros días, en seis puntos lo que A. Muñoz en B. Pérez (2000) denomina las reglas básicas para no fracasar antes de comenzar:

Planificar adecuadamente, y desde el principio, la actividad, la misión y el objetivo de la empresa.

Garantizar, mediante la realización del correspondiente plan, la viabilidad comercial, técnica y económico-financiera.

Diseñar una proyección financiera, que asegure los recursos suficientes.

Chequear asiduamente los aspectos más relevantes de la empresa.

Asumir que el reciclaje y la formación son imprescindibles a pesar de su coste.

Tener claro desde el principio algunos conceptos importantes para la vida de la empresa como gastos y pagos, ingresos y cobros, beneficio y tesorería, costes fijos y variables, costes directos e indirectos,...

9.6. GUÍA PARA LA PUESTA EN MARCHA DE UNA EMPRESA

Este Anexo trata de servir de guía orientativa en el proceso a seguir en el desarrollo de una idea empresarial hasta que se culmina el proceso de constitución y puesta en marcha.

El trabajo de cada alumno/a consistirá en documentar e informar de los distintosapartados que se relacionan, de modo que el proceso sea lo suficientemente claro y preciso que permita reducir los riesgos que surgen en el nacimiento de un nuevo negocio.

Este índice, sin pretender ser exhaustivo, podría ser:

1. Descripción de la idea. Qué pretendemos hacer, qué producto/servicio vamos a ofrecer, qué necesidades cubrimos,...
2. Análisis del grupo promotor, formación habilidades, experiencia, aptitudes personales de cara a la asunción de riesgos o de las relaciones con los socios, si lo que se decidiese poner en marcha fuese a través de una Sociedad.

3. Mercado potencial objetivo al que nos dirigimos, clientes y ámbito de actuación.

4. Competencia. Hacer un estudio sobre aquellas empresas que por su actividad están dentro del campo donde nos queremos introducir.

5. Producto o servicio. Descripción, características, especificaciones sobre presentación, servicios al cliente, garantía,... ventajas competitivas y puntos fuertes y débiles.

6. Descripción de los procesos de producción, necesidades técnicas, proveedores, existencias, calidad y qué capacidad de producción tenemos.

7. Plan Comercial. Objetivos que pretendemos, estrategias de: introducción en el mercado, publicidad, precios y ventas; que política de distribución y transporte vamos a seguir.

8. Estructura organizativa de nuestra empresa.

9. Plan de inversiones. Debe de tenerse en cuenta todo aquello que vamos a necesitar para poner en marcha nuestra idea, como: Gastos de constitución y de primer establecimiento, acondicionamiento de edificios, instalaciones técnicas, otras instalaciones, maquinaria, utillaje, elementos de transporte, mobiliario, equipos informáticos, aplicaciones,... Debe de estar todo aquello que nos va a suponer una inversión, no podemos dejar pasar nada pues es imprescindible para el siguiente punto.

10. Financiación. Hasta aquí hemos llegado con más o menos esfuerzo, ahora es cuando hay que empezar a estudiar como hacemos frente a las inversiones previstas, es evidente que una parte tenemos que aportarla como promotores, la regulación de las distintas subvenciones pone como condición para acceder la aportación de los promotores, al menos entre un 25% y un 30% de la inversión total. ¿Dónde podemos recurrir para obtener financiación?:

    — Subvenciones de la Comunidad Autonoma en la que nos encontremos. Entre las más características están las que provienen de las Consejería o Delegaciones, Juntas,... depende de la denominación en cada Comunidad, de Trabajo, Empleo, Turismo, Comercio, Medio Ambiente,... o decretos especiales, por ej. para cooperativas, etc. estas ayudas pueden ser de hasta un 50% de la inversión

    — Subvenciones de la Administración del estado a través de los distintos Ministerios o de otros Organismos como por ej. Parques Nacionales.

    — Subvenciones de la UE a través de programas como Líder, Proder, Urban,... Investigar si la zona de actuación está dentro de algún programa que apoya a emprendedores/as.

    — Empresas de Capital Riesgo, Entidades Financieras,...

    Si el proyecto es viable, técnica y financieramente se pueden obtener ayudas que pueden llegar, en caso de compatibilidad hasta el 70% del total del proyecto.

11. Plan económico y financiero. Hacer un análisis de las previsiones de ventas y de gastos de nuestra empresa, lo que nos llevará a nuestra primera Cuenta de Explotación Provisional. Si hemos sido serios en su elaboración este resultado nos va definir ya que camino seguir: hacia adelante, reconversión de la idea o abandono de la misma.

12. Si el estudio nos ofrece resultados positivos, podemos dar el paso de constituir la empresa, para ello dependiendo de que sea un empresario individual o una Sociedad hay algunas diferencias en el proceso a seguir, pero que de cualquier modo es un proceso que pasa por la constitución de la empresa, las altas en Hacienda y Seguridad Social, las licencias y permisos oportunos,... remito al capítulo 4 del tema «Cómo crear tu propia empresa» donde se expresa punto a punto el camino a recorrer y a la Bibliografía del citado tema.

13. Paralelamente se podrán ir resolviendo todos los temas relacionados con la instalación de todo lo necesario para la actividad,

14. Una vez creada la empresa sólo nos queda iniciar la actividad y poner en marcha mecanismos que nos permitan analizar las desviaciones que pudieran surgir y poder tener capacidad de reacción frente a ellas. La gestión y la planificación son fundamentales para el éxito del negocio.

15. Para todas estas acciones es fundamental el realizar un calendario de actuaciones con tiempos y acciones a llevar a cabo que nos permita un control y seguimiento sobre el proceso.

Recordar que los proyectos no fracasan ni triunfan,
son las personas las que lo hacen posible

TEMA 10

DESEMPLEO

María José Albert Gómez
Doctora en Ciencias de la Educación
Profesora titular de la UNED

Índice

10.1. DEFINICIÓN DE DESEMPLEO

El proceso de modernización vinculado al desarrollo de la industria y la incorporación masiva de las nuevas tecnologías de la información y la comunicación a toda clase de actividades productivas, implica un cambio radical en el concepto de empleo o trabajo. La constante mejora de la productividad, con importantes diferencias o desfases entre distintos sectores y empresas supone continuas reestructuraciones y ajustes en el empleo. La resistencia a esos cambios se traduce en elevadas tasas de desempleo y precariedad. Esto junto con la incorporación masiva de la mujer al mercado de trabajo, ya que durante mucho tiempo la mayoría de las mujeres había permanecido vinculada al subempleo o a actividades no remuneradas socialmente, reivindicando el derecho al trabajo hace que se de una mayor competencia por conseguir un puesto de trabajo estable y bien remunerado. Estos factores mencionados sin duda van a afectar a la tasa de desempleo. (Chacón y Palacio, en Miguelez y Prieto, 1999).

El desempleo es un fenómeno complejo y dependiente de muchos factores, esto hace que no exista una solo definición sino que va a depender del enfoque o campo que se estudie en un momento determinado. Puede haber una definición económica, jurídica, administrativa etc. Frente a esto se busca una definición que pueda ser aceptada por todos basada sobre un enfoque empírico. Así surge lo que se llama una definición estadística del desempleo.

En 1954, una conferencia internacional de los estadísticos del trabajo, reunida bajo la égida de la Oficina Internacional del Trabajo (OIT), adoptó una primera definición del desempleo que se modificó y precisó en 1982. En ella se señalaban tres condiciones que debían cumplirse para ser clasificado como desempleado. Estas son:

— Estar sin trabajo, es decir desprovisto de un empleo (asalariado o no asalariado).
— Estar disponible para trabajar en un empleo asalariado o no asalariado.
— Estar buscando trabajo.

Podemos observar en estas condiciones aspectos a tener en cuenta, en una definición de desempleo uno de ellos es que solo se toma en cuenta el trabajo que es objeto de una remuneración considerando que desempleo no significa ausencia de trabajo simplemente, sino ausencia de trabajo remunerado. Otro la importancia de la disponibilidad. El desempleo implica un potencial de trabajo inutilizado, es necesario entonces que el desempleado esté en condiciones de trabajar, considerando de una forma amplia que solo quedan excluidos aquellos que tienen una minusvalía, y desde un enfoque más restrictivo todos aquellos que no estén inmediatamente disponibles para el trabajo. Con todo esto podemos decir que *el desempleo es aquella situación en la que se encuentra una persona que no tiene trabajo remunerado, que está disponible para trabajar y que además está buscando trabajo.* Esta definición está basada en una política cercana al pleno empleo, la realidad es otra ya que capas importantes de la población se encuentran en posiciones intermedias entre empleo, inactividad, y desempleo dificultando esto una medición del desempleo.

En nuestros días, los economistas del trabajo a partir de censos y encuestas, van a agrupar a las personas dentro de la población económicamente activa (PEA) en tres grandes grupos:

— La parte que tiene un trabajo remunerado.
— La parte que en ese momento está totalmente desocupada, subocupada y demandante (y que busca trabajar más horas), o subocupada y no demandante (que no busca tener más trabajo).
— El resto, o sea la población denominada económicamente inactiva, dentro de la cual y de manera discriminatoria incluyeron a las mujeres que se ocupan de tareas domésticas en su propio hogar.

Esta clasificación parte de una distinción entre actividades libres o forzadas y entre mercantiles y no mercantiles, obviando la consideración de la creciente heterogeneidad que se da dentro de la población en edad activa, pero tiene dificultades para situar a los trabajadores familiares no remunerados, al trabajo no registrado o en negro, que puede llegar a representar un porcentaje importante de los asalariados.

Para ser considerado estadísticamente como un desocupado, la conferencia Internacional de los Estadísticos del Trabajo del año 1954, esa persona debe reunir las siguientes condiciones:

1.—Estar sin empleo remunerado, es decir no haber ejercido un trabajo remunerado, aunque fuera durante una sola hora, en la semana denominada de referencia.

2.—Estar inmediatamente disponible para trabajar, salvo el caso de haber contraido una enfermedad leve, es decir tener una actitud favorable respecto del trabajo y ser apto para ello.

3.—Haber buscado o estar buscando activamente un empleo.

En contrapartida, el ocupado es una persona que hace un trabajo remunerado, aunque se desempeñe en un empleo ocasional y de corta duración (Gautié y Neffa, 1998).

10.2. APROXIMACIONES TEÓRICAS

A lo largo de las décadas, han ido apareciendo una serie de teorías que tratan de arrojar luz sobre la problemática del desempleo, sus antecedentes sociales, personales y sus consecuencias. Podemos señalar las siguientes aproximaciones teóricas:

— La teoría de los estadios o fases
— La teoría del enfoque funcionalista.
— La teoría de la agencia
— El modelo vitamínico de Warr.

Teoría de los estadios o fases.—*Esta teoría está basada en la idea de que las personas se mueven a través de diferentes etapas psicológicas, como respuesta a la falta de empleo. Estas fases pasan por distintos cambios que van desde el optimismo al fatalismo según va pasando. En una primera etapa aparecen sentimientos de pérdida, de miedo e incluso de venganza e indignación. En un segundo momento se produce como una especie de apatía e insensibilidad que se va a ir reemplazando por sentimientos de calma. En un tercer momento el desempleado aumenta su actividad se adapta a las circunstancias y confía en que la situación se arreglará pronto. En un cuarto momento esta esperanza se va desvaneciendo cuando percibe que sus esfuerzos no tienen éxito. A medida que la situación se va haciendo más dura aparecen sentimientos de indefensión y angustia.*

Enfoque funcionalista de Jahoda *Este enfoque manifiesta que el trabajo además de tener unas funciones económicas cumple otras más como son:*

— Imposición de una estructura temporal en al vida cotidiana.

— Facilitación de contactos sociales fuera de la familia

— Participación en objetivos y esfuerzos colectivos.

— Definición de un status e identidad personal

— Actividad regular.

El empleo nos permite la satisfacción de una serie de necesidades entre las que se encuentran las mencionadas de tal forma que la pérdida del mismo produce una situación de privación que tiene repercusiones negativas en el individuo.

Este enfoque considera que con la pérdida del empleo el individuo deja sin satisfacer una serie de necesidades que han sido aprendidas en nuestra cultura occidental, pero que la pérdidas de esas funciones pueden ser satisfechas o cubiertas por otras instituciones sociales considerando al individuo como un ser pasivo ante esta situación, dejándolo en cierta forma en mano de otras instituciones sociales.

La teoría de la agencia.—Esta teoría surge como respuesta ante la idea funcionalista que achacaba al individuo como un agente pasivo. La tesis implícita en la teoría de la privación es que el ser humano depende de la situación externa para cubrir determinadas necesidades como el tener una estructura temporal, tener unas metas o una actividad regular. En la teoría anterior el desempleo imposibilita la satisfacción de esas necesidades, para los defensores de la teoría de la agencia la falta de empleo simplemente dificulta la puesta en marcha de ciertos planes de acción del individuo. Ante esta situación las personas experimentan desajustes debido a que sus esfuerzos son frustrados por el hecho de tener recursos inadecuados y un bajo poder social, lo cual reduciría la intensidad y frecuencia de la conducta de esfuerzo. (Peiró y Prieto 1996-pp. 231).

Modelo vitamínico de Warr.—Este modelo estudia y analiza los efectos de la situación de desempleo sobre la salud mental y lo compara con los efectos de las vitaminas de tal forma de la ausencia o exceso de algunas de ellas pueden tener efectos negativos o positivos según los casos. En este modelo Warr afirma que el desempleo generalmente tiene efectos negativos sobre la salud mental de la persona que se relaciona con un «deficit vitamínico», señalando que la intensidad de esos efectos negativos dependerá de la cantidad de cambio que se produzca en las variables consideradas.

10.3. CATEGORÍAS O TIPOS DE DESEMPLEO

Dependiendo de la duración del desempleo podemos señalar:

Desempleo repetitivo.—Afecta a personas con múltiples pasos por el mercado del desempleo. Se trata principalmente de jóvenes que salen recientemente del sistema escolar y mujeres que quieren incorporarse, después de una larga interrupción, retomar una actividad laboral. Esta categoría se caracteriza por un porcentaje elevado de trabajadores poco cualificados y antiguos titulares de empleos precarios. Este tipo de trabajadores tienen un nivel de salario bajo y gran inestabilidad. Estos factores hacen que sean poco exigentes, tienen generalmente trabajos de poca duración y a la vez periodos de desempleo también cortos ya que se reincorporan al trabajo con facilidad, aunque eso sí, con trabajos nuevamente precarios.

El paro de los jóvenes, además de lo mencionado, se ve influenciado por las condiciones de empleo, que han hecho que de los años setenta a los ochenta /noventa se haya pasado de una transición laboral temprana rápida y segura a una transición tardía, lenta e incierta que modifica sus pretensiones de vida. Según el informe «juventud en España» realizado por Navarro López y Mateo Rivas, casi la mitad de los jóvenes que viven con sus padres preferían otro tipo de residencia, pero por motivos de desempleo y de independencia económica la llamada juventud se prolonga siendo cada vez durante más tiempo dependiente de los padres.

Desempleo de conversión.—Este tipo de desempleo es típico de aquellos trabajadores que, siendo titulares de un empleo estable, son víctimas de un despido por motivos económicos. Este tipo de despido proviene principalmente de la industria y afecta a trabajadores cualificados y de franja de edad medias entre 25 y 50 años generalmente hombres. Su antigüedad en el empleo, sus condiciones de despido y su nivel de salario anterior les garantizan, inicialmente, una indemnización relativamente favorable. Por todas estas razones buscan un empleo que corresponda a su nivel de cualificación y a su objetivo de estabilidad. La duración de su desempleo es comparativamente más larga pero este tipo de trabajadores son los que tienen una reinserción satisfactoria.

Desempleo de exclusión.—En esta categoría están aquellos trabajadores que se presentan al mercado de trabajo con desventajas tales que su posibilidad de inserción es muy baja en un contexto de mayor selectividad ya que se trata principalmente de «trabajadores de edad, próximos a la jubilación Este tipo de trabajadores parecen condenados a un desempleo de muy larga duración al no ser que cuenten con características específicas. Se trata de un tipo de desempleo que engendra la degradación de las aptitudes para el trabajo, el desaliento y finalmente el abandono de la búsqueda de empleo. A la vez sus derechos de indemnización disminuyen o desaparecen. En esta misma categoría de desempleo se encuentran aquellos trabajadores adultos víctimas de reestructuraciones industriales en cuencas de empleo sin ninguna perspectiva de reconversión.

Desempleo coyuntural.

Desempleo estructural.

Otros tipo de paro que es importante es llamado *paro de las mujeres*. Las desigualdades de género alcanzan sus mayores cotas de visibilidad a través de aquellas mujeres que precisamente por su condición de mujer, no pueden entrar al mercado de trabajo o salen y entran de él con gran facilidad. El grupo de más tasa de paro lo tienen las mujeres que intentan entrar en el mercado de trabajo con en edades comprendidas entre 16 y 24 años. Sin olvidar al otro gran grupo de paradas: las mujeres que desean volver a ese mercado, una vez finalizada la etapa más dura de la crianza de los hijos, siendo este un colectivo olvidado. Bien es verdad que se da una economía sumergida que ampara a este colectivo de paradas especialmente a las menos cualificadas y/o pertenecientes a la clase obrera, donde la actividad laboral femenina sumergida siempre ha tenido una fuerte presencia. Así puede citarse las distintas fórmulas del trabajo a domicilio, servicio doméstico, la limpieza o la industria que requiere mano de obra intensiva (confección, piel, juguetes, etc), pero a pesar de esta economía sumergida la mitad de la población parada española son mujeres.

Torns, Carrasquer y Romero (1995) señalan que ese mayor volumen de paro femenino puede explicarse mediante una serie de factores que inciden en ese colectivo de manera significativa y que no afecta al colectivo masculino, se trata del trabajo doméstico y de la reproducción, es decir las denominadas cargas familiares. Según la tipología de oportunidades de mercado, esos factores clarifican el paro femenino y muestran las diferencias que se producen entre las mujeres según carezcan o tengan esas cargas, empeorando sus oportunidades a medida que se incrementan sus cargas familiares.

El paro femenino expresa la importancia de las desigualdades de género en el mercado de trabajo, si se toma en consideración el nivel de estudios de la población parada. En este punto las desigualdades afectan una vez más a las más jóvenes cuestionando el éxito del credencialismo y de las políticas de la igualdad de oportunidades. Desde hace dos décadas, las jóvenes españolas tienen un mayor nivel de estudios que sus homólogos masculinos. Y esa situación, desde el curso 86-87, se refleja en los niveles superiores de estudios, donde se da ya una mayor proporción de estudiantes universitarias. Pero las tasas de paro apenas reflejan ese mayor nivel educativo de las jóvenes españolas y una vez más las tasas de paro femenino son superiores a las masculinas sea cual sea la edad y el nivel de estudios, en incluso hay un último dato: la tasa de paro entre las mujeres universitarias es casi la misma que la de los hombres analfabetos. (Miguelez y Prieto, 1996:161)

Las mujeres desean afirmar su existencia social en un medio que hasta muy poco estaba reservado con toda legitimidad a los hombres, el espacio público del mercado, pero este deseo en bastantes ocasiones se ve truncado por las condiciones de empleo existentes, por dos motivos, uno por los motivos propios del mercado de trabajo y otro por el mismo hecho de ser mujer.

Podemos comprobar como un factor importante dentro del desempleo, sea la categoría que sea, es el nivel de educación. Gautié y Neffa realizaron un estudio entre distintos países de la Unión Europea y llegaron a la conclusión de que la tasa de desempleo de aquellos cuyo nivel de educación no supera el primer ciclo del secundario es 3 a 4 veces más elevada que la de aquellos que disponen de una educación superior. Según los mencionados autores este hecho puede tener dos interpretaciones:

Según la primera el desempleo de los no cualificados se debería principalmente, o bien a una escasez de empleos no cualificados ligada a un nivel de salarios demasiado elevado para este tipo de empleos, o bien a una escasez de mano de obra calificada, si se supone que el crecimiento de la producción está bloqueado porque no se ha alcanzado el pleno empleo de la mano de obra cualificada, y no existe una complementariedad entre empleos cualificados y no cualificados.

Según la segunda interpretación, el desempleo de los no cualificados resultaría de un fenómeno de decantación y concentración del desempleo en las poblaciones menos cualificadas. En un mercado de trabajo en el que la oferta de fuerza de trabajo excedería la demanda para todas las cualificaciones, las empresas contratarían a aquellos que se presentan, según el orden de sus cualificaciones. En este caso los trabajadores cualificados ocuparían, en cada nivel de la jerarquía, empleos que normalmente deberían ser ocupados por los menos cualificados, y los menos cualificados de los no cualificados se quedarían sin nada. (Gautié y Neffa, 1998:50).

A pesar de admitir la influencia de la educación y la formación en el desempleo, la persistencia de elevadas tasas de paro en Europa que afectan a todos los niveles educativos, aunque con diferente intensidad, y sobre todo a los jóvenes, está introduciendo dudas sobre si realmente la formación es una inversión rentable para asegurar una buena posición en el mercado de trabajo y es más luchar contra el desempleo, presentándose en ocasiones la pregunta de si es suficiente la formación para encontrar un empleo. La frustración de las generaciones jóvenes cuando se encuentran con periodos largo de paro después de años de escolarización, o si no encuentran un puesto de trabajo correspondiente al nivel de estudios cursados, es una muestra de los interrogantes que la población se plantea sobre esta relación y en ocasiones duda de ella

Los investigadores sobre el tema centran sus estudios y parten de una relación directa y positiva entre educación-formación y empleo. Es decir que a mayor nivel educativo se consolida una mejor tasa de ocupación una menor de paro y unas mejores condiciones laborales. Aún apoyando esta teoría, que a su vez está apoyada por empresas, familias e incluso a nivel individual es cierto que en ocasiones esta relación no puede establecerse de forma clara y contundente sino que va a depender de la influencia de distintos enfoques y de distintas variables y sobre todo del momento. Así por ejemplo en Europa en los años sesenta, en una situación de pleno empleo, fuerte crecimiento económico, intensas evoluciones tecnológicas y escaso nivel educativo de la mano de obra, tomo cuerpo la afirmación de que para potenciar la competitividad de las economías europeas hacia falta una mano de obra más cualificada, y ello significaba básicamente invertir en formación. Así sobre esta premisa se construyeron el sistema dual alemán, la ley de formación continua en Francia y los sistemas de formación profesional de los demás países europeos, en España se llevó a cabo una reforma educativa, la cual puso el énfasis en elevar el nivel de educación básica de la población más que desarrollar un sistema de formación profesional. Hoy la situación es distinta a esta que presentamos. Tanto a nivel europeo como nacional hay abundancia de mano de obra formada y se asiste a una transformación de gran alcance de la organización productiva bajo los efectos de la globalización y de la innovación tecnológica que está exigiendo una renovación profunda de las competencias profesionales de la población ocupada, siendo necesario cada vez más una gran competencia profesional del personal, competencia profesional que evidentemente va a necesitar de la formación. autores como Toharia y García afirman que la relación entre el nivel educativo y la tasa de empleo es compleja y no siempre evidente ya que va a depender del tipo de datos que se utilice y de la interpretación que se de a los mismo, puede o no aparecer una relación entre ambas variables (García y Toharia, 1993, en Miguelez y Prieto, 1999) de hecho puede suceder que ocurran tres situaciones distintas, o bien que no exista relación, o bien que solo se dé en determinadas circunstancias o bien que existiendo no sea visible claramente por la interferencia de otras variables que neutralizan sus efectos. Como ejemplo podemos decir que cada nivel educativo tiene una influencia en el mercado de trabajo diferenciada sobre colectivos sometidos a dinámicas diferentes, lo que dificulta la interpretación de los datos.

Como conclusión podemos decir que a pesar de las distintas interpretaciones y aún reconociendo la incidencia de otras variables la relación entre la formación y el empleo es positiva aunque cada vez más se puede decir que la formación es la condición necesaria pero no suficiente para conseguir la cualificación requerida en el ámbito productivo. Así en relación directa con esto las nuevas generaciones y la población en general sigue apostando por la formación, a pesar de que el incremento constante de titulaciones en el mercado de trabajo y los cambios en el mundo productivo estén introduciendo una separación creciente entre la adquisición de conocimientos a través de la formación y los requerimientos de competencias profesionales por parte del mundo empresarial. Se necesita seguir impulsando y apostando por la formación inicial, para lanzar al mercado de trabajo trabajadores preparados para hacer frente a las nuevas necesidades e innovaciones, y la formación continua o permanente. En este ámbito sin que exista aún un desarrollo tan importante como el de la formación inicial, el progresivo incremento de las acciones formativas en las empresas, y la participación creciente de los individuos en acciones de formación continua, han generado un boom de la formación, siendo el elemento clave para la competitividad tanto a nivel individual como de las empresas. Es necesario el desarrollo de un sistema de formación permanente, que supere los primeros estadios de ofrecer actividades formativas a un colectivo de personas ya iniciadas y que sea suficientemente amplio para ser capaz de dar respuestas a las necesidades de renovación de la población ocupada.

10.4. ANTECEDENTES Y FACTORES EN INCIDEN EN EL ORIGEN DEL DESEMPLEO

Intentar hacer una análisis sobre los antecedentes o causas del desempleo supone, en primer lugar, apelar a la importancia que en este punto tiene el contexto socio-económico en el que nos movemos, lo cual nos remite a una serie de variables sobre la posibilidad de éxito en encontrar un empleo. En este sentido, es evidente que la probabilidad de que una persona consiga un empleo va a depender de la razón entre la oferta y la demanda de empleo en un momento dado, de las políticas de fomento de empleo que se lleven a cabo, de la tasa de destrucción de empleo, etc. En definitiva de las condiciones que en un momento determinado se den en el mercado laboral. (Peiró y Prieto, 1996)

Para estudiar los factores del origen del desempleo nos adentraremos en un estudio a nivel europeo (Muet, en Gautié y Neffa, 1999) Así se puede comprobar como veinte años después del primer shock petrolero la Unión Europea se convirtió en una zona de desempleo masivo, acusado por las rigideces de los mercados de trabajo y el déficit de crecimiento resultante de la no coordinación de las políticas económicas. La persistencia del desempleo europeo se origina, además de otros factores, por un abandono de las políticas expansionistas por parte de las naciones europeas, negativa incidencia de los pactos sociales, rigidez institucional del mercado de trabajo, y falta de competitividad en las empresas. Ha habido un abuso de políticas de competitividad y flexibilidad y poca utilización de políticas de reactivación para estimular el crecimiento después de las recesiones. Se da una gran diferencia entre los países de la Unión Europea con Estados Unidos o Japón así por ejemplo en Europa tardamos ocho años para salir de la recensión de comienzos de los años ochenta y prácticamente el mismo tiempo para emerger de la de comienzos de los años noventa, en Estados Unidos salieron en un año o dos gracias a las políticas de reactivación masivas y a políticas expansionistas. La falta de políticas expansionista en Europa no solo ha contribuido a la larga duración de las recesiones sino también al aumento del desempleo.

El alza del desempleo se vio acompañada en Europa por un fuerte aumento de la duración del desempleo. En promedio cerca de la mitad de los desempleados sufren un periodo de desempleo superior a un año (desempleo de larga duración) Por otra parta el desempleo afecta principalmente a los jóvenes (excepto en Alemania por su sistema dual), las mujeres y los trabajadores no cualificados.

La tasa de desempleo después del primer shock petrolero aumento fuertemente por tres factores:

El deterioro de los términos del intercambio debido a los shocks petroleros por la indexación de los salarios sobre los precios de bienes de consumo.

El alza de los impuestos sobre el trabajo(cargas sociales patronales) o de ciertos factores que influencian la formación de los salarios.

La reducción de los incrementos de productividad, cuando estos no se toman en cuenta en las negociaciones salariales.

Actualmente Europa está en la situación inversa a la que predominaba hace quince años: los factores de oferta que bloqueaban el crecimiento a comienzos de los años ochenta fueron eliminados en gran medida, la proporción de las ganancias en el valor agregado alcanza niveles sin precedentes en el pasado, el salario real crece menos rápido que la productividad del trabajo y las estimaciones de desempleo de equilibrio muestran que actualmente es por el lado de la demanda que se encuentra la fuente del déficit de crecimiento europeo.

Junto a estas variables de tipo socio-económico, existen un conjunto de características demográficas del desempleo (edad, sexo, nivel y tipo de estudio) que también deben tenerse en cuenta a la hora de estudiar cuales son los antecedentes del desempleo. Este tipo de variables indican que hay una serie de características que no están bajo el control del individuo y que sin duda van a influir en su posibilidad de encontrar empleo, entre estas están la edad y el sexo. En este sentido la Encuesta de población Activa refleja que la tasa de desempleo es más alta en las mujeres que en los hombres y en los mayores de veinticinco años.

Una vez aceptada la idea de que hay una serie de características que se escapan al control del individuo y que va a influir en la posibilidad de encontrar trabajo, surge la pregunta de si determinadas características psicológicas de individuo van a influir o le hacen más o menos proclive a conseguir un puesto de trabajo. Muchos trabajos longitudinales y transversales han aportado conclusiones interesantes sobre este tema, pero de los resultados obtenidos es posible afirmar que la investigación existente sobre los antecedentes del desempleo presenta una elevada dispersión y en general una escasa consistencia en cuanto a resultados. Sin embargo existe una investigación en la que se explora de manera sistemática y detallada la hipótesis según la cual las características psicológicas del individuo pueden predecir su situación laboral futura. Tal investigación es la realizada por Blanch (1990) reflejada en Peiró,1996:235, reproducimos textualmente los resultados.

Los resultados obtenidos en dicha investigación sugieren que existe un perfil psicosocial que permite predecir la situación ocupacional futura del desempleado el propio autor afirma «la probabilidad de que un demandante de empleo parado se incorpore a un puesto laboral depende, por supuesto, de la estructura objetiva de oportunidades del mercado laboral y también del grado en que él mismo desee estar empleado, se considere personalmente implicado en la resolución de su problemática de carencia de trabajo, busque activamente empleo y esté tan convencido de su capacidad para el desempeño laboral como favorablemente dispuesto a aceptar ciertas condiciones requeridas por las características del puesto a ocupar».

Peiró, 1996 sintetiza este trabajo diciendo: en el estudio de los antecedentes del desempleo es posible considerar tres tipos de variables. En primer lugar, las variables de tipo socioeconómico las condiciones del mercado laboral en un momento determinado, en segundo lugar, las características demográficas del desempleado y, por último las variables psicosociales. Respecto a los dos primeros tipos de variables parece evidente que tienen un efecto importante sobre la probabilidad de que un desempleado consiga un empleo. En relación a las variables psicosociales, seria conveniente aportar más evidencia empírica para clarificar el grado en que tales características personales pueden incidir en la futura situación laboral del desempleado. Sin embargo, parece coherente mantener la hipótesis de que junto a los factores estructurales, las actitudes hacia el trabajo y el grado de actividad en el proceso de búsqueda de empleo son predictores de la empleabilidad de los desempleados. Por tanto confirma Blanch (1990) junto a la política socioeconómica orientada a aumentar el número de ofertas de empleo será conveniente realizar programas de intervención psicosocial orientados a aumentar la probabilidad que tienen los desempleados de conseguir un empleo.

10.5. LA LUCHA CONTRA EL DESEMPLEO. FOMENTO DEL EMPLEO

La lucha contra el desempleo, es algo a tratar tanto a nivel nacional como a nivel Europeo.

A nivel Europeo Hemos de señalar sobre todo el *Libro Blanco. Crecimiento competitividad y empleo,* más conocido como el libro Blanco de J. Delors, que se presentó en el Consejo Europeo de Bruselas de diciembre de 1993, supuso un importante revulsivo ante el tema del desempleo. Este libro reconocía la existencia de problemas estructurales que estaban en la base de la elevada tasa de desempleo de la UE y afirmaba que para hacerlos frente no bastaba con conseguir elevadas tasas de crecimiento, sino que hacia falta mejorar la competitividad invirtiendo en recursos humanos y desarrollar una política activa de empleo. Se trataba de conseguir un crecimiento más sostenido, más sostenible y más intensivo en empleo. El libro blanco señala seis prioridades que deben tener las acciones al servicio del empleo:

— Apostar por la educación y la formación a lo largo de la vida.

— Aumentar la flexibilidad interna y externa.

— Confiar más en la descentralización y la iniciativa.

— Reducir el coste del trabajo poco cualificado.

— Renovar profundamente la políticas de empleo.

— Ir al encuentro de nuevas necesidades.

Todo esto debía producirse en un marco de concentración social en cada uno de los —estados miembros—. Las formas de concentración social adoptarían en cada país un estilo, una tonalidad, de acuerdo con sus tradiciones.

Una de las propuestas más innovadoras, era la necesidad de explorar al máximo una serie de yacimientos de empleo que corresponden a nuevas necesidades de la sociedad que permanecen insatisfechas. Tomando como base el Libro Blanco de Delors, el Consejo Europeo de Essen (diciembre 1994) invitó a los Ministros de Asuntos Sociales y de Trabajo y al ECOFIN a que realizaran un atento seguimiento de la evolución del empleo y de las políticas de empleo de los Estados miembros, estableció cinco áreas de actuación prioritarias en el mercado de trabajo:

— Refuerzo de las inversiones en formación profesional.

— Aumento de la intensidad en empleo del crecimiento.

— Reducción de los costes laborales indirectos.

— Mejora de la efectividad de las políticas referidas al mercado de trabajo

— Medidas a favor de los grupos que sufren un riesgo de exclusión del mercado de trabajo.

Los sucesivos Consejos Europeos han ido reiterando estas prioridades y los Estados han presentado al Consejo las políticas que llevan a cabo para fomentar el empleo, agrupándolas en los cinco epígrafes señalados.

Posteriormente el tratado de Amsterdam declara que los Estados miembros consideran al empleo y al fomento del empleo como un asunto de interés común y coordinarán sus actuaciones (art.109N y 109 O). Esto representa un nuevo punto de partida de las políticas europeas de empleo: si bien la responsabilidad principal de la decisión y la aplicación de las políticas de empleo sigue en manos de los Estados miembros, el nuevo Tratado insiste en la necesidad de una actuación conjunta y coordinada a escala de la UE. Afirma que se tendrá en consideración el objetivo de un elevado nivel de empleo a la hora de formular y aplicar las políticas y actividades comunitarias. A su vez el tratado crea una serie de instrumentos para estructurar el proceso de seguimiento de la nueva estrategia europea coordinada en materia de empleo:

Los Jefes de Estado y Gobierno adoptarán cada año conclusiones sobre la situación del empleo en Europa.

El Consejo elaborará, por mayoría cualificada, orientaciones de empleo para los estado miembros. Estas orientaciones serán propuestas por la Comisión, previa consulta al Parlamento Europeo, al Comité Económico y Social, al Comité de las Regiones y al Comité de Empleo.

El Consejo examinará cada año la puesta en práctica de las orientaciones y formulará recomendaciones a los distintos Estados miembros. El Consejo y la Comisión prepararán cada año un informe conjunto sobre la situación del empleo en Europa.

El Tratado contemplará la realización de programas para apoyar la innovación en las políticas de empleo a través de proyectos piloto que tengan por objeto el intercambio de información y de buenas prácticas.

Un Comité de Empleo, compuesto por dos representantes de cada Estado miembro colaborará en el proceso de supervisión de la situación del empleo y las políticas de empleo en Europa.

Siguiendo en esta línea, en Noviembre de 1997 tiene lugar el Consejo Europeo Extraordinario sobre el empleo celebrado en Luxemburgo, las Conclusiones de la

Presidencia comienzan por reconocer que la cuestión de empleo se encuentra en el centro de las preocupaciones del ciudadano europeo, señalando la importancia que tiene mantener un entorno económico favorable, una estrategia coordinada de las políticas nacionales de empleo y que las políticas comunitarias estén también al servicio del empleo.

La segunda parte de las conclusiones, señalan las Directrices para la política de empleo de los Estados miembros para 1998. Estas directrices se estructuran en cuatro partes:

— Mejorar la capacidad de inserción profesional.

— Desarrollar el espíritu de empresa.

— Fomentar la capacidad de adaptación de los trabajadores y de las empresas.

— Reforzar la igualdad de oportunidades.

Los principales acuerdos de empleo alcanzados en esta cumbre fueron los siguientes:

Los Estados miembros deben ofrecer una oportunidad de empleo, formación o cualquier otra medida que favorezca su inserción profesional a los jóvenes menores de 25 años y a los adultos antes de que superen respectivamente los seis o los doce meses de desempleo.

Cada Estado miembro incrementará el porcentaje de desempleados a los que ofrece formación hasta alcanzar la media de los tres Estados miembros que mejores resultados hayan obtenido en ese ámbito (un 25% la aprobarse la medida) con un mínimo del 20%.

Otros compromisos para ajustar las cualificaciones escolares a las necesidades del mercado de trabajo, favorecer las iniciativas locales, la economía social y los nuevos yacimientos de empleo, reducir progresivamente la carga fiscal sobre el trabajo, negociar acuerdos sobre fórmulas flexibles de trabajo que tiendan a reducir la jornada laboral, mejorar la igualdad de oportunidades y establecer una ampliación presupuestaria en la partida «iniciativa para el empleo» con objeto de beneficiar a las pequeñas y medianas empresas.

Estos compromisos en materia de política de empleo adoptados en Luxemburgo y recogidos en las Directrices de 1998, no son simples orientaciones para los Estados miembros. Las Directrices deben ser cumplidas por los Estados miembros en un plazo máximo de cinco años. Para controlar el cumplimiento de estas directrices, se fijan unos objetivos que cada Estado miembro debe tener en cuenta en el Plan Nacional de empleo que debe presentar a la Comisión, además el Consejo revisará cada año el cumplimiento de dichas Directrices por parte de cada uno de los Estados miembros, y puede formular «recomendaciones» para cada uno de ellos que podrán ser leídas como críticas políticas y sanciones morales del Consejo al Estado miembro. (Minguelez y Prieto, 1999:281)

Al hablar del desempleo a nivel nacional, debemos tener en cuenta que el momento de la integración de España en las Comunidades Europeas, baremo o criterio comparativo para hablar de desempleo, coincide con el final de una etapa recesiva que situó la tasa de desempleo en su cota más alta (21,3% en 1986) y la tasa de actividad en uno de los puntos más bajos (47,6% en 1985) en la década inmediatamente anterior. España había seguido la tendencia de la mayor parte de los países de Europa pero con mayor intensidad: destrucción neta de empleo y crecimiento más que proporcional del desempleo. Esto explica que la tasa de actividad llegará a ser casi una quinta parte más baja y que la tasa de desempleo sobrepasara el doble de la tasa media europea. A pesar de estas comparaciones con el resto de los países de la UE, hemos de tener en cuenta que cada sistema de empleo funciona en unas condiciones sociales e históricas específicas y tiene unas características propias no siendo posible comprender su funcionamiento analizando aisladamente una parte del mismo. Así la política de empleo en España aparece condicionada por las características peculiares de la estructura productiva y el sistema de relaciones laborales español, distinguiéndose tres etapas en el desarrollo de la política de empleo. La primera «el quinquenio centrista» entre 1977 y 1982; la segunda que coincide con los trece años socialistas desde 1983 a 1996 y la última y más reciente la marcada por los acuerdos interconfederales de 1997 entre centrales sindicales y organizaciones patronales.

A esta última etapa nos referimos cuando decimos que entre las distintas medidas de fomento de empleo podemos señalar la dedicadas al fomento de empleo y la inserción laboral dirigidas principalmente a la población juvenil. Se han puesto en marcha algunos programas para facilitar la transición a la vida activa con diversos objetivos como la programación de la formación profesional de proyectos de cooperación local y regional, y de fomento de actitudes emprendedoras (PROEMPLEO,1989). Por otra parte la Reforma del Mercado Laboral ha aumentado el grado de flexibilidad del mercado de trabajo contemplando entre otras medidas la posibilidad de nuevos contratos.

Otra forma para luchar contra el desempleo es la adecuación de la formación de los trabajadores a las exigencias del mercado laboral, es decir la coordinación del mundo académico con el mundo laboral. El mercado laboral español necesita de titulados en formación profesional. Esta afirmación ha sido ratificada recientemente en un informe de la Fundación Argentaria, donde se afirma que faltan cien mil titulados de formación profesional en nuestro país. Sin embargo la sociedad no termina de confiar en estas enseñanzas. Los padres y los propios estudiantes siguen prefiriendo la formación universitaria, a pesar de que las posibilidades laborales de los graduados son cada vez menores. El mundo de la empresa no es capaz de absorber los 180.000 titulados que cada año salen de nuestras universidades y en cambio, reclama a gritos profesionales cualificados de grado medio.

El ministerio de Educación ya intentó fomentar el acceso a la FP con una campaña en los medios de comunicación durante el año 1999. Los resultados no parecen haber sido muy efectivos. Quizá no sea suficiente una campaña publicitaria para animar a las familias y a los propios estudiantes y lo que haya que hacer es dotar a estas enseñanzas de más medios técnicos y humanos que eleven su prestigio académico y una mayor conexión entre los grados medio y superior para que muchos alumnos motivados prosigan sus estudios.

La Fundación Argentaria acaba de publicar un estudio donde se manifiesta el nivel de formación de la sociedad española y la relación con el mercado de trabajo. Según este estudio, entre 1999 y 2004 intentarán incorporarse al mercado de trabajo de nuestro país 900.000 graduados universitarios y 400.000 titulados en Formación Profesional de segundo grado. Paralelamente se han calculado las necesidades del mercado laboral estimadas para el mismo periodo: se necesitarán 625.000 titulados universitarios y 500.000 de Formación Profesional. Es decir nos encontramos ante un enorme desajuste entre el sistema educativo y el productivo, que si no se remedia, traerá lamentables consecuencias en el mundo laboral. (Boletín oficial del Colegio oficial de Doctores y Licenciados. Feb. 2001 n.° 122)

Otra forma de luchar contra el desempleo es la potenciación y ayuda a las PYMES.

Las Pequeñas y medianas empresas son verdaderas impulsoras en la creación de empleo, ya que han sido las verdaderas protagonistas de la inversión y la creación de riquezas y empleo en los últimos años Por este motivo el impulso a la creación de empresas ha sido uno de los principales objetivos desde las administraciones públicas desde hace más de dos décadas. Conscientes de la importancia de prestar un soporte importante a la puesta en marcha de empresas y a la potenciación del empleo autónomo, el sector público ha desarrollado una serie de instrumentos que han permitido apoyar a los empresarios y emprendedores en sus primeros pasos dentro del complejo mundo empresarial

La adopción de distintas medidas o instrumentos por partes de los gobiernos que faciliten la creación de estas empresas es un paso importante para la lucha contra el desempleo. Podemos señalar las siguientes:

La creación de nuevos instrumentos fiscales que ayuden a las empresas que generen más riqueza.

Reformas tributarias. Como la eliminación de impuestos para aquellas empresas que no superen una cifra determinada de beneficios y la Reducción del impuesto de sociedades

Apoyo financiero firme para las inversiones en innovación entendidas en un concepto amplio que se conjugue con la investigación y desarrollo.

Medidas de apoyo a la salida de las empresas, en este caso españolas, a los mercados exteriores ya sea mediante el fomento de exportaciones e importaciones o con apoyo directo a su competitividad exterior.

Simplificación administrativa con un plan de agilización y simplificación para las relaciones de las empresas y la administración sobre todo en la puesta en marcha de nuevas empresas.

El uso de Nuevas tecnologías a través de un Plan para introducir en las pequeñas y medianas empresas mejoras basadas en el uso de las redes telemáticas, internet, como elemento competitivo.

Todas estas medidas van encaminadas al apoyo a las pymes para el fomento de empleo ya que estas han permitido reducir los niveles de para hasta lograr en algunas poblaciones el pleno empleo.

Un análisis por tipologías de empresas tomando como referencia el ámbito nacional y el número de asalariados, permite comprobar como es el denominado sector servicios el ámbito en el que desarrollan su actividad un 48% del total de las empresas del país. En este ámbito estarían incluidas todas las empresas cuya actividad principal se encuentra adscritas a secciones de hostelería, transporte y comunicaciones, actividades inmobiliarias y de alquiler, servicios empresariales, actividades educativas, sanitarias y de asistencia social además de otro tipo de actividades sociales incluidos los servicios personales. En segundo lugar se encontrarían las actividades comerciales, que representarían el 31,2% del total de firmas. Se consideran incluidas en este apartado tanto las empresas que desarrollan actividades de venta al por mayor, al por menor y también los intermediarios comerciales. En el caso de la construcción y la industria la ponderación en cuanto a la proporción de empresas existentes es bastante similar (entre el 9 y el 10%) por lo que, en cuanto al número de empresas se refiere, su representación es más bien escasa.

Hemos visto como para luchar contra el desempleo es necesario una coordinación de distintos aspectos, políticos, económicos, educativos, tanto a nivel nacional como internacional. Solo con la conjugación de cada uno de ellos con el resto será posible una disminución del mismo.

10.6. CONSECUENCIAS DEL DESEMPLEO

Las consecuencias del desempleo en la persona son muy variadas y presentan distintos matices, a nivel individual a nivel familiar y a nivel social. De forma general podemos decir que el desempleado disminuye su conducta de asistencia a clubes y organizaciones voluntarias, el hábito de leer. Su sentido del tiempo se desintegra, el no tener nada que hacer va asociado a la capacidad de asistir puntualmente a las comidas u otros actos. La administración de sus recursos económicos, mucho más necesarias que antes, es progresivamente abandonada, se da una disminución de la vida social, de la coherencia familiar y de la confianza en sí mismo al tiempo que aumenta la inseguridad social. Se presentan igualmente síntomas de ansiedad, nerviosismo, apatía depresión, sentimiento de soledad, aislamiento, pérdida general de ánimo y distorsión de la percepción del tiempo, dolores de cabeza, pérdida de apetito, dificultades en la respiración, mareos, insomnio e hipertensión.

Se pueden distinguir distintas actitudes frente al desempleo, entre otras tenemos:

Resignación.—quienes presentan esta actitud como su nombre indica se resignan a su situación, no tienen planes para el futuro, extreman la restricción de todo tipo de necesidades, mantienen la actividad de la casa y su relación con la familia en un estado de aparente normalidad.

Continuista.—Las personas con esta actitud mantienen un ritmo normal en sus actividades cotidianas, hacen planes para el futuro e intentan conseguir un empleo.

Desesperanza.—En esta actitud la característica más común es la presencia de depresión, indefensión, la comparación de su vida actual con el pasado y no sienten interés ni tan siquiera intentan buscar un trabajo.

Apatía.—El rasgo más característico de esta actitud es la pasividad y la ausencia de cualquier esfuerzo. El cuidado de la casa y de los hijos se abandona y la vida familiar empieza a desintegrarse.

A pesar de que los rasgos, y actitudes que hemos presentado son generales, bien es verdad que va a depender de las características de la población en la que se presenten, o según distintas variables como por ejemplo la edad. Así por ejemplo la experiencia del desempleo va a ser distinta o la viven de forma distinta los jóvenes y los adultos. Generalmente los jóvenes han abandonado la escuela hace poco, viven con los padres, no tienen cargas familiares. El adulto a su vez la situación la vive de forma distinta, ya que por norma general tiene cargas familiares y cuenta con una experiencia laboral mayor, pero también dentro de los adultos la situación será distinta según la edad, personas en edades próximas a la jubilación tal vez vivan la situación de forma diferente a esos adultos cuya edad está entre 30 y 45 años, edad en la que no se pueden acoger a los trabajos con subvenciones a las empresas, y no próximos a la jubilación. Por un lado, la seguridad de su estabilidad laboral anterior se ve afectada por intensos procesos de regulaciones de empleo empresariales. Por otro una vez que pierden su estabilidad laboral, sus expectativas de encontrar un empleo adecuado decrecen exponencialmente ya que las empresas prefieren una mano de obra más joven y mucho más preparada.

Está claro que el desempleo tienen consecuencias tanto a nivel fisiológico como a nivel social y que indudablemente esto va a depender del tipo de individuo y demás factores. Señalaremos ahora algunas variables de alguna manera van a modular y amortiguar los efectos del desempleo.

Apoyo social.—Se trata del apoyo que en forma de redes tanto familiares como amigos pueden ayudar a la persona que se encuentra en desempleo aminorando el impacto de este fenómeno sobre la tensión y el bienestar emocional.

Nivel de autoestima.—Esta variable aminora los efectos del desempleo, aquellas personas que tienen un nivel de autoestima alto el desempleo tiene efectos menos negativos. Así mismo se ha comprobado que los niveles de autoestima bajo inhibe la actividad de búsqueda de empleo.

Atribución causal.—Aquellas personas que atribuyen su desempleo a causas internas tienen un nivel de autoestima menor y presentan más síntomas de indefensión en comparación a los desempleados que atribuyen sus desempleos a causas externas.

Presión económica.—Aquellas personas que tienen ingresos procedentes de otras fuentes se ven menos afectados por la pérdida de su empleo que aquellas otras que dependen de esos ingresos.

Importancia concedida al trabajo.—Cuanto mayor es la importancia concedida al trabajo peor es la salud de los empleados en situación de desempleo. La importancia concedida al trabajo ha variado a lo largo del tiempo entre la antigüedad y la modernidad se ha producido un cambio cualitativo en la dimensión actitudinal con respecto al trabajo. En la cultura antigua y medieval la actividad laboral se consideraba como algo degradante para el ser humano, como una actividad innoble o de carácter inferior si se la comparaba con la actividad contemplativa. En la actualidad el trabajo es ampliamente valorado siendo muchas las funciones que se le asignan además de la económicas, el trabajo es considerado como fuente de desarrollo y satisfacción personal, define el estatus y la identidad del individuo, a la vez que le da sentido a la vida siendo una oportunidad para las relaciones sociales. Esta idea actual del trabajo nos hace comprender los distintos trastornos y malestar, tanto a nivel individual, familiar y social que produce el desempleo o falta de trabajo.

Además de estos factores que influyen directamente sobre el individuo habría que señalar la incidencia del desempleo ya no solo para el trabajador sino para la familia, ya que la forma en la que el individuo experimenta el desempleo va a estar influida por el contexto en que acontezca y en este contexto hay que señalar a la familia.

Según Jackson y Walsh (1987), el desempleo puede ser experimentado por la familia como un evento estresante en la medida en que obliga a cambiar los hábitos cotidianos de los familiares. Se pueden dar tres tipos de cambios, por un lado los cambios económicos que pueden obligar a la familia a cambiar su estilo de vida. Se pueden producir también cambios en las relaciones sociales ya que tal y como hemos dicho se tiende al aislamiento social por sentirse en una situación en desventaja con el resto de su grupo social. Y los cambios personales que se producen tanto en la persona afectada como en la propia familia, entendiendo por tal el cónyuge y los hijos, estando demostrado las consecuencias negativas del paro del marido en bienestar de la mujer y los hijos, sin estar demostrado la influencia negativa del paro de la mujer en el marido. Pero a pesar de estas demostraciones empíricas lo que también esta demostrado es que la forma en que el desempleo pueda afectar a la familia va a depender de cómo se lo tome el propio individuo y sin duda aquí va a tener una gran incidencia esas variables moduladoras de las que hablábamos al principio.

La precariedad en el empleo introduce la precariedad en las condiciones de vida de la población. En una sociedad salarial esta precariedad tiene un carácter multidimensional. Supone por un lado una fuerte limitación en los recursos económicos de que disponen los afectados, supone sufrir una seria reducción en la capacidad de control sobre cualquier proyecto de vida y verse asignado a una identificación social degradada.

Sin duda lo que también es evidente es que el paro o desempleo tiene una repercusión social importante. Desde hace al menos una década y media, cuando en las encuestas de opinión se pregunta a la población por el problema social más grave la respuesta es siempre la misma: el empleo. La crisis del empleo tiene una dimensión social muy elevada, penetra y desestabiliza todos los ámbitos de la vida social y origina una dinámica que puede convertirse en un verdadero reto a la legitimidad del orden social en su conjunto, y por lo tanto a su reproducción.

Jahoda (1987) indica que el desempleo debe considerarse como uno de los múltiples factores que contribuyen a la aparición de efectos no deseados en las sociedades contemporáneas. Se han realizado diversos estudios sobre el tema y a pesar de que los datos empírico de los mismos no aportan información concluyente algunos autores como Brenner (1979) afirma que un incremento en las tasas de desempleo está relacionado con un aumento en el número de admisiones en hospitales, un incremento en los índices de mortalidad y aun aumento del crimen. Según este autor, la frustración y el aburrimiento, especialmente en los jóvenes desempleados puede dar lugar a un aumento en las tasas de vandalismo, robos y otras agresiones, de tal forma que el riesgo de conductas violentas es más alto entre aquellos que pierden su empleo que entre aquellos que tienen un empleo.

La crisis de empleo está ligada a lo que se llama la crisis de orden social y ambas tienen que ver con un aumento de la delincuencia que ya en los ochenta coincide con el aumento de la precariedad laboral de una parte importante de la población. Una sociedad que ha llegado a estructurarse y a construir su legitimidad entorno al hecho del empleo social políticamente regulado no puede por menos que ver minada esta legitimidad ante una intensa y prolongada crisis de este. Es así explicable que una parte importante de la población deje de respetar las normas sociales, pero no porque decaigan formalmente sino, porque, al ser ahora la expresión de un orden social anómico dejan de ser consideradas legítimas, justas y responsables.

Otra consecuencia social del desempleo es la economía sumergida, por medio de la cual el individuo trata de satisfacer sus necesidades tradicionalmente satisfechas por el empleo a la vez que evita el pago de impuestos. Los empleos precarios, son otra consecuencia del desempleo. En época de crisis cuando hay poco trabajo sobre todo los jóvenes, se ven obligados a aceptar trabajos secundarios, mal remunerados y en condiciones precarias ya que lo que se llama el trabajo primario generalmente está cubierto por promoción interna. La falta de interés por los acontecimientos políticos y la pérdida de confianza en los partidos políticos es otra consecuencia del desencanto y del sentimiento de que se está fuera de la sociedad como consecuencia del desempleo. (Jahoda,1982 en Peiró, 1996)

En definitiva, podemos afirmar que los efectos negativos del desempleo en nuestra sociedad no se debe solo a la pérdida de poder adquisitivo, sino que además se ven acentuados por la no satisfacción de un conjunto de necesidades psicosociales que el empleo cubre en una sociedad en la cual el trabajo es considerado como un valor central en la vida de los individuos.

10.7. LEGISLACIÓN VIGENTE

Adjuntarnos un anexo legislativo sobre el desempleo, es un material con carácter informativo. El contenido del mismo es variado, abarcando distintos colectivos. Se ha intentado recoger la mayor información posible tanto de aspectos generales como específicos. El anexo contiene:

1.—INFORMACIÓN GENERAL SOBRE DESEMPLEO

A. Prestaciones contributivas.
B. Prestaciones asistenciales.

C. Régimen común ala prestación contributiva y al subsidio.
D. Casos particulares.

2.—Artículo 41 de la Constitución

3.—ORDEN de 23 de diciembre de 1987, del Ministerio de Trabajo y de Seguridad Social.

4.—REAL DECRETO 2.622/1986 de 24 de diciembre.

5.—REAL DECRETO 322/1985 de 20 de Febrero.

6.—REAL DECRETO LEGISLATIVO 1/1994 de 20 de Junio por el que se aprueba el Texto Refundido de la ley-General de la Seguridad Social. (BOE de 29 de junio).

7.—REAL DECRETO 625/1985 de 2 de abril por el que se desarrolla la ley 31/1984, de 2 de agosto, de Protección por desempleo. (BOE de 7 de mayo).

BIBLIOGRAFÍA

ABASCAL ROJAS, F. (1996): *Cómo se hace un plan estratégico. Modelo de desarrollo de una empresa.* ESIC. Editorial. Madrid.

ALONSO RIVAS, J. y LÓPEZ QUERO, M. (1983): *Los COIE de las Universidades madrileñas: seis años de actividades.* Madrid: Fundación Universidad-Empresa.

ARANAL, J., DEL RINCÓN, D., LATORRE, A. (1992): *Investigación educativa. Fundamentos y metodología.* Labor. Barcelona.

ANGUERA, M. T. (1985): *Metodología de la observación en las ciencias humanas.* Cátedra. Madrid.

ANTISERI, D. (1976): *Fundamentos del trabajo interdisciplinar.* Adara. A Coruña.

APOSTEL, L. BENOIS, J. M. y otros (1982): *Interdisciplinariedad y ciencias humanas.* Tecnos Unesco. Madrid.

ASOCIACIÓN PROFESIONAL DE FORMACIÓN Y EMPLEO (2000): *Desarrollo local y empleo en tiempos de globalización.* Granada.

AUSÍN, T. y Otros (1997): «Análisis de necesidades de orientación en alumnos universitarios», en *Actas del Congreso Orientación Universitaria y Evaluación de la Calidad* (37-51). Bilbao: Universidad del País Vasco.

BANDURA, A. (1977): *Teoría del Aprendizaje Social.* Madrid: Espasa-Calpe.

AZNAR, P. y REQUEJO, A. (1992): «Etnografia», *XI Seminario Interuniversitario de Teoría de la educación.* Santa Marta de Tormes. Barcelona.

BAÑARES, L. (1994): *La cultura del trabajo en las organizaciones.* Madrid. Rialp.

BARREDA, R. (1995): *La función de educación en la empresa moderna.* Madrid. Conorg.

BENAVENT, J. A. (1991): «La orientación en la transición del mundo educativo al laboral: los COIEs», en *La Orientación en el sistema educativo y en el mundo laboral* (149-156). *Actas VII Jornadas Nacionales de orientación escolar y profesional.* Madrid: Dpto. M.I.D.E.-UNED, AEOEP.

BERMEJO, M., RUBIO, I. y DE LA VEGA, I. (1994): *La creación de la empresa propia.* McGraw-Hill Interamericana de España, S.A. Madrid.

LESSARD, B. & BALDWIN, S. (2000): *Esclavos de l@ Red,* McGraw-Hill.

BIRAUD, A. (1990): *Les méthodes pédagogiques dans l'enseignement supérieur.* Les Éditions d'organisation, Paris.

BIRKENBIHLB,J. M. (1989): *Formación de Formadores.* Paraninfo. Madrid.

«Boletin de la Unión Europea», *Libro verde,* Suplemento 3/96.

BRAMELT, T. (1961): *Bases culturales de la educación. Una exploración interdisciplinar.* Eudeba. Buenos Aires.

BROONEN, J. P. y WAHLSTRÖM, M. (eds.) (2000): *The New Millenium: A Skills Challeng for Higher Education, the Counsellor's Responsability for Facilitating Equaly and Diversity in a European Society.* Estocolmo: FEDORA.

BROWN, M. T. (1992): *La ética en la empresa. Estrategias para la toma de decisiones.* Barcelona. Paidós.

BRUNDTLAND, G. H. (1988): *Nuestro futuro común.* Alianza. Madrid, 1988.

BUCKLEY, R. (1990): *La formación teoría y práctica.* Madrid, Díaz Santos.

BURCKLEY y CAPLE (1990): *La formación teoría y práctica.* Madrid. Díaz de Santos.

BURNET, J. M. (1989): «Elegir sus estudios, elegir su vida», en *I Simposium sobre Orientación Académica y Profesional en la Universidad,* Barcelona, 6-7 abril 1989 (inédito).

BURNET, J. M., VAN DER MERSCH-MICHAUX, F. y FONCK, P. (1991): *Directory of University Student Guidance Services in the EC,* De Boeck Université / FEDORA.

BUTTERISS, M. (1998): *Reinventando Recursos Humanos.* Gestion 2000. Barcelona.

CARBALLO, R. (1999): *Innovando en la empresa.* Gestión 2000. Barcelona.

CARBÓ, O. y GIL, J. M. (1994): «Orientación universitaria: El Departamento de Orientación de la Universidad Jaume I», en *Actas I Jornadas Valencianas de la A.E.O.E.P.,* Valencia 27-30 sept.1993 (págs. 241-248). Madrid: A.E.O.P.

CARRETERO, A., VALENCIANO, J. DE, y NAVAS, A. (Coords.) (1999): *Curso de Desarrollo Rural.* Universidad de Almería, Servicio de Publicaciones. Almería.

CARRILLO BENITO, E. (2000): «Desarrollo local, iniciativa pública y empleo», en *Desarrollo Local y Empleo en Tiempos de Globalización.* Asociación Profesional de Formación y Empleo. Granada.

CASTANYER, F. (1988): *La formación permanente en la empresa.* Boixerau. Barcelona.

CASTAÑO, C. (1983): *Psicología y orientación vocacional.* Madrid: Marova.

CASTELLANO, F. (1995): *La orientación educativa en la Universidad de Granada.* Granada: Universidad de Granada.

CASTILLEJO, J. L., SARRAMONA, J. y VÁZQUEZ, G. (1991): *Manuales básicos para una formación de formadores.* Instituto de creatividad e innovaciones educativas. Universitat de Valencia.

CERVANTES, M. (2000): «RR HH en la era Internet», *Revista de la Asociación Española de Dirección de Personal.* AEDIPE. Madrid.

COLOM, A., SARRAMONA, J. y VÁZQUEZ, G. (1994): *Estrategias de formación en la empresa*. Madrid. Rialp.

COMISIÓN DE LAS COMUNIDADES EUROPEAS. *Libro Blanco: Crecimiento, competitividad y Empleo. Retos y pistas para entrar en el siglo XXI.* Bruselas: COM. (93) 700.

COMPANY, F. y Otros (1988): *Necesidades de información y orientación universitaria en España.* Delfos: FEDORA.

CONRADI, P. (1983): *Personalentwicklung.* Enke. Stuttgart.

CONSEJERÍA DE TRABAJO E INDUSTRIA DE LA J. A. (1994): *Agenda para la búsqueda de empleo.* Junta de Andalucía. Sevilla.

— (1995): *Módulo de formación de formadores. Inserción laboral.* Junta de Andalucía. Sevilla.

— (1997): «Manuales técnicos», *Selección y viabilidad de proyectos empresariales en Escuelas de Empresas,* 6 vol., Junta de Andalucía. Sevilla.

— (1997): «Productos formativos para escuelas de Empresas», *Módulo de creatividad.* Junta de Andalucía. Sevilla.

COOPERS & LYBRAND (1996): «El capital humano y la empresa. Los recursos humanos la clave de la competitividad», *Cuadernos de cinco días,* Madrid.

COTORRUELO MENTA, R. R. (1992): *Estrategias de desarrollo local del empleo,* Inmark, Estudios y Estrategias. Madrid.

DALZIEL, M. M., CUBEIRO, J. C. y FERNÁNDEZ, G. (Coords.) (1996): *Las competencias: Clave para una gestión integrada de los recursos humanos,* Bilbao: Deusto.

DALLA ROSA, G. (1999): «Algunas reflexiones sobre la metodología del desarrollo Local a partir del ejemplo francés». En RODRÍGUEZ, F. (1999): *Manual de Desarrollo Local.* Ediciones Trea. Gijón (Oviedo).

DAVENPORT, T. (2.000): *Capital Humano.* Gestión 2000. Barcelona.

DERRICK DE KERCKHOVE (1999): *Inteligencias en Conexión.* Gedisa editorial.

DÉLISLE-LABERGE, L. (ed.) (2000): «Faire les vague: Orientation professionnelle et politiques publique», *Le symposium international 1999: Documents, actes et stratégies.* Ottawa: Fondation canadienne pour l'avancement de la carrière.

DÍAZ ALLUÉ, M. T. (1989): *La orientación universitaria ante la problemática académica y profesional del estudiante.* Madrid: Narcea.

— (1990): «Problemática de la inserción profesional del universitario», en *La reforma educativa: un reto para la orientación. Actas de las V Jornadas Nacionales de Orientación Educativa* (123-139). Madrid: A.E.O.E.P.

DOMINIQUE WOLTON (2000): *Internet ¿y después?* Gedisa editorial.

ECHEVERRÍA, B. (1996): *Presentación de las Actas de las Jornadas sobre Orientación Académica y Profesional en la Universidad.* Barcelona, 18-19 de abril 1996. Barcelona: FEDORA / Universitat de Barcelona.

ECHEVERRÍA, B. y RODRÍGUEZ ESPINAR, S. (1989): «Las necesidades y problemática del estudiante universitario español desde la perspectiva de la orientación académica y profesional», *I Simposio sobre Orientación Académica y Profesional en la Universidad,* Barcelona, 6-7 abril 1989 (inédito).

EQUIPO PROMOCIONS (1992): *Autoempleo en el Desarrollo Local.* Fondo Formación, OEI y Editorial Popular. Madrid.

FERNÁNDEZ, Á. (1995): *Técnicas de búsqueda de empleo.* Estudios Financieros. Madrid.

FERNÁNDEZ SALINERO, C. (1993): La nueva pedagogía de la empresa. *Bordón* 45 (4), 411-417.

— (1997): «La Pedagogía Laboral: Una anueva especialización profesional», *Boletín del Ilustre Colegio Oficial de Doctores y Licenciados en Filosofía y Letras y Ciencias,* 86 (junio) 25-27

FERNÁNDEZ, A y VILADOR, G. (1994): *La formación de adultos en la empresa.* Madrid. Fondo Formación.

FEUILLE, P. y BLANDIM, J (1974): «Faculty job satisfaction and bargaing sentiments. A case study», *Academy of management journal, 17, 678-92.*

FERNÁNDEZ PIRLA, J. M.ª (1967): *Economía y gestión de la empresa.* Pablo López, Madrid.

GALLEGO, S. (1996): «Perfil del tutor universitario», en *Actas del Congreso Orientación Universitaria y Evaluación de la Calidad,* (octubre, 1996) (págs. 67-73). Bilbao: Universidad del País Vasco.

GAN, F., ALONSO, B., FRANCISCO, E. y PUYOL, S. (1995): *Manual de técnicas e intrumentos de formación en la empresa.* Barcelona. Apóstrofe.

GARCÍA, I. y HERNÁNDEZ, P. (1997): Indicadores de calidad instruccional en la universidad. Percepción, valoración y grado de satisfacción desde la perspectiva del alumnado. En Actas Congreso *Orientación Universitaria y Evaluación de la Calidad* (Octubre, 1996) (179-186). Bilbao: Universidad del País Vasco.

GILLES, D. (2000): Conseil et orientation dans l'enseignement supérieur en France: nouvelles perspectives. *L'Indécis,* 39, 67-77.

GIMÉNEZ ROMERO, C. (1993): «Sociología y antropología del desarrollo local», en *I Curso de Dinamización de Directivos y de la Red de Escuelas Taller.* Fundación General, Universidad Autónoma de Madrid, Madrid.

GÓDAR, O., CERÓN, J. P., VINATER, K. y PASSARIS, S. (1987): «Desarrollo endógeno y diferenciación de espacios de desarrollo: un esquema de análisis para el desarrollo local», en *Estudios Territoriales,* n.° 24; págs. 135-147.

GÓMEZ OREA, D. (1997): «Recursos ambientales endógenos del territorio: planificación y gestión de uso y aprovechamiento», *Actas de las Jornadas Yacimientos de Empleo en la gestión Ambiental.* Ed. Agrícola Española. Madrid.

GONZÁLEZ LIMÓN, J. M. (2000): «Desarrollo Local y Medioambiente», en B. PÉREZ y E. CARRILLO: *Desarrollo Local: Manual de uso.* Esic Editorial-Famp. Madrid.

GORDILLO, M. V. (1985): «La orientación en la universidad», *Revista Española de Pedagogía,* n.° 169-170, julio/dic. (435-451).

GRAO, J., APODAKA, P., MARTÍNEZ, J. y ROMO, J. (1991): *Demanda y rendimiento en Educación Superior. Estudio longitudinal de la inserción de dos cohortes de Bachillerato en la UPV/EHU.* Bilbao: Servicio Central de Publicaciones del Gobierno Vasco.

GRAPIN, J. P. (1990): *Claves para la formación en la empresa.* Barcelona. Ceac.

GUERREIRO, A. (1991): «Los C.O.I.E. de las universidades/INEM, en el marco de la política de inserción laboral del INEM: evolución, situación actual y futuro», en *La Orientación en el sistema educativo y en el mundo laboral. VII Jornadas Nacionales de orientación escolar y profesional* (160-166). Madrid: Dpto. M.I.D.E.-UNED, AEOEP.

GUILLAMÓN, J. R. (2001): «Los mecanismos de inserción profesional en el ámbito universitario», ponencia presentada en el curso de verano de la UNED, *La orientación profesional para una sociedad de pleno empleo,* Segovia, julio 2001 (inédita).

HANDY, C. (1986): *El futuro del trabajo humano.* Barcelona. Ariel

HERNÁNDEZ, J. (1987): «Aproximación al estudio de la elección vocacional universitaria en la investigación española», en *Anales de Pedagogía,* n.° 5 (103-136).

HERNÁNDEZ, J., MARTÍNEZ, P., MORALES, J. L. y PARRA, J. (1993): «Análisis comparativo de algunos determinantes de la elección de estudios en universitarios murcianos», en *La Orientación en el sistema educativo y en el mundo laboral. Actas de las VII Jornadas Nacionales de Orientación Escolar y Profesional* (págs. 342-353). Madrid: Dpto. M.I.D.E.-UNED / AEOEP.

HONORE, B. (1980): *Para una teoría de la formación.* Narcea S.A. Madrid

INICIATIVAS REGIONALES MADRILEÑAS (1993): *Guía para la creación de empresas.* IRMASA. Madrid.

INSTITUTO MADRILEÑO DE DESARROLLO (1998): «Creación 1998», *Guía para la creación de empresas.* IMADE. Madrid.

INSTITUTO UNIVERSITARIO DE DESARROLLO Y COOPERACIÓN. UNIVERSIDAD COMPLUTENSE DE MADRID Y FUNDACIÓN CENTRO ESPAÑOL DE ESTUDIOS AMÉRICA LATINA (CEDEAL) (1993): *El enfoque del marco Lógico, Manual para la planificación de proyectos orientada mediante objetivos,* 1.ª edición. Madrid.

JACKSON, T. (1999): *Técnicas de búsqueda de empleo,* Playor. Madrid.

KINNELL, M. (eds.) (1990): *The Learning Experiences of Overseas Students.* London: The Society for Research into Higher Education & Open University Press.

LARREA, P. (1991): *Calidad de servicio. Del marketing a la estrategia.* (¿Bilbao?), Departamento Foral de Promoción y Desarrollo-Asociación para el Progreso de la Dirección.

LATIESA, M. (1989): «Demanda de educación superior: evaluaciones y condicionamientos de los estudiantes en la elección de carrera», *Revista Española de Investigaciones Sociológicas,* n.° 46 (101-139).

LATIESA, M. (1992): *La deserción universitaria.* Madrid: Centro de Investigaciones Sociológicas / Siglo XXI de España Editores.

LEONHARDT y RIESGINGER (1986): *Seminarkonzeptionen.* Sauer. Heidelberg

LOBATO, C. y MUÑOZ, M. (1994): «Diagnóstico de necesidades de orientación universitaria». *XV Congreso Internacional de Recursos Humanos, Orientación y Mercado Laboral* (A.I.O.E.P., Madrid, 13-16 julio 1994), UNED (En prensa).

LOCKE, E. A. (1976): «The nature and causes of job satisfation» En M.D. Dunnette (ed). *Handbook of indutrial and organizational Psychology.* John Wiley & Sons. Nueva York.

LÓPEZ-BARAJAS ZAYAS, E. (1995): *Formación de Formadores en la empresa. Evaluación de proyectos y programas.* Madrid. Uned.

— (1995)*Formación de Formadores en la Empresa. Evaluació de Proyectos y programas.* UNED. Madrid.

— (1996): *Las historias de vida y la investigación biográfica. Fundamentos y metodología.* Uned. Madrid.

— (1997): *Integración de saberes e einterdisciplinariedad.* Uned. Madrid.

PUCHOL, L. (2001): *El libro del currículum,* Díaz de Santos. Madrid (2001).

MAD COMUNICATION (1999): *El Plan de Formación de la Empresa.* Fundación Confemetal. Madrid.

MALIK, B., SÁNCHEZ, M. F. y BALLESTEROS, B. (1997): «Los centros de orientación en las universidades españolas», en *Actas del VIII Congreso Nacional de Modelos de Investigación Educativa (AIDIPE)* (669-672). Sevilla: Instituto de Ciencias de la Educación, Universidad de Sevilla.

MARTÍN CARNOY (2001): *El Trabajo Flexible en la era de la información,* Alianza editorial.

MARTÍNEZ MUT, B. (1989) «Nuevas perspectivas de la educación en la empresa», *Revista española de Pedagogía,* 47 Madrid (1982).

MAYORAL, J. «El espacio local recuperado para el desarrollo. La concepción del desarrollo y la comprensión de lo local». *Ponencia presentada en las Primeras Jornadas de la Asociación Española para el Desarrollo Económico y Social.* Madrid, 28-29 de noviembre de 1991.

MEDA, D. (1995): *El trabajo un valor en principio de extinción.* Gedisa. Barcelona.

MEGGINSON, D. (1988): *Instructor, coach, mentor: Three ways of helping for managers.* Management Education and Developement, 19. Cuaderno 1.

MINGAT, A. y RASERA, J. B. (1981): *Enquête longitudinale 3: après la première année d'étude: reorientation, réussite, scolarité.* Institut de Recherche sur l'Économie de l'Éducation / Université de Dijón, Dijón.

MOW INTERNATIONAL RESEARCH TEAM (1987): «The meaning of working», *Academic Press.* Nueva York.

NATHAN, R. y HILL, L. (1996): *Career Counselling*. London: Sage Pub.

NEUBERGER, O. (1994): *Personalentwicklung*. Enke. Stuttgart.

— (1997): *Personalwesen 1*. Enke. Stuttgart.

NICHOLSON, S. B. (1990): *Careership and Careers Guidance,* en A. G. WATTS (eds.): *Guidance and Educational Change: A cross-sectorial review of policy and practice* (págs. 19-22). Cambridge: CRAC Pub., Hobsons Pub.

NÚÑEZ CUBERO, L. (Ed). (1991): *Educación y trabajo*. Sevilla. Preu-Spinola.

OCDE (1998): *Perspectivas del empleo*. Madrid: Organización de Cooperación y Desarrollo Económicos / Mundi-Prensa.

OOMEN, A. (1996): «Orientación y educación para la carrera profesional», *Revista de Orientación y Psicopedagogía,* vol. 7, n.° 12 (179-186).

OVERLAP CONSULTORES (2000): «E-Learning», *Revista de la Asociación Española de Dirección de Personal*. AEDIPE. Madrid.

PARRA, F. (1993): *La empresa contra si misma*. Bilbao. Deusto.

PEIRO, J. M. (1993): *Desencadenantes del estrés laboral*. Madrid. Eudema.

PÉREZ BOULLOSA, A. (1993): «Necesidades y motivaciones sentidas por los estudiantes de COU ante la futura elección vocacional», *Revista de Orientación Educativa y Vocacional,* vol. IV, n.° 5 (163-175).

PÉREZ BOULLOSA, A. et COLS. L. (1994): «Evaluación de un programa de prácticas en empresa: el practicum de "Orientación Educativa"», en REPETTO, E. y VÉLAZ, C.: *Orientación de la carrera, recursos humanos y mercado laboral. Actas del XV Congreso de la AIOEP* (vol. II) (págs. 793-808). Madrid: UNED.

PÉREZ JUSTE, R., LARA, E. DE, y SEBASTIÁN, A. (1989): «La participación estudiantil y tutorial en la UNED», en *Bordón,* vol. 41, n.° 3 (521-529).

PÉREZ LÓPEZ, J. A. (1984): «La empresa como realidad humana», en *Enciclopedia de Dirección y Administración de las empresas*. Edit. Orbis. Barceona, 1984.

PÉREZ RAMÍREZ, B. (2000): «Estrategias y Modelos de Desarrollo Local», en *Desarrollo Local y Empleo en Tiempos de Globalización*. Asociación Profesional de Formación y Empleo. Granada, 2000.

PÉREZ RAMÍREZ, B. y CARRILLO BENITO, E. (2000): *Desarrollo Local: Manual de uso*. Esic Editorial-Famp. Madrid.

— (2000): *Desarrollo Local: Manual de uso*. Esic Editorial-Famp. Madrid, 2000.

PERIRO, J. M. y PRIETO, F. (1996): *Tratado de psicología del trabajo*. Madrid. Síntesis.

PINEDA, P. (1995): *Auditoria de la formación*. Barcelona. Gestión 2000

PRICE WATERHOUSE COOPERS (2000): *Cuadro de mando e indoicadores para la gestión de personas*. Fundipe. Madrid

PRIETO, G. (1986): «La orientación en la universidad», en *Studia Paedagogica,* n.° 17-18, enero/dic. 1989 (127-136).

PROGRES (1989): *Le tecnique et le perfectionnement des Ressources Humanines. Le secreteur des Services*. Paris OCDE-CREI

PUCHOL, L. (1995): *Dirección y gestión de recursos humanos.* (2.ª Edi. Revisada y actualizada). Madrid. Esic.

PUTTERMAN, L. (ed.) (1994): *La naturaleza económica de la empresa*. Alianza Editorial. Madrid.

QUINTANA CABANAS, J. M. (1988): *Teoría de la Eduación*. Madrid. Dykinson.

RAÑA TRABADO, J. L. (2000): «Un modelo práctico de Orientación para el Desarrollo Local. El caso de los Tutores para la Inserción», en *Desarrollo Local y Empleo en Tiempos de Globalización.* Asociación Profesional de Formación y Empleo. Granada.

RASTETTER, D. (1996): *Personalmarketing, Bewerberauswahl und Arbeitsplatzssuche*. Enke. Stuttgart

REPETTO, E. y ANAYA, D. (1992): «Funciones y estructura del Centro de Orientación, Información y Empleo (COIE) de la UNED», *Revista Iberoamericana de Educación Superior a Distancia*, vol.V, n.° 1 (51-64).

RIECHMANN, J. (1995): «Desarrollo sostenible: la lucha por la interpretación» en *De la Economía a la ecología*. Fundación 1.° de mayo, Ed. Trotta. Madrid.

RIMADA (1990): *Manual de orientación profesional universitaria.* México: Trillas.

RIVAS, F. (1995): *Manual de asesoramiento y orientación vocacional.* Madrid: Síntesis.

RODRÍGUEZ, C. y GUTIÉRREZ, J. (1997): «La problemática académica surgida a raíz de la implantación de los nuevos planes de estudios: El caso de la Universidad de Granada», en Actas del *Congreso Orientación Universitaria y Evaluación de la Calidad* (Octubre, 1996) (pág. 97-108). Bilbao: Universidad del País Vasco.

RODRÍGUEZ DOCAVO, J. A. (1990): «La oferta de empleo de titulados superiores. Su incidencia en la problemática orientadora», en *La Reforma Educativa: Un reto para la Orientación. Actas V Jornadas Nacionales de Orientación Educativa*. Valencia, noviembre 1989 (pág. 352-358). Valencia: AEOEP.

RODRÍGUEZ ESPINAR, S. (1990): «Problemática y tendencias de la Orientación Universitaria», en *La Reforma Educativa: Un reto para la Orientación. Actas V Jornadas Nacionales de Orientación Educativa* (Valencia, noviembre 1989) (107-122). Valencia: AEOEP.

— (1995): «Un reto profesional: la calidad en la intervención orientadora», en SANZ ORO, R. y Otros: *Tutoría y Orientación.* Barcelona: Cedesc.

RODRÍGUEZ GUITIÉRREZ, F. (editor) (1999): *Manual de desarrollo local.* Ediciones Trea. Gijón (Oviedo).

RODRÍGUEZ, J. L. y MEDRANO, G. (1993): *La formación en las organizaciones.* Madrid. Eudema.

RODRÍGUEZ MORENO, M. L. y DE LA TORRE, S. (1989): «Resultados del cuestionario sobre servicios de información y orientación académica y profesional en las universidades españolas», *I Simposio sobre Orientación Académica y Profesional en la Universidad*, Barcelona, 6-7 abril 1989 (inédito).

RODRIGO, M. L. (1997): «La orientación universitaria en Galicia: organización de servicios y recursos», en Actas del *Congreso Orientación Universitaria y Evaluación de la Calidad* (Octubre, 1996) (pág. 15-22). Bilbao: Universidad del País Vasco.

SAENZ, D. (1991): «Las prácticas empresariales en la formación de primero y segundo ciclo». *Las prácticas en la empresa en la formación universitaria*. Fundación Universidad Empresa y Consejo de Universidades. Madrid.

SÁENZ DE MIERA, A. (1983): «Prólogo del libro» en ALONSO RIVAS, J. y LÓPEZ QUERO, M.: *Los COIE de las universidades madrileñas: seis años de actividades*. Madrid: Fundación Universidad-Empresa.

SALVA, F. (1994): Reflexiones en torno a la conceptualización de la Pedagogia laboral. *Bordón, 46* (3) 282-292

SÁNCHEZ LOZANO, A. y CANTÚ DELGADO, H. (1993): *El plan de negocios del emprendedor.* McGraw-Hill Interamericana de México, S.A. México.

SÁNCHEZ, M. F. (1999): *Necesidades y servicios de orientación universitaria en la Comunidad de Madrid.* Madrid: UNED.

SÁNCHEZ PÉREZ-MONEO, L. (1993): «Posibilidades del desarrollo local en el medio rural». En MAYA, PANIAGUA y BELLO (eds.): *Jornadas sobre desarrollo rural. El mundo rural en la encrucijada: repercusiones territoriales de la Política Agraria Común*. Diputación Provincial de León. León.

SEBASTIÁN, A., BALLESTEROS, B. y SÁNCHEZ, M. F. (1996): «El Centro de Orientación, Información y Empleo de la UNED: una respuesta ineludible al servicio de los alumnos de educación superior a distancia», *Revista Iberoamericana de Educación Superior a Distancia*, vol. VII, n.° 1, 1996 (7-23).

SCHEIN, E. (1988): *La cultura empresarial y el liderazgo*. Plaza y Jane. Barcelona.

SCHON, D. A. (1991): *La formación de profesionales reflexivos. Hacia un nuevo diseño de la enseñanza y el aprendizaje en las profesiones*. Paidos./MEC. Barcelona.

SOBRADO, L., PORTO, A. M. y FILGUEIRA, L. (1994): «Evaluación de la eficacia de los servicios de orientación educativa y profesional por los orientadores escolares», en REPETTO, E. y VELAZ, C: *Orientación de la carrera, recursos humanos y mercado laboral. Actas del XV Congreso de la AIOEP (vol. II)* (pág. 557-572). Madrid: UNED.

STRUTZ, H. (1989): *Handbuch Personalmarketing*. Gabler. Wiesbaden.

TORRE, I. DE LA (1991): «Los C.O.I.E. y la orientación profesional», en *La Orientación en el sistema educativo y en el mundo laboral. VII Jornadas Nacionales de orientación escolar y profesional* (pág. 185-188). Madrid: Dpto. M.I.D.E.-UNED / AEOEP.

VALCÁRCEL-RESALT, G. (1990): *El desarrollo local en España. Un enfoque estratégico para la activación de áreas desfavorecidas*. ICE. Madrid.

VAN ESBROEK, R. (1997): «A Holistic Model for Career Guidance» en *Revista de Orientación y Psicopedagogía*, vol. 8, n.° 13 (5-13).

VV. AA. (1996): *Evaluación de la calidad en los servicios públicos y en la empresa*. Congreso Internacional celebrado en Madrid por la Universidad Complutense de Madrid, del 31 de enero al 3 de febrero.

VÁZQUEZ, G. DE (1987): *Educar para el siglo XXI*. Fundesco. Madrid. (1992). La educación como proyecto laboral. *Aula abierta*. (36) 107-139

VÁZQUEZ BARQUERO, A. (2000): «La Política de Desarrollo Local en Tiempos de Globalización», en *Desarrollo Local y Empleo en Tiempos de Globalización*. Asociación Profesional de Formación y Empleo. Granada.

— (1991): «Desarrollo local y acumulación flexible. Enseñanzas teóricas de la historia y la política», en *Estudios Territoriales*, n.° 35; págs. 135-151. 1991.

VDA (1996): *QM-Systemaudit*. Verband der Automobilindustrie. Frankfurt am Main

CATALÁ AMORÓS, V. (1991): *Manual de selección de personal*. Deusto, Bilbao.

WATTS, A. y Otros (1988): *Les services d'orientation scolaire et professionnelle pour le groupe d'âge 14-25 ans dans les états membres de la Communauté Européenne*, Bruselas: Commission del Communautés Européennes.

— (1994): *Los servicios de orientación académica y profesional en la Comunidad Europea*. Bruselas: Oficina de Publicaciones Oficiales de las Comunidades Europeas.

WATTS, A. G. (1990): «The Role of Guidance in Educational Change», en A. G. WATTS, (eds.): *Guidance and Educational Change: A cross-sectorial review of policy and practice* (pág. 10-13). Cambridge: CRAC Pub., Hobsons Pub.

WATTS, A.G. y VAN ESBROECK, R. (1998): *News skills for new futures: Higher Education Guidance and Counseling Services in the European Union*. Bruselas: FEDORA / Vubpress.

ZAMORANO, P. y OLIVEROS, L. (1998): «Análisis de necesidades orientadoras en los alumnos de primer curso de la Facultad de Educación-Centro de Formación del Profesorado», en REPETTO, E. y VÉLAZ, C.: *Orientación de la carrera, recursos humanos y mercado laboral. Actas del XV Congreso de la AIOEP*, vol. II. (págs. 487-498). Madrid: UNED.